河南戏曲老艺术家口述实录

月阳 ◎ 编著

中原正声

范曾题

河南文艺出版社
·郑州·

月阳，本名张建礼，在职研究生学历。现任河南广播电视台生活事业部监委会成员、月阳工作室主理人，河南省戏剧家协会理事，河南艺术职业学院、洛阳职业技术学院客座教授。荣获河南广播电视台连续三届十佳主持人、2015年度河南十大文化先锋人物、2019年度河南广播电视台优秀人才。

自2001年至今，月阳将自己人生最好年华的22年，毫无保留地奉献给了优秀传统戏曲文化的宣传、弘扬与推广事业。多年来，他参与执导、编排、策划并担任主持的各类戏曲活动达千场之多。如"中国豫剧（唐派）创造吉尼斯世界纪录""72小时好戏唱不停挑战世界纪录""大石桥有戏"等活动，均引起社会强烈反响。

守护与传承
河南戏曲的一份心意

张秉义

河南省政协原秘书长
中华豫剧文化促进会副会长兼秘书长

月阳同志早前告诉我，他编著的《中原正声——河南戏曲老艺术家口述实录》即将出版，邀我为之作序，我欣然应允。

和月阳认识之前，我省著名节目主持人木子在不同场合多次向我介绍，夸赞月阳聪明好学，很有发展潜力，是个不可多得的人才。那时，虽未谋面却对他有了初步好印象。后来，随着时间的推移，在他参与主持和策划的一系列各类戏曲活动中，我多次目睹了他的主持风采，这些夸赞逐步得到印证……这些年来，在我的印象中，但凡要举办关于戏曲类的大型活动，十有八九都有他的主持。而且，河南省内众多知名戏曲艺术家收徒仪式的策划和主持也几乎被他包揽。他敏捷的思维和流畅的语言多次撞击我的心灵，表达深情之处常常为之感动。

作为一位媒体人，月阳身上最能打动我的，不单是他二十年如一日对工作的坚守，更多的是这个年轻人娴熟扎实的业务技能，以及他对传统戏曲文化传播事业的虔诚与痴迷。更令我惊叹的是，在有关戏曲活动现场，无论来了多少嘉宾、艺术家，作为主持人的他都能十分准确且恰到好处地将他们的职务、头衔，乃至每一位演员的获奖情况滴水不漏地呈献给大家，我叹服他超强的记忆力和特殊情况下的随机应变能力,我更佩服他有模有样、近乎专业水平的多个剧种的演唱,我想,这不仅在河南,就是在全国的媒体记者和主持人当中也是比较罕见的。

作为河南广播电视台的知名戏曲栏目主持人,月阳始终葆有热忱的赤子之心,我难以忘记,当传统戏曲式微之时,他在时任河南戏曲广播总监、著名节目主持人木子的带领下,将戏曲从舞台搬到了民间,创造了每个周末河南最火爆的好声音——《大石桥有戏》和《福塔有戏》,在社会上产生极大的影响。我还清晰地记得,《福塔有戏》活动期间,在木子的带领下,他和同志们共同努力,在不长的时间内就创造了两个奇迹:一是2016年五一节期间,在河南各地的专业演员、业余票友的积极参与和广大戏迷的热情支持下,成功举办了"72小时好戏唱不停挑战世界纪录"活动;二是和时任河南艺术中心主任助理的贾高峰同志一道共同策划推出了"432位唐王身穿龙袍唱豫剧"活动,使得申请吉尼斯世界纪录大获成功。当年,业界不少人士都为梨园界的这两项重大活动大加点赞,称之为"中国戏曲史上史无前例的宏大壮举"。

二十年来,月阳始终坚守中原文化根脉,打破面对话筒依靠电波传送、隔空交流的这种局限,以灵活多样的传播手段和丰富多彩的艺术形式,为中国优秀戏曲文化的弘扬和传播,抒写出了一页又一页精彩的篇章。他曾赴北京奥运场馆主持了豫剧大师常香玉的谢幕演出,也参与主持了多档知名戏曲栏目。他与人联合执导、编排、策划并担任主持的各类戏曲活动达千场之多。

月阳是个有心人,凭他得天独厚的便利条件,多年来采访了许多知名的老艺术家,积累了大量珍贵的第一手材料。目前,由他编著的《中原正声——河南戏曲老艺术家口述实录》终将出版了,这是月阳二十年来守护与传承河南戏曲最想表达的一份心意。

这套具有河南戏曲发展历史文献资料价值的书籍分为两卷,共计四十余万字,收录了包括常香玉等豫剧名旦六大家及著名编导杨兰春等在内的四十三位河南戏曲知名艺术家的个人传记及艺术评论,涵盖了豫剧、曲剧、越调河南三大地方剧种的旗帜性代表人物。书中图文并茂,生动而全面地展示了河南戏曲近百年发展历史的真实画卷。我相信,这套书籍展现在读者面前的将是一卷波澜壮阔的戏曲史诗。

众所周知,由于诸多原因,自上世纪 90 年代起,一向备受国人爱慕倾心的传统戏曲艺术受到了多元文化的巨大冲击。剧团数量迅速萎缩,从业人员大量流失,造成了人才断层,剧目生产青黄不接的严峻形势。万人空巷把戏看的壮观场面成为历史,曾经有人为此悲观。但是,我坚定地认为,作为一门独特活体艺术的中国戏曲有着巨大的艺术魅力,是我们的国粹,它不可能也绝不会消亡。当前我们需要思考的是,在已经全面进入融合传播以及自媒体时代的中国如何使它更好地得以传扬?加大政府的扶持与保护力度以及老艺术家的传承教学固然重要,但作为舆论阵地主流媒体的宣传与推广作用更是不可小觑。某种意义上讲,传承与传播具有同等分量。正是基于这种理念,月阳作为河南广播电视台戏曲栏目的一位年轻的媒体工作者,深深感到肩上的责任,他认为自己应该有所担当,于是义无反顾地把自己最好的青春年华,毫无保留地奉献给了中国戏曲文化的传播与推广。二十年来,他似乎只专注于这一件事,但我认为,这恰恰是他的可敬之处,他的这种敬业精神与使命担当着实令人感动。

党的十八大以来,以习近平同志为核心的党中央十分重视中华优秀传统文化的历史传承和创新发展,将其作为治国理政的重要思想文化资源。2016 年 5 月 17 日,习近平总书记在哲学社会科学工作座谈会发表讲话强调:"我们说要坚定中国特色社会主义道路自信、理论自信、制度自信,说到底是要坚定文化自信。文化自信是更基本、更深沉、更持久的力量。"戏曲作为中华传统文化的优秀代表,可谓是中国文化资源宝库中具有独特气质的精神财富,我们必须站在历史与时代相结合的高度,努力工作,使之成为推动中华民族伟大复兴的强大的精神力量。

舞台是热闹的,而从事艺术的人却需要保持一份孤独的清醒。我真诚地希望主持人月阳能将中华优秀传统戏曲艺术的美,一直传播下去。

是为序。

2021 年 10 月 7 日

让过去过去，给时间时间

白燕升

知名媒体人
文化学者
前央视著名主持人
山西传媒学院教授

锁麟囊开风雨霁，一入梨园一世情。

细想起来，我与月阳相识于十六年前，那时的他正是初出茅庐的小伙子，而我也刚过而立之年，因工作趋同，兴趣相投，相谈并无隔阂。眼前这个帅气的小伙子，对戏曲的痴迷程度不亚于初涉戏曲时的我。他的眼神里既有青春的锋芒锐气，又有传统文化熏染的稳健从容。

我们都是戏曲的知音和传播者，愿意在冷门品种里加温，胜过在热门品种里沸腾，不逐浮华，不从喧嚣。

燕赵大地自古多慷慨悲歌之士，而一河之隔的中原厚土钩沉出多少浮沉沧桑，这都是培植戏曲生长、繁盛的土壤。二十多年来，我多次到河南参加戏曲演出和"戏曲进校园"活动，切实感受到中原大地戏曲界你追我赶的生命气象，在这块土地上，丝毫感受不到戏曲的式微。

我在知天命之年对于"命"有很多感悟。人之三命，性命、生命和使命。使命如何作解？我想还是遵从内心，竭力而为，以及该有的担当。有些事情天注定是你要经历的，要完成的，这就是使命。

月阳是一个有担当和有使命感的戏曲主持人。

他从 2003 年踏入河南电台，便自觉地把目标锁定为戏曲节目主持人，从最初的门外汉到走进戏曲的门槛，从青涩懵懂到渐入佳境，我看到他在梨园越走越深，越走越快乐。他的听众上至九旬老者，下至莘莘学子和几岁孩童。十几年来，他懂得民意，他知道听众需要什么，想听什么，从《戏迷乐园》到《欢乐咚咚锵》，从《声动中原》到"月阳工作室"，在河南省的各个戏曲院团、演员和戏迷听众之间架起了一座沟通的桥梁。

累，自不必说，但爱我所爱，乐在其中。

怎样跨越媒介，让更多的人了解戏曲？

在今天这个多元的时代，这是我们当代传媒工作者该思考的问题。我们不再是简单的传播者，而是引导大众审美取向的媒体人。一如既往激活传统文化是我们的方向，致力于内容与形式的创新，争取更多更新的戏迷群体是我们的目标。

近些年来，受到新媒体的冲击，传统媒体在进行着巨大的变革，为了激励专业人才实现专业价值，积极适应融媒体时代的挑战，很多广电集团开始实行工作室制度。2016 年夏天，月阳工作室成立，这是河南广播电视台戏曲广播拉开产业链条和开放程度的探索。

工作室成立三年来，挖掘整理出一大批老艺术家的声像采集资料，内容涵盖声像、文字、图片等。这里既有或华彩或辛酸的往事回忆，又有多年舞台生涯的艺术总结，还有艺术家师道传承的梨园正声，多维度抢救下河南戏曲界的宝贝们的珍贵资料，这是一位具有高度自觉和使命担当的有情怀的媒体工作者义务去做的事情，值得我们双手点赞。

放在世界文化的坐标系里，芭蕾是人家的，交响乐是人家的，严格地说，话剧都是人家的，中国戏曲作为中国的本土艺术，如何墙内墙外都开花且都飘香，对于戏曲的传承者和传播者都是永恒的命题。

月阳工作室站在传播的前沿，以敏锐的目光，审时度势地开展与青年演员签约推广的业务。他深知，戏曲的未来在青年，他先后推出了好几名优秀青年演员，比如中国梆子十大青年领军人物榜首得主吴素真，通过戏曲鉴赏、戏迷互动、专场演出、大戏欣赏，以及座谈会的形式，在戏迷心里种草，培养"真丝"力量，其宣传推广效果不容小觑。

我们常说戏曲艺术是鱼，观众是水，雅俗共赏的中国戏曲最终还是要回馈于广大群众。月阳工作室在成立之初，就将公益事业提上日程，以郑州市整体布局，在城市的四个方位搭建舞台，不断激活戏曲艺术生命力，分别开展公益演出《大石桥有戏》《福塔有戏》《中原百姓大舞台》《欧安乐龄有戏》，每个周末贴心陪伴郑州的戏迷们，这是这个城市上空最袭击人心的声音。

人生没有白走的路，每一步都算数。

作为一个有情怀的戏曲节目主持人，月阳培根铸魂、守正创新，推的是河南戏曲的未来，守的是中原文化的 DNA。同时，他还打造出一张传播戏曲的名片，那就是他最好的"作品"——女儿张楚怡。楚怡从两岁起就开始咿呀学唱，从大石桥的小舞台到央视春晚，再到出国访问交流，大眼睛的小楚怡展现出的舞台光彩浸透了月阳的太多心思。

我们是一起在孤寂的小路上奔跑，为戏曲续命的人，虽历尽艰辛，但依然怀着一颗少年的心、简单的心、火热的心，在后广电时代，努力为戏曲传播闯出一条路来。愿我们一起把传播传统戏曲进行到底。

孤独在所难免，我相信，我们都会纯真纯粹地走下去，对戏曲的真爱是一个人的心灵归宿，更是一个人的精神家园。

让过去过去，给时间时间。

我们所有的努力，不是为了给别人看，只是为了不辜负自己，不辜负此生。

未来的一切无论复杂，还是磨难，无论钩心斗角，还是尔虞我诈，我们用简单的方式去化解。

你希望世界变成什么样子，就必须自己先成为那个样子。

真诚，简单，无所畏惧。

共勉！

2019 年 7 月 31 日于北京燕鸣堂

守望梨园二十秋

月阳

　　有这样一个数据，目前我国戏曲剧种正以每年一到二个的速度消亡，我相信大家也一定能感受到外来文化对中国传统文化的巨大冲击。作为一名专业戏曲媒体人，我深感所肩负责任的重大。自 2001 年至 2021 年，我也把自己的人生最好年华的二十年，交给了记者、主持人这个职业，交给了对中国优秀传统戏曲文化的坚守与传播。

　　不进园林，怎知春色如许。对戏曲的了解始于儿时村头的大戏台。我出生在豫东商丘虞城，这里是一代巾帼女英雄花木兰的故乡，可谓是名副其实的戏窝子。我从小便是在豫剧豫东调那苍劲古朴的锣鼓音韵中成长。不可否认，我也和这个时代的大多数年轻人一样爱追剧、爱唱流行歌曲，追求时尚美，但我也发现，不论我走到哪里，只要听到豫剧的二八流水，听到那沁人心脾的豫韵乡音，我的内心就会升腾起一种莫名的亲切与感动。2001 年 10 月，刚刚走出校门的我，顺利地成为一名广播戏曲节目主持人。

　　俗语有言"台上一分钟，台下十年功"，步入戏曲栏目主持的工作岗位，我才真正读懂这句话的含义。戏曲演员的冬练三九、夏练三伏，他们的质朴，他们守得住清贫、耐得住寂寞的坚守精神给了我极大的触动。为了做好节目,更好地服务听众,我还时常深入基层院团采访,及时了解剧团的剧目生产与演出状况。带着采访机走田间、串地头、跑剧团、看演出,和演员交朋友,把老艺术家当长辈,把戏迷听众当亲人。由于节目内容鲜活,信息量大,可听性强,由我编播主持的戏曲直播栏目《戏迷天地》收听率调查总是名列前茅。

一份付出,一份收获。一封封书信、一封封电子邮件、一条条短信从四面八方飞来,专业戏曲演员的鼓励和广大听众的赞扬,使我决心一定要把有些人眼中"不时尚,也不时髦,甚至土得掉渣"的戏曲节目做出个名堂。

2003年冬天,首都北京奥运场馆建设工地正在进行着一场慰问农民工的公益演出。当天,豫剧大师常香玉先生亲临现场。作为这场演出的主持人,当我搀扶着重病在身的常大师登上舞台的那一刻,现场沸腾了!大师说:"一个农民,把地种好是头等大事,一个演员,把戏演好就是头等大事,因为,戏比天大!"2004年6月1日,仅仅半年之后,一代豫剧大师常香玉先生便驾鹤西去。而这次演出也竟然成了大师一生的谢幕演出。事后才知道,当时常香玉大师已是癌症晚期,身体状况已经不允许她参加任何活动,但在医生和家人的再三劝阻下,她依然拖着病体赶来了。当人民需要她时,她总是第一时间出现,这就是人民艺术家常香玉。大师心系观众、戏比天大的精神深深地感染着我这个初出茅庐的戏曲节目主持人,它仿佛为我指明了前进的方向,激励着我做一名合格的传统戏曲文化的传播者。每当我在工作中遇到困难和挫折的时候,我的脑海中就会想起大师的音容笑貌,想起她的座右铭"戏比天大"。

常先生的离去,使我陷入了深深的思考之中。每一位艺术家都是一座丰富的戏曲宝藏,老一辈艺术家在长期的学艺、表演、教学、传承过程中积累了许多宝贵经验,其中不乏真知灼见和独门技艺。然而,随着光阴的流逝,老艺术家或是年事已高离开舞台或是先后离世,古老的戏曲艺术也随着他们的陨落而日渐褪色。因此,为老艺术家们留下更多宝贵的艺术资料刻不容缓。

河南地处中原,是华夏文明的重要发源地之一,这里更是享誉全国的文化资源大省,戏曲强省。除河南本土三大地方剧种豫剧、曲剧、越调外,还有太康道情、内乡宛梆、四平调、二夹弦、大平调、大弦戏、罗戏、卷戏、柳琴戏、怀梆等三十多个稀有剧种活跃在城乡舞台上。河南地方戏曲经历数百年的不断发展与演变，可谓灿若星辰，涌现出了许多杰出的艺术名家，如享誉全国的豫剧名旦六大家常香玉、陈素真、崔兰田、马金凤、阎立品、桑振君及越调"活诸葛"申凤梅、"曲剧皇后"张新芳、"活寇准"马骐等。

戏曲艺术是活体传承艺术，老艺术家就是活字典、传宝人。

因此，自2007年开始，在工作之余我便开始用录音机记录戏曲老艺术家的演出、教学、传承及生活。其实，那时的想法很简单，就是尽自己所能把河南省内有一定知名度和艺术造诣的老艺术家的声音留存下来，以便更好地丰富我每天的直播节目，根本没有想着有一天能够将其整理结集成书。但是，随着王秀兰、王敬先、马骐、张新芳、吴碧波、海连池、马骐、柳兰芳、马金凤、张梅贞、宋喜元等一批老艺术家的先后离世，我愈发感到我所做的这项工作的神圣。尤其每每听到老艺术家那一声声道谢的言语，也更加坚定了我要将这份工作坚持下去的决心与信念，尽管过程无比艰辛。

中国梨园行有句名言，叫"十年磨一戏"，意思是一出好戏，一出能经得起观众检验和时间洗礼的戏曲作品，需要十年光阴的不断打磨与推敲。而"老艺术家声像采集工程"这项工作我用了整整十四年。"合抱之木，生于毫末；九层之台，起于垒土；千里之行，始于足下。"生活中的任何一件事情都是从量变到质变而不断积累的过程。在台领导以及戏曲艺术家们的支持下，2016年8月，戏曲广播为我成立了"月阳工作室"。经历七年的磨砺，值得欣慰的是，在这个平台策划推出了一系列卓有影响的大型活动与项目。由月阳工作室出品的这部《中原正声——河南戏曲老艺术家口述实录》就是其中一项。由于本书共收录了四十三位艺术家，其人数之多，加上字数因素，故分为了第一卷、第二卷。第一卷包括常香玉、陈素真、崔兰田、马金凤、阎立品、桑振君等在内的二十三位戏曲大家、名家，第二卷包括杨兰春、罗云等在内的二十位编、导、演戏曲艺术家，他们的个人自述或自传以及艺术赏析。

作为编著者，我由衷地感谢在这项繁杂巨大的工程开展之初和成书过程中，张铭总监及我的老大姐木子、张彤等历任领导给予我的肯定与鼓励,感谢我亲爱的同事王博、朱秀萍、侯妍、池城、孙盼珍、郭嘉、若男等对我的辅助与支持,感谢豫剧常派再传弟子宋怀山先生、曲剧海派弟子史占星先生的无私帮助,感谢著名戏曲人物画家苗大壮先生所给予的倾情相助,感谢李焕霞老师、刘仪清妹妹及魅力中国杂志社编辑陈静、蒋建朝在书稿前期文字编辑方面的付出。在本书进入后期编辑及审校阶段,河南文艺出版社资深编辑陈静老师倾注了大量心血,在此一并鞠躬致谢!

2021 年 8 月 7 日(立秋)初稿

2023 年 9 月定稿

目录 —— CONTENTS

第二章 ｜ 曲韵流芳　生生不息

第一章

豫坛六艳　旦行之峰

常香玉·《花木兰》

请扫码收听常香玉原声音频

常香玉(右)和月阳,2003 年 12 月 23 日在北京奥运场馆建设工地

戏比天大
梨园楷模

　　臧克家说:"有的人死了,他还活着。"我想,常香玉先生应该就是这样一种人。翩然离去,什么都没带走,却留下了无尽的思念给世人。2004 年 6 月 1 日清晨,豫剧大师常香玉走完了她八十一岁的人生道路,在河南省人民医院溘然长逝!这样一位值得尊敬的前辈,永远地离开了她魂牵梦萦和一生挚爱的舞台。戏曲界一代巨星陨落,留给她的亲友和观众们无尽的悲伤、哀叹和思念。

　　直到今天,人们还在用各种方式表达着对这位豫剧大师的怀念之情,作为一名戏曲节目主持人的我,有幸曾在大师生前与她有过两次零距离的接触,因而对其艺术和品格有着较为深刻的感受。

　　2004 年的元旦前夕,由河南省豫剧二团主办的"慰问在京河南人公益戏曲演出"在首都奥运场馆建设工地举行。这是一场饱含乡音乡情的公益演出。上午 9 点 30 分,作为本次演出主持人的我已然穿戴整齐,进入候场状态。上午 10 点,震天的锣鼓在偌大的工地广场上响起,美妙的豫韵乡音也随之流淌在广场的各个角落。最令现场工人观众兴奋的是,年逾八旬的豫剧大师常香玉应邀亲临了!当重病在身的常大师在女儿的搀扶下蹒跚登上舞台的那一刻,现场一下子沸腾了!

见到常大师精神抖擞,我的心情也激动不已,这是我在首都舞台上所主持的第一场大型演出活动。当我上前搀扶老人时,出于晚辈对长辈的尊重,我下意识地给常大师鞠了个躬,这时,最令我意想不到的一幕发生了:常大师竟然马上给我回了个深深的礼。此时的常大师就像一位邻家老妈妈,和蔼可亲,丝毫没有一点艺术家的架子。

我搀扶着她缓缓走向舞台中央,全场响起雷鸣般的掌声和欢呼声。她说:"医生和孩子们都不让我来,但我一听说河南来了一台戏,我就说你们让我去吧,让我去吧!这一台都是好演员,我这个老太太咋办呢?我想如果我不给大家唱一段,总觉得没有慰问的感觉,心里不舒服,那我就把当年演过的一出现代戏《柳河湾》中的一段唱送给大家!唱得不好,你们就担待点!"说完,她就唱起了剧中"秋风送爽丰收忙"的唱段。一曲唱罢,大师又深情地说道:"一个农民,把地种好是头等大事;一个戏曲演员,把戏演好就是头等大事。因为戏比天大。"——至今,这段珍贵的录音和视频资料我还小心地珍藏着。

没想到,仅仅半年之隔,常香玉先生便驾鹤西去,而这次慰问演出,也就成了大师人生中最后的谢幕演出。

大师虽逝,但她的曲声不止、精神永在。

1923年农历九月十五日,常香玉出生在河南省巩县(今巩义市)的一个小山村——董沟,从这里往外走,只有一条羊肠小道。董沟村有二三十户人家,大多数是穷苦人,家里有头小毛驴的就算是不错的家境了。张家的窑洞里边,还挖了左右两个小窑,土话叫拐窑。据小妙玲(常香玉又名张妙玲)的奶奶讲,经过三代人的手,他们家才有了这样的境况。小妙玲很喜欢这个家,不管它如何简陋,如何破烂,丝毫都没影响对它的热爱。儿时的妙玲不仅喜欢冬暖夏凉的窑洞,还喜欢她家窑洞门外那个小小的院子。从刚记事起,妙玲的奶奶就常常抱着她在月下乘凉,给她讲故事,教她儿歌,其中一首成年后她还记得清清楚楚:"月奶奶,明晃晃,开窑门洗衣裳。洗得净,浆得光,打发哥哥上学堂。哥哥长大得个官儿,咱家再不受饥荒。"张家小院不过两三丈见方,用处可大得很哪!麦忙天,小妙玲出去拾麦穗,把捡回来的麦穗在院里晒干捶净;平常拾的菜叶、湿柴、杂草等也都先摊在这里晾晒。除了这些，妙玲的妈妈还教她烧火、拍糠饼子、哄弟弟玩、洗衣服等等。特别值得一提的是，经过一场激烈的斗争，就在这里，妙玲的爸爸张茂堂让她摆脱了童养媳的命运，决定带着她走上戏曲之路。

沿着河堤往南，走上半里来地，便是一个古老的渡口。渡口正对着小妙玲家，渡口上有座古式建筑的戏楼，虽是砖瓦木石盖成，却是飞檐挑脊，结构精巧，上面可以唱戏，下面可以行车。这是专门给大王爷(河神)修建的。小妙玲曾问过爸爸："洛河三年两头发大水，祸害百姓，为啥还常常给大王爷唱戏呢？"爸爸的回答也很有意思："要是他安安生生，哪个还会供他！"当时年幼的妙玲还听不懂其中的含意。

巩县曾经是个多灾多难的地方，从小妙玲两岁起到七岁止，在巩县就发生过五次兵灾。一场战争一场劫，巩县人民所受的苦难也就可想而知了。这些苦难的记忆，在妙玲的成长过程中，都成为艺术奠基的营养，滋养、启发着这个天生属于戏曲的女孩。

"戏是苦虫，不打不成。"儿时的常香玉因为学戏挨打受气，可谓是家常便饭，经历父亲一番调教，加之自己的刻苦用功，年幼的常香玉慢慢崭露头角。1935 年，十三岁的常香玉以六部《西厢》誉满开封。因此，她与陈素真、司凤英被誉为豫剧"三鼎甲"。著名诗人苏金伞曾著文称："常香玉十二岁到开封，震动了社会各阶层，和陈素真并驾齐驱。当时在社会上，尤其是河南大学里分成两大流派，一派是尊陈抑常，一派是尊常抑陈，旗鼓相当，谁也压不倒谁。实际上，她两个各有千秋，难以权衡。"

常香玉先生在声腔艺术上原宗豫西调，但她从不拘泥于此，而是广征博采，融

常香玉,1938 年摄

1953 年，常香玉赴朝慰问演出归来

豫东调、祥符调等于一体，积极汲取各姊妹剧种的精华及优长，大胆创新，开了豫剧声腔改革的先河。1938 年后，由于身体原因，她不再演武戏，开始潜心研究青衣行当以及花旦的说白与表演。1941 年，她赴陕西演出，随后创立了香玉剧社，致力于豫剧青年人的培养与教学工作。1951 年为支援抗美援朝，以全部演出收入捐献了"香玉剧社号"战斗机一架，被誉为"爱国艺人"。

转眼间，一代豫剧大师常香玉先生已经离开我们十八年了。作为后生，我感恩先生曾经给予我工作上的帮助与滋养。

正像一位诗人为悼念她而写的那样："有的人活着，就是没有声响；有的人死了，却仍在歌唱。"这个仍在歌唱的人，就是豫剧大师、人民艺术家——常香玉。

常香玉，于 1956 年

常
香
玉
自
述

父亲教戏

爸爸不仅教我唱腔，还教我练武功。他懂得要领，却没有这方面的功夫，不会给我做示范，只知道逼着我死练。我自小是个出名的顽皮鬼，蝎子粘墙、打马车轴辘、窝软腰都是拿手戏，原以为戏台上那几手难不倒我，万万没有料到，后来竟然吃了那么大的苦头，真是做梦也不曾想到的。

爸爸教我的第一项功是踢腿。他让我双手叉腰，两腿绷直，挺胸直腰，两条腿轮着往上踢，脚尖勾鼻尖。开始一次踢六十腿，以后逐天增加，一百、二百，一直增加到一次踢五百腿。一口气踢下来，我总是大汗淋漓、腰酸腿疼。爸爸见我稍有偷懒，轻则罚我重踢，重则一顿痛打。一天，爸爸见我的腿都踢肿了，鼓励我说："咬住牙练下去吧，孩子！等到把肿踢消，真功夫就出来了。"晚上，妈妈用指甲草棵子熬的水给我洗腿，说可以活血消肿。有一回，我咬着牙踢了四百七十七下，腿一软，一屁股坐在地上，拿拳头在大腿上轻轻地捶，嘴里说："可练够了。"冷不防爸

常香玉之父张福仙

爸用皮鞭在我身后猛抽，大吼道："我叫你说瞎话！明明少踢二十三下，为啥硬说练够了？"妈妈不忍心，婉言劝了几句，爸爸板着脸说："你少管闲事！'戏是苦虫，不打不成。'一个女孩家要是只会在戏台上打旗，还不如送童养媳呢！"妈妈争辩说："你教她唱妥了，何必在武功上叫孩子吃这么多苦呢！"爸爸说："你看看我吧，倒仓以后，就吃了不会武功的亏。想找碗饭吃，有多么难！"顿时，唱戏的演员在戏台上欢蹦乱跳的形象，童养媳挨打受气的苦楚，鲜明地出现在我的眼前，身上的疼痛早已无影无踪了。

每天，鸡叫头遍，妈妈就喊我起来，先喊腔，后练功。练呀，练呀，我的腿终于消肿了！我心里一美，主动给自己加码，慢慢地能踢到六百腿。爸爸高兴地说："妙玲，有出息！以后早晨我要去干活了，你自己好好喊腔、练功，千万不要自己哄自己，我多挣几个钱咱也宽绰些。"

爸爸和老六的早、午两顿饭，都是我给送的。一根竹扁担，一端系个竹篮，装的馍和菜；一端系个瓦罐，盛的小米汤。起初我挑起扁担不习惯，再加上心里紧张，怕把汤菜洒了，走起路来东扭西歪、前俯后仰，越想稳当越不稳当。不知从哪天起，我居然可以迈着小碎步，甩动小胳膊，扁担颤悠悠，哼着梆子腔，一路逍遥自在，不知不觉就送到了。晚上，爸爸在屋前的空地上给我说戏，然后教我练功。

改名"常香玉"

有一天，爸爸心情很不好，晚饭懒得动筷，只管坐在床沿上一根接一根地吸烟。我催他，反招来一顿没趣。妈妈本来就憋了一肚子火，见我眼角挂了泪珠，扔下筷子说："不是骨肉是冤家！难怪人家把你当成人贩子。"爸爸哼了一声说："我是恨铁不成钢。要是拜师学艺，立下字据，把命交给人家，比跟着我还要苦上十分。"妈妈说："眼不见，心不烦。你动不动就把孩子往死处打，我受不了。唱戏这碗饭难吃，明天我们娘儿俩拉棍要饭去！"她越说越气，嗓子也急哑了。爸爸的声音更大："你倒说得轻巧！我问你，孩子要不要寻婆家？妇道人家知道啥！"这句赌气话，大大伤害了妈妈的自尊心，犹如火上浇油，气得她两眼冒烟，扬声嚷道："送童养媳也比跟着你强！"我自小最怕父母吵架，那带着火药味的声音，刺我的神经，扎我的心。我肚子里有千言万语，却总是说不出来，只好站在一旁默默地流泪。这一次，跟往常比起来，更是出格，竟然提出来要把我送去当童养媳！我就像冷不防叫蝎子蜇了一下，浑身打战，扑通一声，跪倒在地，抱住妈妈的双腿哀求说："妈，我不当童养媳，还是让我跟着爸爸学戏吧！"妈妈说："还学戏哩！熬不到大把抓钱，你爹早把你打死了！"成串的泪珠滴在我的脖子上，我又转身跪到爸爸跟前，呜呜咽咽地说："爸，我听话，再也不惹你生气了。"爸爸把我紧紧抱在怀里说："也怪爸脾气不好……"喉咙一哽，话又咽回肚里。

"妙玲！"忽然从门外传来了亲热的声音，爸爸推门一看，回过头来说："妙玲，你干爸来了。"

我的干爸爸名叫常会庆，排行第一，人称"常老大"，在巩县站街开了个小饭铺。说起来啰唆，1933年秋天，爸爸带着我回老家给奶奶做三周年，到了站街，天已大黑，只好借住在马叔叔开的小烟铺里。爸爸打发我睡觉的时候，不小心把烟头裹在我的衣服里，将衣服烧了几个大窟窿。一场惊慌自不必说，还害得我女孩家出不了门。天明以后，爸爸上街买吃的，在一个小饭铺里遇到了一个戏迷，就是常老大。他听说我们正在难处，立即撂下生意，跑了三里多路，回家把他闺女的一身衣服拿来，交给爸爸。爸爸领着我去向他道谢的时候，他正在锅灶跟前忙活。等他腾出手来，爸爸跟我说："快谢谢大伯，他帮了咱的

常香玉（右）和母亲

大忙。"大伯扯住我说:"不用谢,叫我看看可身不可身。"他上下左右把我打量了一番,满意地点了点头,又转身从灶台上端来两碗冒着热气的面条说:"吃吧。"大家一边吃一边聊,当他弄清楚我们的来历时,吃惊地说:"恁爷儿俩就是董沟那姓张的?"原来我在密县(今新密市)学戏的风声传到巩县以后,引起了种种议论,因为当时豫西一带还没有女演员,许多人都说女孩子学戏不是正道;俺张家的族长认为我辱没了祖宗,甚至扬言不准我再姓张。说到这里,常大伯气愤地说:"唱戏也是凭本事吃饭,光明正大,咋见得就丢人!老弟,我要是有这么个闺女,才不怕那些闲言碎语哩。"爸爸激动地说:"大哥,这闺女就给了你吧。"常老大说:"一言为定。"就这样,我认了个干爸。

话又说回来,干爸进了屋,一面从篮子里掏卤猪肉,一面说:"接住你们的信我就跑来了。我一定多住几天,好好看看闺女的戏。"我一听,心里像针扎似的,立即扑到他身上放声大哭。干爸脸上显出吃惊的神色,问我爸爸:"妙玲咋啦?有事了吗?"爸爸说:"三言两语说不清。走,先上街喝两盅;咱家地方窄,也得给你找个店住。妙玲没病没灾,不用操心。不过,她的戏你可是看不成了。"干爸一惊说:"到底有啥事过不去?一家人不说两家话,我在街上吃过了,快说吧。"

爸爸这才把前前后后说了一遍。

我多么盼望干爸支持我学戏啊!可是直到爸爸说完,他还是闷声不响。我有点失望,只好用哭声表示哀怨。忽然,他问爸爸:"要是不叫妙玲学戏,你们族长可有话说了:谅你张茂堂也成不了精。一些人也会跟着说:胳膊终究扭不过大腿。有朝一日,只怕你还得回巩县给族长磕头认罪。"

听到这儿,爸爸气得头上暴起了青筋,斩钉截铁地说:"不叫俺唱偏要唱,还非在巩县唱不可!"干爸说:"对!有个武胜班正好唱到巩县了。明天咱们一块儿回去,恁爷儿俩就搭他们的班。"一场风雨就这样过去了。我又高兴又激动,话不知怎么说,只是笑着抹泪花。干爸又说:"老弟,闺女有我的一半,你以后不要再打她了,不然我可要把她接到俺家,不准你同她见面。"爸爸看看我,又看看他,高兴而又不好意思地笑了笑。

回到巩县,我们随武胜班刚赶了几个庙会,一天,忽然有个人找到下处,气势汹汹地当着众人说:"张茂堂,你过来!族长说了,你自己唱戏当个下九流就够丢人败兴的了,如今又领着你闺女唱戏跑江湖,也太作孽!两条路任你挑:要姓张不能唱戏,要唱戏不能姓张!"爸爸气昂昂走过去,冷笑一声,怒气冲冲地说:"百家姓上有的是姓。从现在起,俺孩子姓常,不姓张了。"来人碰了一鼻子灰,抽身走了。大伙都愤愤不平,骂不绝口,有人撺掇爸爸说:"一不做,二不休,干脆把妙玲的名字也改了吧。"爸爸说:"对,对,对!"他想了想又说:"古时候,不是有个楚霸王吗?力气大,武艺高,名叫项羽。这个名字好,又是'香',又是'玉',就叫这个吧。"爸爸不识字,在场的人也都没有文化,谁也不知道闹了个大笑话。

当了主演

周海水师傅是位内行而精明的掌班。我演垫戏不到两个月,他跟我爸爸说:"孩子的戏可是大见长进了,以后她的戏码得往前提。"这是句行话,意思是叫我改演中轴。爸爸高兴地说:"孩子是我的,演员是你的,全凭老弟栽培了。"打这以后,我的名字也上了海报。

这时候,我经常演出的有十多出(折)戏,而且会演不同的角色。例如,在《曹庄杀妻》里我能演小生和茶旦,在《玉虎坠·宿庵》和《桃花庵·上门楼》里我能演青衣和小旦,在《大祭桩·打路》里我能演小旦和青衣,在《荆轲刺秦》里我能演武生,在《收姬昌》里我能演老旦,在《能盖打南阳》里我演的是丑角。每天日夜两场我都上,没有星期天,逢年过节更忙,经常一天演三场。除了演出,还得起早贪黑喊嗓子、练功,抽空学新戏。后来,爸爸嫌我的圆场走得不溜不飘,特意叫我把沙袋绑在腿上练,甚至连平常走路也不准解下来。

到了下半年,我的中轴越演越硬棒了,海报上我的名字也越来越大。周师傅不声不响地给我涨了一半

十六岁的常香玉

身钱,即从原来的每月八块现洋,涨到十二块。半路涨钱,这在当时是很少见的。因为戏班里一季为一个合同期,不到季身钱是不能随便变动的。领班的如果公开地给某人涨钱,势必会引起许多矛盾。他暗里涨工资,一来可以稳定戏班里同人的情绪,少闹纠纷;二来可以鼓励一些演员在艺术上奋发努力,追求进步;三来可以使他的戏班兴旺发达,赚钱多。这正是周海水的精明之处。

一天晚上,我演完中轴刚卸了装,爸爸悄悄领着我去看了一场皇戏(京戏)。为了省钱,我们买的是站签。一进去,我就看见台子上一个女的对四个男的正打得热闹。男的轮流把枪扔过去,那女的用脚又把枪一一踢回去。前踢、后踢、左踢、右踢、左右同时踢,有时候还躺在台上踢。我目不转睛地看着,只觉得银枪满台飞舞,不知道到底有几杆枪。回家的路上,爸爸才告诉我,这出戏叫《泗州城》,扔枪踢枪叫"打出手"。

回到住处,天已经很晚了,可是我一点瞌睡的意思也没有,拿起一杆枪到月亮底下练,也沉不下心来,仿佛魂儿被勾走了似的。也不知是怎么回事,我忽然明白过来,一个箭步蹿进屋里,冲着爸爸说:"我要学'打出手'!"爸爸冷冷地说:"你想学?这玩意儿只皇戏里有。河南梆子嘛,不要说女的,连男的也没人会。太难了!"我把脖子一挺说:"我不怕难,爸爸,叫我学吧!"爸爸很高兴,深情地说:"好孩子,有志气,你和爸爸想到一块儿了!"原来他已经给我请定了一位教"打出手"的京剧师傅,却故意来了个反弹琵琶。

说来惭愧,我只记得那位京剧师傅叫杨老大,是否另有名字我就不清楚了。他武功纯熟,性情豪爽,也很喜欢我。每天上午,他准时来到醒豫舞台,教我和陪练的四个小青年。我练得浑身上下青一块紫一块,脚面肿得穿不上鞋袜,走路一瘸一瘸的。就这样,一天两场戏,我还是照样演。说也奇怪,一上场,什么疼什么累全都没影了。练了一个多月,我终于把《泗州城》拿了下来。

1936年农历八月十五的前几天,我一连演了三场《泗州城》。河南梆子舞台上开始有了出手戏,而且由一个十三四岁的女孩子演出,自然引起轰动。那三天,池子里座无虚席,站厢里更是挤扎不动,比周海水、张同庆、燕庚的大轴还要叫座。醒豫舞台经理魏少春对我们这些小孩子从来是爱搭不理的,这时候也对我另眼看待,异常热情,尤其对我爸爸,明显地流露出掂衣裳襟的神态。不久,他主动给我们在吹鼓台旁边租了两间房子,并且帮我们搬了家,从此我们才有了自己的窝。他还亲自给我们送来了五美斋的月饼、茶叶和梨、枣之类,对我的恭维话说了几箩筐。这个中秋节,我过得特别高兴,那倒不仅仅是因为我第一次吃到了月饼,更重要的是赞扬声越来越多了。

仲秋过后,新的一季开始了。我正式当了主演,每月的身钱由十二块现洋涨到二十四块,一下子涨了一倍。据我妈后来回忆说,那时候也有票子,不过现洋比票子吃香。物价也便宜,买一袋面粉不到两块现洋。因为日子比以前滋润了,全家都很高兴。

我当了主演,爸爸对我的要求却严上加严。因为那时候开封有三台梆子戏,竞争得很厉害:一台是以陈素真为主演的豫声剧院,一台是以司凤英为主演的永安舞台,一台就是以我为主演的醒豫舞台。三家戏院各以自己的拿手好戏相号召,争取观众。爸爸心里明白,我虽然依仗武功扎实和吐字清楚在开封站住了脚,但是单凭那十来出戏,要想长期牢固地在开封站住脚是不可能的。因此,他提出了一个大胆的计划,要我在这一季里连演四十五天不重戏。换句话说,就是在一百二十来天里,除了天天演出之外,还得再排三十来出戏。可怜我那时还不会算账,不知道这意味着四天就得学一出新戏,就糊里糊涂地闯过来了。这些戏自然学得比较毛糙,但在那个社会环境里又有什么办法呢。那年月真是拼着干的,连一日三餐都是背词温调的时间。多少天我都是等到饭菜凉了,才急匆匆往嘴里扒拉,根本不知道咸淡的滋味。到了晚上,两只脚累得浮肿,我还不懂,就问妈妈:"妈呀!我的鞋为什么早上大、晚上小呢?"妈妈心疼地说:"傻闺女!鞋子大小早晚都一样,是你的脚累肿了。"说着用手按了一下,"你看一按一个坑呀!"

第二天一早,爸爸和周师傅商量,连演几天重头戏以后,给我安排一出歇功戏,如《香囊记》《洛阳桥》等,让我喘喘气,并且叫妈妈变着花样给我做好吃的。爸爸平时对我严厉惯了,他的爱怜使我喜出望外,感到无比的温暖。

戏比天大

在一片赞扬声中,我有点飘飘然了。

一天上午,我和四个小青年去醒豫舞台练功,路见不平,跟一个不讲理的男孩子打了起来。马小明劝我说:"不要惹事了!下午要上《泗州城》,赶快去练'打出手'吧!"我正打得起劲,哪里听得进去,却不料随着一声怒吼,爸爸在背后狠狠地踢了我一脚。

我气鼓鼓地到了醒豫舞台,心想,我都会大把挣钱了,海报上"常香玉"三个字比斗还大,可当爸爸的仍然说骂就骂,说打就打,难道就叫我这样过一辈子吗?越想越不是滋味,只觉得这也不称心,那也不如意,一肚子都是委屈。因此,当马小明催我练"打出手"并把枪扔过来的时候,我异常愤怒地猛一抬腿,把枪踢出去两丈多高,然后哈哈一笑,不耐烦地说:"练这有什么意思,闭上眼睛我也裁不了。"他们只知道我"打出手"的功夫不软,哪里知道我有发泄不完的怨气。

1940 年代,常香玉演出《花木兰》

我并不是夸海口,的确,从我开始演这个节目以来,每次都踢得很成功,赢得了不少彩声。哪里料到一次没有好好练功,竟然导致了一场严重的演出事故。就在这天下午,我一脚竟把枪踢到了台下,顿时引起了一片惊叫声。前几排的观众缩脖子捂脑袋,后排的观众齐刷刷地都站起来了。我就怕伤了观众,如果有人受伤,那可怎么办呀?后台师傅又扔给我一杆枪,我也不知道接。

这是一个小学校的包场,最小的学生坐在前边,大一点的挨着次序往后排。忽然,后排的学生潮水般向前涌,有的孩子还争抢着捡我踢飞的枪。我正在发蒙,忽听有人说:"同学们!各就各位!保持安静!"洪钟般的声音把我从惊慌失措之中震醒,扭头一看,原来是一位两鬓斑白的老人,他表情严肃,却不失和蔼,混乱之中显得特别镇静。他的话真灵,学生们都秩序井然地回到各自座位上。我想,他准是校长。其余十几位老师,原是在最后排看戏的,秩序恢复以后,他们才走到前边来。校长快步走到台下,爱抚地问一个小同学:"是不是砸着了?"我伸着脖子朝人堆里看,只见那个小学生捂着脑袋,带着哭腔说:"这里碰了个疙瘩。"声音不大,甚至可以说是很小的,但我听起来却像一声霹雳,几乎把我吓晕。"勇敢点!勇敢点!有次跳绳摔了一跤,鼻子流血,你不是说没事吗?"我隐约看见小学生点了点头,微微一笑,我那紧紧缩成一团的心一下子就舒展开了。就在这时,爸爸站到台前向观众道歉:"刚才常香玉没有演好,对不起大家。现在叫她给诸位鞠躬,把'出手'再打一遍。"老校长和颜悦色地说:"这不稀罕。我教了多半辈子书,也没见过不写错别字的学生呢。让她大胆地再演一次,准能演好。"他转身面向全体学生问:"对不对?"学生们一起高呼:"欢迎再演一遍!"师生们给我的勇气,使我战胜了恐惧和紧张,表演成功了,学生们用力给我鼓掌。我心里又是高兴,又是感激。回到后台,我竟禁不住热泪盈眶,扑进爸爸的怀里痛快地哭了一场。我毫不顾忌地把心里的疙瘩说给爸爸听,甚至希望他抽我几鞭子。爸爸没有动怒,只是一字一板地说:"孩子,要永远记住,熟戏要当生戏演。不管你有多大委屈,多少烦恼,都得撂在一边,认认真真演戏,不能有一丝一毫马虎,用祖师爷的话说,这叫作'上了台,戏比天大'。"他用左手轻轻地托起我的下巴颏,右手掏出手绢替我擦去泪水,又深沉地说:"'戏比天大',孩子,听真切了没有?"

我咬着嘴唇点了点头。

回家的路上,仰望长空,一碧如洗,我禁不住一再喃喃自语:"戏啊戏,你真的比天还要大吗?"

从第二天开始,一连三个早晨,爸爸都让我提前半个小时收工,不厌其烦地给我讲"戏比天大"的道理。他说:"哪怕天塌下来,也要把戏唱好,这不就是'戏比天大'吗?"我心中豁然开朗,脱口说道:"我明白了,爸爸。"

"这就对了。"爸爸爱抚地拍拍我的肩头说,"不过,明白归明白,我还要看你能不能照着去做哩。"

左：香玉豫剧学校创办人常香玉（左）和陈宪章，1944 年 6 月于西安

右：1951 年全家合影，前排左为常小玉、右为陈家康，中排左为陈宪章、右为常香玉，后排左为陈金榜、右为陈小香

创办豫剧学校

宪章出狱不久，我们就办起了一所私立香玉豫剧学校。我担任校董会董事长，陈宪章担任校长。

创办一所豫剧学校，是我和宪章结婚后的一个共同愿望。我们憧憬豫剧兴旺发达，希望豫剧舞台上涌现出更多的人才。可我们从来也不曾想过，办学竟有那么大的困难。

找房子也是一个难题。当时我有点迷信，认为住在吉庆巷太不吉利了。不是嘛，宪章几乎送了命，刚攒下的一点钱也折腾得一干二净。这都是因为宅神不好，必须赶快搬走，躲开这个不祥之地。

又要住家，又要办学，要找一处合适的房子，谈何容易！宪章奔波了多天，才找到了一位热心人。他是河南汜水同乡，名叫王云生，当时是个生意人，过去领过戏班。经王云生介绍，我们在马厂子 13 号租了一个独院，前面有七间住房，后边有个大空场。宪章又请了几个泥瓦匠，盖了两间学生宿舍，并买了些木板，支起了通铺，还搭了一间厨房，七间旧房也粉刷一新。我们对那一大片空地特别满意，因为它既可当教室，又是练功场。这期间，我和宪章给爸爸往宝鸡发了一封信，把我们办剧校的事告诉他,并且请他来校教戏。爸爸搞了一辈子戏,听说我们办学校,培养豫剧人才,兴奋得几夜都睡不着觉,不几天就到西安来了。我们和爸爸商量了以后,又请了豫剧演员黄少林、拉板胡的琴师郑喜财、京剧演员李润泉等担任教师,姜宜轩担任学生管理员;还找了一位老实可靠的炊事员李生发,做饭采买全由他一人担当。

"诸事齐备,只欠东风。"我情不自禁地说。

宪章说:"咱和老师们商量一下学生录取标准,就小打小闹开始吧。"

当时录取学生的标准只有四条:一、体态端正,最好是大眼睛,高鼻梁,瓜子脸。二、嗓音纯正。会唱的让他唱几句,由郑喜财师傅伴奏;不会唱的就跟着学喊两个单音"咿——"和"啊——"。三、口齿伶俐。通过老师询问考生问题,看他的脑子灵不灵。四、年龄要求九岁到十三岁。因为年龄小了,生活不能自理,不好照顾;年龄大了,腰腿僵硬,幼功就不好练了。

招生开始那天,熙熙攘攘,非常热闹。小孩子都由家长领着,争先恐后报名应考。他们绝大多数都是河南难民的子女,衣服破破烂烂,脸上气色也不好。我们的学校是不收任何费用的,一切开支包括学生的衣、食、住、行等等,经费的唯一来源就是我的演出收入。再加上校舍因陋就简,师资力量有限,因此,我们打算先少收几个学生。头一天来了三十多人,第二天增加到四十多人,第三天又猛增到六十多。宪章一看这阵势,得赶快收,不然招架不了。他立即写了张"招生已满"的告白,贴在门口。

这次招生只挑选了八个孩子,按照我爸爸的意见,每个人都起了个新的名字,一律带个"玉字",如陈玉鼎、赵玉环、马玉英、秦玉秀、陈玉榜。招生截止的第三天,有一个中年妇女领着一个要饭花子似的小姑

1949 年 9 月,常香玉在兰州迎来解放

2005年6月,常香玉去世一周年之际,高玉秋
深情怀念恩师(尚鑫摄)

娘,坐在门口不走,要求把她的孩子收下。黄少林刚劝了几句,她竟然顶撞似的说:"我就不信常香玉会见死不救,我非见见她不可!"当时,爸爸、我和宪章正在后院跟学生们谈话,听见嚷嚷声,爸爸和宪章先后走了出去。黄少林为难地说:"张老板,你看咋办?娘儿俩……"那中年妇女忙不迭拉着小女孩,扑到我爸爸跟前,呜呜咽咽说起了女孩子的身世……

这孩子名叫高小秋,是她的外甥女。老家在开封东边的兰考,在河南那是出了名的要饭县。1940年两家结伴逃出了沦陷区,辗转到了西安。小秋爹在一家煤厂当送煤小工,养活一家人。他舍不得吃,舍不得喝,还连明彻夜地干活,就在来西安的第二年夏天,累得大口吐血,倒在煤堆上。小秋姨家好歹有碗饭吃,就一直养活着她。"可是,头年秋天,"小秋姨泣不成声地继续说,"她姨夫也害病死了,给俺丢下两个比小秋还要小的孩子,我一个妇道人家,纵然拼上老命,也养不活这些孩子啊!"爸爸忍着眼泪,拉着小秋的手问:"多大了?"答:"八岁。"黄少林在一旁插嘴说:"不到九岁,脸上还有麻子,怎么收啊!"小秋姨一听,祷告似的说:"常香玉演过多次救灾戏,菩萨心肠,谁不知道!请她大发慈悲,救救这个可怜的孩子吧!"宪章见推托不了,悄声对爸爸说:"要是嗓子好,心眼又灵,我看也可以破例。"考试的结果,小秋的嗓音素质不错,回答问题也有条有理,便决定把她收下,改名高玉秋。高玉秋学习异常刻苦,基本功练得扎实。长大以后,她在河南省豫剧二团主演过《断桥》《白奶奶醉酒》《说家史》等戏,很受观众欢迎。

从高玉秋学戏成名这件事中,可以得出一条经验,成为一个名演员的条件虽然很多,但最主要和最根本的一条,应该说是勤学苦练。我还从中悟出一点道理,"不以规矩不能成方圆"固然不错,可是让规矩把自己的手脚捆得死死的,也未免有点迂腐了。

通过唱腔掌握人物的性格和感情

我认为,要想唱得好,首先要"吃透"人物性格,掌握思想情感。这是贯穿在一个演员全部表演中的一个根本问题,也是唱腔中最重要和最难的一点。因为成功的唱腔,虽不能达到"余音绕梁,三日不绝"那种美妙的程度,但用音乐的语言,刻画出人物形象,使人虽看不见他的舞台表演,单从他的歌声中,就可以感觉到人物的喜怒哀乐、情感变化,是完全应该的(听收音机中的戏曲节目便是很好的例子)。要做到这一点,首先要钻到人物的心里头,不但要懂得其语言、动作、表情,更要透彻地了解人物复杂的内心活动;不但要掌握人物的个性特点,还要能够细致地掌握人物在特定环境中的情感。

为了便于说明这个问题,我想拿我所演过的红娘、花木兰和白素贞这三个人物来做例子。这三个人物都是女性,都是正面人物,有着强烈的正义感和斗争精神,这是三个人物在性格上的共同点。但是,她们又有着鲜明的个性特征。因此,我在唱腔上也就尽量用不同的唱法来刻画她们,使人听着就能感到有明显的区别。在红娘的唱腔中,我用了许多高低跳跃的调子和带有夸张的声音来刻画她的活泼调皮;在白素贞的唱腔中,我用了许多缓慢、淑静、柔和的调子来表现她温柔、善良、多情的性格;而在花木兰的唱腔中,我就用了较多雄壮和豪迈的调子来表现这位征战疆场、擒敌斩贼的女英雄。

但是,在某种特定的情景中,为了表达人物的具体感情,又可以变换使用各种调子,不受限制。如花木兰在被元帅批准将要回家时,虽然身在军营,戎装佩剑,但是她已经沉醉在幸福家庭生活的回忆中,我就用了愉快的、跳跃性较大的调子。又如,白素贞的

常香玉饰演的红娘即将上场,
1960 年代摄

性格是温柔善良的,唱腔也多是细致柔和的,但在"断桥"和"合钵"两折中,就有许多调子是刚强有力和激昂悲壮的。这就是说,演员必须在唱腔上把人物在特定情境中的具体感情表现出来。

关于唱腔的运用问题,豫剧原有的曲调和别的兄弟剧种一样,遗产异常丰富。对此,我们不仅应该十分尊重,而且有责任来使它更加丰富,更好发展。

在唱腔的运用问题上,我首先是运用原有曲调,在用原有曲调表达不了人物的感情时,也适当地吸收外来的曲调。

在运用原有腔调方面,我有时候变换它的高低,有时候变换它的长短,有时候变换它的轻重,有时候还把这几种方法互相结合使用。在表现英武和慷慨悲壮的时候,则多用高亢有力的调子;在表现喜悦、活泼和有情趣的感情时,则多用高低音跳跃和轻盈的调子;在表现温柔善良和情意绵绵的感情时,则多用缓慢和淑静柔和的调子。

在运用原来曲调不足以表达人物感情的时候,我也曾吸收其他剧种的唱腔,来刻画我所表演的角色。在《拷红》和《花木兰》中,我就曾经吸收了河南曲剧,在

1956 年常香玉演出《拷红》

1980 年常香玉演出《白蛇传》

左：1952年，常香玉（右）和梅兰芳一起出席在维也纳举办的世界和平大会
右：梅兰芳送给常香玉的签名照片

《白蛇传》里，也吸收了河北梆子的个别音乐。这样做在戏曲演员中是否允许呢？我认为是可以的。因为唱腔对于戏曲演员来说，不仅是一个表演问题，也是一个创作问题，应该是多样的。

为了说明这个问题，我就拿《拷红》做个例子来谈一下。剧中，我采用了河南曲剧的阳调。有的同志曾经问我这种唱法算不算生搬硬套。我觉着回答这个问题，可以从几个方面来看：第一是否合乎感情，第二是否合乎人物性格，第三是否合乎音乐风格，第四是否为群众喜闻乐见。

关于第一点，我觉着是符合感情的。关于第二点，红娘的性格是活泼调皮的，她不像大家闺秀那样拘谨，她可以学老夫人和张生哄吓莺莺，因此在唱腔上，可以比较不受拘束。同时，根据性格的类型，在唱腔和念白上吸收其他剧种音乐的例子是很多的，如京剧《昭君出塞》中的王龙就用"苏白"，《玉堂春》中沈延林就用的山西话；在各个剧种的丑角戏中，也都可以唱比较不受拘束的调子。

关于第三点，风格问题，不能笼统地、简单化地把吸收其他剧种的优点，一概说成是脱离风格，应该加以具体的研究分析。像京剧大师梅兰芳先生的《断桥》和《贩马记》，就曾大段地采用了昆曲；周信芳先生著名的《徐策跑城》，其唱法就和

1956年河南省首届戏曲观摩会演，常香玉(左二)演出《拷红》后，和陈素真(右二)、崔兰田(左一)、马金凤(右一)在后台留影

汉剧《徐策跑城》的唱法有许多相同之处。至于河南梆子、曲剧、越调，也有许多互相接近的音乐，大家只要仔细听一下，这些剧种的唱腔、伴奏甚至一些游场、压板都有许多相同的地方。因此，我认为只要运用得恰当，不能算是脱离风格。

关于第四点，《拷红》的唱腔是否被群众接受、为群众所喜闻乐见的问题，在过去将近二十年的演出中，已经证明，群众是认可的。至于今后，我想观众是最公道的，仍应多倾听群众的意见，来改进我们的工作。

1989年

陈小香记录，张黎至整理

陈素真 · 《宇宙锋》

请扫码收听陈素真原声音频

2009 年清明，月阳在登封卢崖寺陈园的陈素真墓前

豫
剧
皇
后

祥
符
巨
匠

　　初次知道豫剧大师陈素真的名字是在 2001 年冬，当时，我正在郑州二七纪念堂参加"祥符剧社"举办的一次采访活动。这个以弘扬推广豫剧陈(素真)派艺术和祥符调的民间剧社，是由豫剧陈派传人、著名豫剧表演艺术家吴碧波与其爱徒杨春花于 1998 年成立的，由于刚刚接触戏曲类广播节目的主持工作，2000 年至 2003 年期间，这里便是我经常出入的地方。

　　最初对陈素真大师知之甚少，只是粗浅地知道她是豫剧界一位了不起的大人物，由她所开创的豫剧陈派艺术传播广泛，深受老百姓喜爱，她的很多代表作如《春秋配》《三上轿》《柳绿云》《梵王官》等剧中的经典唱段在观众中间广为流传，但对于舞台下陈素真的人生经历了解甚少。直到 2004 年，由于工作调动，我才有更多机会广泛涉猎浩如烟海的戏曲理论知识，同时也有更多时机使我这个门外汉对豫剧近三百年的发展与演变进行地毯式地追根溯源。陈素真先生作为豫剧百花苑中一颗璀璨夺目的明星，在豫剧历史上具有丰碑式的存在意义，自然是我怀着敬畏之心认真拜读的对象之一。

　　1918 年农历三月二十日，陈素真先生出生在河南开封。她原名王若瑜，祖籍

陈素真,1941 年于西安

陕西省富平县。有关童年的记忆,她是模糊的,只记得从幼年记事起就跟着父母的戏班子在农村演戏,经常住大庙、睡地铺,过着"处处无家处处家"的日子。她的养父陈玉亭是豫剧唱红生(红脸)的名老艺人,在陈素真的记忆里,"他连句囫囵话都说不成,人很老实,可是一上了台就精神百倍,什么戏经他一演,死戏也让他唱活了"。上世纪30 年代的河南民间戏曲市场,非常流行唱对台戏。所谓"对台戏",就是在广场上搭上东西或南北两个戏台,有时也搭三台,几个戏班同时演出,哪边看的观众多,哪边算赢。这是那个特定时代特有的一种财主之间争强、班主之间斗胜、演员之间比高低的普遍现象。而被观众赞为"红脸王"的陈玉亭,在那个年代特别有观众号召力,他在哪个台演出,哪个台一定会赢,上场前他根本不看本台下面观众多少,也不管对方台前观众多么拥挤,只要他一张口,就能把对面的观众给吸引过来。有一次,三个戏台对戏,三方观众都差不多,陈玉亭演的是《马方困城》,头一句"蓝旗滚滚军前报"一出口,只见其他两台的观众潮水似的向这边涌来,这给年幼的陈素真留下了很深的印象。

当时,陈素真的母亲并不懂戏曲,是个"牌迷",整日与邻居打牌,对女儿的关爱总是匮乏而淡漠,而且脾气暴躁。她打起牌来昏天黑地,什么事也不管,年幼的陈素真连一口饭也吃不上,实在饿急了,只好硬着头皮去找她,碰上她手气好,还会给点钱,若是输牌了,就得挨她一巴掌。所以,在陈素真的记忆里,她的童年是在挨打受骂中度过的,只要母亲的牌打输了,或遇到其他不高兴的事,她就免不了被当成"出气包",虽名为母女,但陈素真实则过着孤儿一样的生活。

幼年的陈素真孤孤单单,没有玩伴,养成了孤僻的性格,整天和门前的流浪狗一起玩耍。有时候,陈素真忍不住问小狗:"我也不是个淘气的孩子呀,干吗妈妈不疼我呢?"小狗摇摇尾巴不说话,静静地看着她。每当她挨了妈妈的打,低声啜泣的时候,小狗总会乖乖地走过来,用脑袋蹭蹭她,给她以无声的安慰。大人们见陈素真不爱说话，总是和狗儿一起玩，就管她叫"小狗头""狗大"，不知怎么传来传去，又变成了"小狗妞"。多年以后，陈素真已经成了鼎鼎大名的"角儿"，家乡的观众还是亲切地叫她"小狗妞"。

时间的车轮到了2006年。为纪念一代大师陈素真先生诞辰八十八周年，颂扬她为豫剧艺术革新、发展与传承所做出的巨大贡献，由本人参与策划，河南人民广播电台戏曲广播主办的祥符调专场演出，于3月31日至4月2日在郑州中州剧院隆重举行，王素君、关灵凤、吴碧波、牛淑贤、谢顺明、袁秀荣、郭美金、华翰磊、赵玉英、刘伯玲、苗文华、田敏、武慧敏等众多豫剧名家粉墨登场，为省会观众带来了三场久违的豫剧祥符调盛宴。陈大师的爱徒、陈派传人吴碧波在演出现场激动地说："河南戏曲广播为我的老师举办诞辰八十八周年祥符调专场演出，你们做了大量的工作，我在这里向你们深深地鞠上一躬，你们辛苦了！我的心愿今天总算通过河南戏曲广播实现了，河南人民没有忘记我的老师，我想她老人家九泉之下一定会十分高兴的。我一定不会辜负老师的教导，一定把老师刚正不阿、艺不惊人誓不休的精神传承下去，把陈派艺术发扬光大！"连续三天的演出在省会郑州和业界引起强烈反响，豫剧祥符调终于在沉寂了三十年之后迎来了一个复苏的春天。

作为河南主流媒体的河南戏曲广播，十几年如一日，始终致力于中国优秀传统戏曲文化的传播，无论是2008年陈素真大师九十周年诞辰，还是2013年陈素真大师九十五周年诞辰，其纪念活动都在业界以及广大戏迷观众中引起了强烈反响。尤其值得一提的当数2018年4月27日至28日，由河南广播电视台主办、河南广播电视

2018年4月27日，纪念豫剧大师陈素真诞辰一百周年演出现场，主持人：月阳、徐雪、白燕升、袁博（右起）

台戏曲广播·月阳工作室策划并运作的"纪念陈素真一百周年诞辰祥符调品赏会",共汇聚了十三位老艺术家、九位梅花奖获得者、两位"二度梅"获得者、二十三位国家一级演员、二十二位陈派弟子、再传弟子和学生,可谓盛况空前,其影响之广泛、意义之深远,已载入豫剧发展的史册。

这场活动也得到了众多专家、艺术家的赞同和认可。著名戏剧评论家刘景亮说:"我特别钦佩河南戏曲广播,它把很多工作和事情都提前想到、也做到了。祥符调要继承,要传承,要保护。怎么传承?怎么保护?除了我们每一个戏曲人和有关单位要有文化自觉,具体的实施就需要在传播中传承,在传播中发展。传播是要有平台的,而戏曲广播就一次次地建立了这样的平台。"中国剧协副主席、豫剧名家李树建说:"河南戏曲广播人克服重重困难,发挥自己的创造性和社会公益效应,举办了一个个轰动戏曲界的活动。"河南省非物质文化遗产传承人、时年八十七岁高龄的关灵凤带领陈派再传弟子再现的大师经典《三上轿》,时年七十八岁的豫剧名家李素芹表演的《梵王宫》中"思云"一折,祥符调名家孙映雪偕爱徒王晓霞演出的祥符调剧目《抬花轿》,豫剧桑派掌门人苗文华演出的桑派经典《蝴蝶杯》,以及河南豫剧院青年团杜永真等新秀演员的表演都大放异彩……艺术家们感怀大师、传承经典,用心用情演绎每个角色和唱段,各具特色的精湛表演让观众着实过足了戏瘾。

自2001年起至2019年,我参与策划并主持的纪念豫剧大师陈素真先生的演出有数十场。作为一名戏曲栏目主持人,我时常感叹冥冥之中与陈派有缘,与先生神交多年……

陈素真自述

陈素真,1940 年于洛阳

首次登台

1928 年阴历二月初二,是我走上舞台生涯的第一场演出。这天,开封相国寺里的永乐舞台下挤满了观众,他们是来看女戏子唱戏的。听说写有我们三个名字的海报一贴出去就引起了轰动,因为在这以前豫剧几乎没有女的唱戏,永乐舞台这次破天荒让三个女孩子演出,谁不想看个新鲜呢。

第一场演出是《日月图》,这是一出小生、小旦、小丑的"三小戏"。我扮演小旦胡凤莲,王守真演小生汤子彦,河南名角李德奎先生演小丑胡林,张玉真演一个小配角。开台锣鼓敲起来了,我们看着台下那么多观众,心里怦怦乱跳,浑身直打哆嗦。但我们知道不上场不行,一咬牙就上去了。唱着唱着,也就不注意台下有多少人了。那时候我们个子也小,连戏台上的椅子还坐不上去呢!

大约没演几天就不景气了,因为我们年纪太小,会的戏太少啦。我的表演还行,可是嗓子不好;她俩嗓子好,但是不会做戏,所以抓不住观众。

孙延德老师时常为我的嗓子叹气,埋怨唐庄王爷不开眼。孙老师为我的前途费尽了心思,他对我说:"孩子,我看你的嗓子,旦角一门没你的饭,我给你改个行当,学外八角(即生、净、丑)吧。"从此后,我演过《花打朝》中的程咬金、《闹山湾》中的老丑、《斩银龙》的薛丁山。

在杞县唱红了

在杞县,我们搭了班,开始了唱野台戏的生活。所说的野台,就是在野地里,用八个大马脚四边一放,前后中间横搭木杠,上面铺上木板,中间用席子隔成前后台,这便成了。夜场一般是点三盏"鳖灯",前台两盏,后台一盏。这种灯很像没脑袋的鸭子,外面用泥糊起来,里面装油,线绳做灯捻。那时候农村别说电灯,就是汽灯也少见,"鳖灯"已经不错了。这种台子很不牢固,人多了一挤就乱晃悠,也发生过挤倒台子的事件。

这里的规矩是每个台口(演出点)演四天,一天三场戏。第四天夜场演完,就急奔下一个台口,这一夜必定是不能休息的。接戏的车,戏箱、行李装得很高,人高高地坐上去,夜间赶路常常翻车,我都记不清自己挨过多少回摔了。有一次赶着进城门,车跑得飞快,进城门洞猛一拐,一下撞在铁城门上,要不是我很快抬起双腿转身躲过,腿肯定给挤断了。

第一场在杜村演出,人家点了我父亲的《八贤王说媒》,让我演柴郡主。我只跟老师学了十几出戏,这出戏我不会演,可又不能说不演,你吃这碗饭,人家点了就得硬着头皮唱。我一边上妆,一边学唱词,就这么演一场学一场,也平安地应付下来了。说起来那时候我的记性也真好,一般难度的唱词学一遍就会了,最难的也不过三遍,大人们都觉得奇怪,也非常愿意教我。

可是我的嗓子不作美,本嗓失音,硬挤出的假音像蚊子哼哼似的。农村观众很爱护我,也许是觉得小女孩唱戏不容易吧,始终没人叫过一声倒好。我是又感激又难过,没个好嗓子怎么再打回开封?再说这样唱下去,也对不起杞县的观众啊!

我学戏的时候，孙老先生常对我说："不受苦中苦，难为人上人。"我也弄不懂什么是"人上人"，反正我不愿当"人下人"，我下定决心要让人家说我"行"。离开老师之后也没人指导了，我就靠老师给的这十个字的教诲，咬着牙拼下去了。天天早起去喊嗓子，每天三场戏，多苦多累都承担。后来有人告诉我，"你冲着风喊，嗓子就好了"，我就冲着风喊；又有人说对着水喊好，我就专找有水的地方去喊；还有人告诉我，"你扒个坑撒一泡尿，对着尿坑喊，嗓子才能好"，我也照办了。为了练嗓子，吃的苦、受的罪啊，就别提了！

功夫不负苦心人，不到两年，我失音的嗓子居然越唱越亮。当时杞县还没有坤角，我一来人们就觉得稀罕，无形中我就成了小主演，几乎场场有我，主角、配角都上，青衣、花旦、刀马旦都演。一日三场的演出，虽然很累，但也是我学习、实践的好机会，再加上我在化装、唱腔上动了一番脑筋，很快就成了豫东的一等名角。

在表演方面的努力

自从离开孙老先生，再没人像他那样仔细地教过我戏。我也算得有助手，这助手是镜子、月亮，还有太阳。

我从小有个毛病，爱照镜子，爱看自己的影子，只要没人时，我就对着镜子出洋相做出各种各样的脸：哭脸、苦脸、含悲脸、暗伤脸、饮泣脸、惊骇脸、恐惧脸、焦急脸、惶惑脸、气愤脸、仇恨脸、忧思脸、愁闷脸、烦躁脸、狠毒脸、惊喜脸、假喜脸、悲喜脸、大笑脸、轻笑脸、微笑脸、含笑、冷笑、苦笑、哭笑等等的怪脸。我把各种不同的感情做了出来，面对镜子自我欣赏，成了习惯。直至今日，

《梵王宫》剧照，1980 年摄

仍然是一看见镜子,不自觉地就做起表情来了。

我爱看自己的影子。日间,无论太阳多晒,只要有影子,我便来劲了。看着影子就比画起来,这样走走,那样扭扭,扎扎架子,亮亮相,越玩越有趣,忘了烈日的晒。在月光下,更玩得美了,常常被妈妈大喊着,才回屋去睡。1931年之前,我是为玩;1931年以后,我逐渐懂事了,便注重一个"美"字。照镜子,我不是只为玩了,要看脸上做起戏来好不好看,尤其是哭脸,因为有些人演哭戏,脸上是笑容,有的咧个大嘴,不好看。我认为台上演戏,样样都宜好看,哭,也要哭得好看。我见过好多不好看的表情动作,我生怕我也是那样,所以我力求表情动作样样都美。没人教导,没人帮助,我就用镜子、影子做我的助手。好的表情动作,就留用;不好的就扔了。

杞县化妆用的镜子,半块的多,完整的少。后来妈妈知道后台的情况,就给我买了个饭碗大小的镜子。这面镜子,一直陪我三年多,帮了我不少的忙。

《反长安》剧照,1963年摄

"河南梅兰芳"之誉

1934年,我重新回到了开封。

不,不仅是爬起来,还要"三年不鸣,一鸣惊人"呢!对于这点,我心里也是十分自信的。

一切还和四年前一样,还是这个永乐舞台,第一场还是我的《反长安》。"杨贵妃出宫来插花系凤……"这句一唱,便得了个满堂彩,四年前的羞耻总算洗刷了。随后,我又演出了豫剧旦角的"四大征"(《穆桂英征东》《樊梨花征西》《姚刚征南》《燕王征北》)和《劈杨凡》《大祭桩》《双燕公主》《对松关》。仅这几出戏,我就在开封彻底红起来啦!

那时演戏讲究不重戏,能一个月、四十天换

左：1934年，陈素真赢得"河南梅兰芳"美名，时年十六岁
右：1957年，陈素真（右）和梅兰芳于北京梅宅

着不重样的，才算好角儿。十天半月一重复，人家认为你会的戏少，不值钱。我仗着在杞县的底子，在开封日夜两场，一个月没重戏。直到我演出《三上轿》，这个规矩就打破了，观众强烈要求一演再演，为了不让观众失望，我只好一个星期演一次《三上轿》。

说起《三上轿》，这里还有个故事，也算是我第一次对豫剧唱腔的改革吧。杞县有个姓刘的艺人，他在另一个班里演戏，我妈花了不少钱请他吃喝，想让他把《阴阳河》教给我。这出戏是他常演的戏，大概他怕教会我影响了他，就是不肯教，但由于盛情难却，就把他不演的《三上轿》拿出来应付。

《三上轿》是个"送客戏"，早就没人演了，早些年唱戏没有一定时间，观众老是不走，就用这出戏把观众唱散、唱走。经他花言巧说，我妈就让我学，本来一天就能学会，他偏不多教，他的用意，大约无非是要多吸几天大烟药丸。

后来这个戏学会了，可我心里不愿意演。我爱演慷慨激昂的武功戏，为了不把观众唱睡、唱走，我费了点心思，平时一有空闲就哼唱腔，把平淡简单的老唱腔删减修改，增加了自己思考的新东西，让观众听了新鲜，免得瞌睡。没想到费了一番功夫，我居然哼出许多新腔来。后来，我在舞台上正式演出经过加工的《三上轿》时，凡是经我加工出新腔的地方，唱一句就赢得观众一个满堂好，非但没把群众唱走，相反还赢得了无数掌声。从此，《三上轿》就成了我的拿手红戏。其实，当时我还不懂得啥叫改革唱腔，但在不知不觉中品尝到了它的甜头，这大概也是我后来爱改革的起点吧。

回永乐舞台演出不到一季，我就在开封红了，不但成了永乐舞台的首要主演，还被观众称为"河南梅兰芳"，我听了也不太懂，但心里明白是好的意思，因为当时我还不知道"梅兰芳"是谁呢。

一位穿西装的观众

尽管我成了豫剧名角，可是我们的演出条件很差，艺术质量和其他剧种相比也有差距。我们演出的永乐舞台其实也是搭的席棚，一下雨就得停演。舞台在偏神殿上，台下放了一排排的长凳，前面横条木板是放茶水、吃食用的。票分三种：中间是男座票，西边是女座票，男女观众不得混坐；东边是站签（站票）。最后边正中间专设两张大方桌，摆着茶水、瓜子和香烟，是招待宪兵警察的，在那个年代，他们可是得罪不起的特殊观众。

一进了戏园子，热闹异常，放眼一望，沏茶的、打手巾把的、卖吃食的，在过道上来来往往，那个纷纷攘攘，跟侯宝林先生相声里形容的戏园子真是分毫不差。

时间过得很快，这一年大约入冬的时节，我突然发现观众席中多了一位西装革履的观众，常常安静地坐在市民、小贩中间看戏。因为他的着装、风度与众不同，在人群中格外扎眼。我暗自纳闷，因为自从我演戏以来，在这个破席棚的剧场里从来没见过衣帽整齐的观众，更别说穿西装的人物了。因为在那个时候，上流人士是不到戏园子看戏的，怕失了身份。这样过了些时日，终于从别人口中得知，这位异样的观众名叫樊郁，字粹庭，二十九岁，河南大学毕业，是河南省教育厅社会教育推广部的主任。

以后我留心观察，见他看戏看得特别仔细，有时还在本子上写写画画，仿佛在记录什么,但从没见他鼓掌叫好过,实在古怪极了!谁能料到呢,就是这个穿西服的特殊观众,对豫剧(当时还叫河南梆子)这个剧种进行了大力改革,对我以后的事业产生了重大影响,而且这一切又是在极短的时间里魔术般地完成的!樊郁是豫剧改革的大功臣,有幸能同他合作,他帮我开阔了眼界,又善于在艺术上帮我总结提高,在我艺术成长的过程中,他是占有重要地位的贵人。

一场改革

不久,这位特殊的观众接管了永乐舞台,原永乐舞台的经理单耀卿退出。

樊郁把我们组织起来,到财神庙学校上课,学习文化和礼仪。学了有二十二天,再回到永乐舞台,眼前所见让我大吃一惊:破席棚的永乐舞台不见了,凭空出来个漂亮的豫声剧院,舞台装饰得很艺术,原来乐队伴奏在舞台正中,这回改在舞台左边,用纱罩遮住,台上就不那么杂乱了。监场人员一律身着蓝色红边的衣服,很有气派。后台也变了样,专门为我修了一间洁净的化装室。我长这么大,还头一次看见这样好的戏园子呢。

樊郁的主要改革是建立前场、后场的规章制度。他规定,演员上场不许说话、笑场,更不许饮场(旧戏班陋俗);下场不入后台不许放松架子;不许吐痰;后场不许玩笑打闹;不许讲下流话;不许赤膊、衣帽不整;不许带亲友进后台;不许敬神烧香;不许讲旧戏行话;不许误场;等等。这么多个"不许",可把演员们治得苦啊。他们从小学艺,一身旧习气,平时在后台打架吵嘴,衣着邋遢,行为松散,就连我在戏班子长大的人也很看不惯,所以我从心里拥护樊先生的这场大改

"现代豫剧之父"樊粹庭,时值创建豫声剧院时期,1935年于开封(樊爱众供图)

造。

凭几条制度就改变艺人们多年的旧习惯,谈何容易!别看樊郁个子小,可干起事来真是雷厉风行。他当众宣布:违反制度者,一次警告,二次批评,三次罚站,四次罚跪,五次挨打。从此,天天都有罚站的、罚跪的,也有挨打的。

樊郁真是个帅才,他治理演员很有一套。对待犯规的演员,他采用"擒贼先擒王"的办法,对一般演员尽量批评教育,对主要演员毫不客气。主要演员一治服,其他人也就服了。

可他这套办法却治不了我,我平时也没什么坏毛病,就连旧艺人最普遍的饮场习惯我也没有。就有一点,我吃亏在笑场上,一上台见了什么可笑的情况,就笑个没完没了,为此挨过板子、罚过站,可一上台碰上乐事还是忍不住笑。

从此,焕然一新的豫声剧院在开封一下子火了,场子新、舞台新、戏装新,连演员的个人生活习惯也变得有条有理、井然有序,吸毒这一恶习更是从此一律禁绝。又粗又土的河南梆子,从此开始步入了一个新的天地。

同水袖"干"上了

1936 年正月初一,豫声剧院开锣演出。我穿上缎子绣花帔,白绸子水袖洁净飘逸,足有三尺来长,戴上双光水钻的头面,在后台走了几步,左看右看,喜得不知如何是好。我这个演野台戏的,哪见过这么漂亮的行头啊。

也是乐极生悲,一出场脚踩住了水袖,差点没绊个跟头,吓得我心跳眼花;惊魂甫定,一抬胳膊绣花线又挂住了头上的水钻;解开了头上的花,水袖又绞在一起,手伸不出来。一着急,词也忘了,腔调也变了,出了一身大汗。幸好我已在观众中有了威信,没挨"倒好",一下场我就又恼又气地把它脱下来,真是无福消受啊。

散戏了,大家都走了。我不回家,也不想吃饭,穿上绣花帔在后台练了起来。我不信我斗不过三尺长的水袖,我又抖又甩,嘴里念叨着:"看是你治住我,还是我治住你……"我和水袖干上了,以后凡演出间隙,我就在后台练水袖,一刻也不停歇。

开始的想法很简单，只要在台上别再绊脚、缠手就行。练熟以后，我就自如地利用它为我的表演服务了。过去豫剧里没有一尺以上的水袖，全是一块白布简单缝上去的。旦角穿上帔，手中还拿手绢和扇子，没有水袖功。我不管过去有没有，用得好就保留，效果不好就果断扔掉。在《凌云志》演出中，我动脑筋运用水袖，得到了樊郁和观众的充分肯定。这给了我很大信心，心想，看来用水袖也并非难事啊，可一点一滴都要自己去琢磨、探索，如果那时候我有可以师法的条件，该少吃多少苦啊！

樊郁先生看我是个演员的好材料，便下力气培养我。他看我在灯光下、月光下、太阳底下对着影子练身段，很感动，就派人给我在化装室里安了一面大镜子。有了这面大镜子，我就可以不出屋练身段了。

第二年春天，樊郁让我停了夜场戏，去看小杨月楼先生的京戏。记得看的是《昭君出塞》《白蛇传》《八宝公主》，天哪，我哪见过这样的好戏！可算长了见识。人家的台步、手势、水袖，包括化装，都给了我很大启发。虽然停演三个夜戏，收入受了损失，可对我艺术水平的提高是大有裨益的。看戏之后，樊郁又订了北平出的《戏剧旬刊》《十日剧刊》让我参考学习。可惜当时我一字不识，只能看剧照。剧照中名角的许多姿势我都用上了，比如演《义烈风》，我就用了程砚秋《青霜剑》里的几个姿势；《女贞花》用了梅兰芳《游园惊梦》的姿势；《三拂袖》着男装时，我模仿京剧小生叶盛兰的姿势。樊郁先生对我的苦心培养，我是不会忘记的。

陈素真在《三拂袖》中扇子生的艺术造型，1957年摄

观众叫我"河南梆子大王"

抗日战争中，我们组织创办了"狮吼旅行剧团"，一路演到西安。这是我第一次出省演戏，首演地点是西安南苑门的三山剧院。到西安头三天演的是《涤耻血》

一块真正的金牌："忠于艺术"

《女贞花》《克敌荣归》三出戏。我们的戏报很简单，上边一行写着"河南狮吼剧团"，下边一行写着"陈素真主演××戏"，从来不宣传什么"超等坤角""明星"那一套，可是观众却闻讯而至，场场客满。三出戏三炮打响，西安的观众给了我"河南梆子大王"的称号。从"河南梅兰芳""豫剧皇后"到"河南梆子大王"，我深感观众没有埋没我的艺术，没有忽视我在艺术上的探索和钻研，我沉浸在成功的喜悦之中。

来西安前狮吼剧团百分之八十是为募捐义演，演员没有工资。这次到西安，樊郁给我定的工资标准是二八提账。一场夜戏下来，赚多少钱我不知道，只见栾经理拿个大本子到我屋里，让我签个名字，就给我两百多块钱，三四天就是一大堆钱，长这么大，我第一次看见自己挣这么多的钱。过去收入全由父母经管，我也没问过。我从小到大没有花钱的习惯，也花不出去。看着这么多的钱，我高兴得睡不着觉。"河南梆子大王"的盛誉，也像彩虹一样织成了满天云锦。我才二十三岁，我还要去追求更大的荣誉和成功。我让人为我打制一个五两重的金牌，前面刻上"忠于艺术"四个大字，背后是我的名字。

我演《宇宙锋》

1952年底，我在徐州开始排演《宇宙锋》。《宇宙锋》是汉剧表演艺术家陈伯华大姐的拿手戏，连擅演此剧的京剧表演大师梅兰芳先生看了都叹服。我有幸在第一届全国戏曲观摩演出中欣赏了她的表演，就把它移植为豫剧。

我在排演《宇宙锋》时，不仅把原来剧本中的唱词、句口进行了一些增删，在表演上也做了新的设计。这是一出唱做并重的戏，但演员如果只凭自己有个好嗓子一味地傻唱，或随心所欲地加上一些不相干的动作，都不可能感动观众，因为演员只是在演"戏"，而没有演出"人"来。我演赵艳蓉，是从设身处地的体验她的感情出发的。从第一次出场到全剧结束，我的感情线索始终保持连贯不断。为了避免生搬硬套，我把原来出场时的"引子"改成"对子"。虽然只有十个字，却要念出这位贤淑善良、知书达礼的大家闺秀的身份、气度，以及她对夫家无辜受害的悲愤和寄居娘家的郁闷心情。上场时，台步端庄稳重，面部挂着

陈素真(右)和陈伯华，1952年于汉口

忧伤神情，缓缓走至台口，凝目一望，长叹一声，然后，才用凄婉的语调念出"对子"的上联"泪如秋夜雨"；念到下联的"点点"二字之后，略微一怔，停顿一下，轻微地哽咽两声，再接着念"不断流(哇)"，之后看看大厅的门，揾揾腮边的泪，慢步跨进门槛。进门时双手同时翻水袖，左手向外拨平伸，右手向里翻齐胸，先抬左腿迈门槛，身子向上一提，右腿随着也迈进去，身子微微一闪，跟着放下水袖，给观众一个俊美的后背姿势。

进门归座后，赵高有白口。我不能像没事人似的，他说他的，我坐我的，而是聚精会神地谛听、思索。当赵高念到"为父下朝之时，闻得校尉人等纷纷议论"时，我心里一动：哎呀，校尉们说了些什么呀？是不是赵忠替我丈夫死的事情被识破了？我心里这么想着，慢慢地头向外转，眼神从赵高的脸上转向观众，这是有意避开他的视线，生怕他窥探出我的心事。当赵高念到"言道我儿扶抱赵忠"时，我心里一"动"立刻就成了一"惊"：呀，坏了，怕什么有什么！因此我把凝思低视的眼神转为惊恐的平视。因为当时还不能断定赵高是否确知赵忠替死的真情，所以眼神变化的幅度不能一下子做得太大，只能用暗惊怀疑但还存有侥幸的目光。及至听到"赵忠"名字的时候，才由暗怕、疑惑急转为惊骇的神色。这段戏由"动"到"惊"再到"骇"，是三个有层次的细致动作，一定要掌握好分寸。

赵艳蓉是个既有见识也很机敏的女子，在刹那间的惊骇之后，立刻镇定下

陈素真在《宇宙锋》中的身段表演,1957年由著名戏剧家田汉先生拍摄

来,很快想出了应付赵高的对策:蒙哄赵高,推翻他听信的传言。这时,我用一种凄婉、冤屈的语调念道:"爹爹说的哪里话来,你那门婿被校尉杀死,女儿痛不欲生。"说到这儿,一停,由悲相变怒容,接着用强硬的语调说:"那赵忠乃我府家奴,女儿岂能叫他丈夫!哎呀呀,这是哪里说起呀?"这几句白,要念出"这是什么话?是谁在造谣污蔑我?这岂不冤死人吗?"的感情。与此同时用眼睛偷看赵高,待发觉赵高确实被自己瞒哄过去时,才又向外暗松一口气。跟着一转念:何不利用这个机会求他给自家办点事?于是接着说:"啊,爹爹,如今匡扶已死,匡家无后,望求爹爹修一本章,保我那不久于人世的公爹出狱才是呀!"赵高因为一时相信了艳蓉,也就慨然允诺。

待秦二世突然闯入时,我匆忙地回避下场。秦二世走后,我再次上场。当赵高念到"为父将辩冤本章呈于圣上"时,我就做出注意倾听的眼神。当他说到"匡扶已死,既往不咎了",我不由得站起身来,冲口说出:"好一位有道的明君!"但是,恰恰在这时,我又联想到自己无辜遭劫的丈夫,心想:他如今逃到哪里去了呢?生死不明啊！所以我的表情便由下意识的欣喜变成忧心忡忡的哀愁，一时竟陷入沉思。不料赵高又突然冒出一句："恭喜我儿，贺喜我儿。"我在想，他给我贺喜未必是喜，但此时此际，我心里总牵挂着无辜的丈夫，所以总有一丝侥幸，或许喜能从天降。于是随口问道："女儿喜从何来？"然而，赵高却答道："圣上观见我儿容貌美丽无比……"听到这儿，我立即觉得不妙，刚刚闪烁一点希望光彩的眼睛顿时变得暗淡了，我一面把脸转向右侧低视，一面仔细听着下文，"要纳进宫去，陪王伴驾。"这简直是个晴天霹雳！我把眼猛地睁大，骇然变色，但是还抱着一丝幻想，希望父亲能够拒绝胡亥的无理要求。这时，我急切地追问："爹爹是怎样回奏圣上？"赵高答："明日早朝，送进宫去！"我怕自己听错了，便追问："什么？"回答仍是"送进宫去！"哎呀，我绝望了！下面一段戏里，有三次"叫头"，我从剧情出发，用三种不同的方法处理。

第一个"叫头"，我是用哽咽啜泣的声音喊出："爹——爹——！"此时，水袖跟着锣鼓轻慢地一摆二甩三抖上来，双手的动作配合着低沉的念白："匡扶已死，三七未满，尸骨未寒。父乃当朝首相，位列三台，连羞辱之心你都无有了哇！"这段白要念得起伏跌宕、打动人心，"匡扶"的"扶"字高、长，"已"字慢低，"死"字略带颤

1956年河南省首届戏曲观摩会演，陈素真演出《宇宙锋》，荣获大会最高奖——荣誉奖

音，身子随着双手偏指面向右；"三七"平、长，"未满"哽咽，强念出声，双手向左半挽花儿，脸向右偏低，头与手同时微摆两下，流露出伤感；"父乃当朝首相，位列三台"要念得庄重，其中"当"字尤其要加重念出，"首相"二字压低连念，于敬重中含有讥讽；"连羞辱之心你都无有了哇"的"心"字提高，和"你"字连起来，读成"你你你……"经过这样处理，这段台词的感情色彩就强烈了。接下去，我把原来的四句唱词改成了"一七"辙："老爹爹你做事恣行无忌，对孤孀落井投石步步相逼。儿好比芙蓉花亭亭玉立，岂肯做失节妇惹人唾弃。"

第二个"叫头"，是在唱完上面四句，赵高念出"儿呀，难道你就不遵父命吗"以后，我这时的心情是含有反抗的愠怒，因此"叫头"中"爹爹"二字的念法是干脆短重，表面上听似乎平淡，语气中却蕴含着不服。我先用低平的声调念"先嫁由父母"，继之提高声调念出"后嫁由自身"。右手在前胸投袖，同时身子一晃，接着念道："事到如今，由不得你了！""如"字高昂，"今"字低沉，右手水袖随"今"字脱口反摆在胸前，双目怒视赵高，起唱："从今后再休把父命提起，我情愿出你府颠沛流离。"接着，双手反袖，做欲走姿势。这时，赵高接念："你……你你你敢违抗圣旨？"这句话，像一记重锤敲在艳蓉的心上，她不由大吃一惊：天哪，谁敢违抗圣旨啊！不禁收回了欲走的姿势，停下来略微细索一下：一家人都惨遭杀害了，还有什么可怕的？不就是一死吗？管他什么父命、圣旨，索性拼了吧！想到这儿，她决定抗旨不遵。在这一惊、二想、三下决心之后，我把双袖一翻，叫起了慢"叫头"。

第三个"叫头"，是用仇恨、愤怒的语气叫出来的："爹——爹——呀——""呀"字由平而高，拖得很长，结尾时戛然顿住，水袖跟着一顿，向右一甩、左一摆，再一齐双抖手上，念"慢说是"，本想说"圣上"，略一思索马上又改口"昏君的圣旨"，右手向右偏转，愤怒现于面目；下面再接念："就是利刃青锋，将儿的首级割下，也是不能从命！"

以上就是我对三个"叫头"的不同处理。

1980 年

李铁城整理

崔兰田·《桃花庵》

2021 年 4 月,月阳在崔兰田墓前(孙盼珍摄)

兰音崔韵
悲剧之星

　　"三天不吃盐,也要看看崔兰田。"这是上世纪 40 年代广大观众对豫剧名旦
六大家之一、崔派艺术的创立者崔兰田先生的褒奖与赞美。2003 年 4 月 5 日清明
节,将一生奉献给戏曲事业的崔兰田先生,带着对豫剧艺术的无限深情和对广大
观众的眷恋不舍驾鹤西去,走完了她七十七年的人生历程。从此,先生连同她用
毕生心血所开创的崔派艺术,永远地定格在了豫剧发展的历史长河中。

　　1926 年农历九月二十日,崔兰田出生于山东省曹县一个贫民家庭。1930 年
春,曹县大饥荒,年仅四岁的崔兰田和母亲及妹妹一起,踏上了乞讨求生的苦难
历程,辗转于山东、河南、山西境内,1934 年春流落到郑州,在西一街、太康路等处
过着寄人篱下的难民生活,后来又栖身于杜岭街一个贫民大院。为养家糊口,父
亲奔波于河南、山东之间,贩卖硝盐;母亲黎明即起,去有钱人家帮佣;兰田则从
早到晚照看弟弟妹妹,挑起了这个难民之家的一副担子。与崔兰田一家前后左右
为邻的几家住户,都是些靠卖烟卷、油茶、青菜和收破烂为生的贫苦市民,家家都
有本难念的经,终日哭声不绝。崔兰田到监狱探望因被人诬陷私藏烟土而被捕的
父亲时,遇到邻居一个小姑娘也来探父,狱警呵斥不让哭,回家哭又怕母亲伤心,

1956 年崔兰田演出《三上轿》　　　　1980 年崔兰田演出《秦香莲》

她俩便结伴跑到荒郊,抱头痛哭,且哭且诉,咒骂人间事不平,直哭得柔肠寸断。

"崔兰田,泪涟涟。"以善演悲剧而著称的崔兰田,在其四大经典悲剧《三上轿》《秦香莲》《桃花庵》《卖苗郎》中,成功地塑造了独具悲剧特色的妇女形象。而这位艺术大师最初所获得的启蒙和艺术创造力,便是那个贫民大杂院里的眼泪和哭声。那些穷苦妇女各式各样的哭声以及挨打受气时的表情,都在她脑海中留下了极为深刻的印象。每当她在舞台上塑造悲剧人物形象时,眼前就自然而然地浮现出那些现实生活中的悲剧人物,各种各样的哭声又在耳边响起。

崔兰田先生十一岁入科学戏,上世纪 40 年代红遍中原乃至三秦大地。50 年代至 80 年代,她先后担任西安兰光剧社社长、安阳市豫剧团团长、安阳市戏曲学校校长,为政协河南省第五、六届委员会委员,河南省第四次党代会代表,中国戏剧家协会理事,河南省戏剧家协会副主席,是豫剧六大名旦之一,中国豫剧"功勋杯"奖获得者。崔兰田先生以其独具特色的表演艺术风格、如兰花般高洁的人品艺德,赢得了众多戏迷的爱戴与敬重。

岁月如白驹过隙,当时光老人走进了新的世纪,2006 年的清明节,我所在的河南广播电台戏曲广播为了向这位杰出的艺术大师表达追思之情，特别策划了"兰韵芬芳——省会隆重纪念悲剧大师崔兰田先生逝世三周年专场演出"活动。为了保证演出效果，把原汁原味的豫剧崔派艺术完美地展现给省会观众，这次演出特邀了崔兰田先生生前的剧团——安阳市豫剧团乐队担当伴奏。崔派传人张宝英、郭惠兰、张晓霞、崔小田，以及崔兰田大师的爱子周铁先生，崔派再传弟子范静、陈秀兰等粉墨登

2013年4月，纪念崔兰田逝世十周年演出现场，主持人月阳(左)和张彤

场。当低回婉转、深沉大气的崔派经典唱腔在剧场内回荡，台下的数千名郑州观众无不如痴如醉……

2013年4月8日，时隔七年后，由河南电台策划的"纪念豫剧大师崔兰田逝世十周年——豫剧崔派艺术赏析会"在省会郑州上演。作为活动的策划者和现场主持人，我依稀还记得，由安阳市豫剧团乐队演奏的一曲深沉幽怨的管弦丝竹乐崔派曲牌联奏《兰韵飘香》正式拉开了活动的序幕。当崔派艺术标志性的经典音乐响起，瞬间将观众带进了对一代悲剧大师崔兰田先生的思念中。接着，崔派弟子张宝英、郭惠兰、张晓霞、崔小田等分别演绎了崔派代表剧目《桃花庵》《卖苗郎》《秦香莲》中的《上门楼》《摔碗》《搜庵》《抱琵琶》等经典折子戏，艺术家们韵味醇厚的唱腔，大气沉稳的做派，让现场数千名观众感受到了豫剧崔派艺术的独特魅力。

一代大师虽已远去，但她所留下的宝贵遗产，以及她那在颠沛人生中所保持的昂扬向上的精神和人格魅力，却永远留在了我们的心中。

崔兰田,1944 年于西安

豫剧"十八兰"

汜水马沟有个六十多岁的老秀才叫牛上孔,此人在当地开煤窑。他特别喜欢看我们这班娃娃的戏,跟周海水先生很熟,是科班的座上客,也是一个世故通达的老戏筋。周海水称他"牛叔",我们都叫他"牛爷爷"。

他对我们演出的戏非常赞赏,叫人做了十八面红、黄、绿等各种颜色的小彩旗,每面小彩旗上他都亲自写上一个小主演的名字,把十八面彩旗从"出将"挂到"入相"。他在一旁捻着胡须吟道:"要看戏十八兰,四生四旦四花脸。毛兰花、王兰芹,他俩色艺俱超群;兰田兰玉和兰贞,同称五魁在周门……"

从此以后,我们每到一个台口,就把这十八面小旗挂在舞台中间。这十八面小旗吸引了不少观众,因为我们每个人的名字中间都带有一个"兰"字,所以,"十八兰"的称号很快就在观众中流传开了。在巩县、汜水等地,只要我们戏班一进村,那些农家小孩就站在村口拍着小手,或追逐嬉闹着齐声喊叫:"要看戏十八兰,四生四旦四花脸……"

"十八兰"中的头牌旦角是师姐毛兰花,她祖籍长葛县(今长葛市),幼年丧父,母亲是农村妇女,姐夫是演员,她随姐姐进城学的戏。她的嗓子好,和我一样是大嗓子,她眼睛不大,但长得很耐看,扮起戏来很漂亮。我俩在台上唱"对儿戏",在台下也很合得来。记得入科一年后,我俩和马兰贞、郭兰玉、王兰琴,还曾在杜岭野地的土堆上插上三根草,叩头结拜为干姐妹。那时候,我和毛兰花合演的戏很多,最拿手的是《汾河湾》,她演柳迎春,我演薛仁贵。在一块儿配戏,唱做自然,舞台配合十分默契,演起来一点不觉得累。

毛兰花,1960 年代于台湾

　　我是学戏两年之后开始改唱旦角的,说起来,这个转变还源于一次突发事件。有一次快开演了,大师姐毛兰花还没到后台化装,周银聚师傅很着急。救场如救火,他环顾后台,急切地问我:"大田,旦角的戏你会不会?"我说:"会一点儿。"一听说我"会一点儿",他连忙高兴地说:"那就行,来,我再给你说说,今天你演旦角,你的戏由冯兰青演!"这场戏我圆满地演下来了,师傅很高兴,夸我心眼灵、学戏快。其实我是本来就会,平时和毛兰花唱生旦对戏时,我就私下里操心学会了旦角的戏。师傅问我会不会时,我不好意思说会,不愿意在人前逞能,所以才说"会一点儿"。

　　这场戏下来之后,师傅看我扮起旦角更漂亮,戏演得也不错,于是便让我改唱旦角。小孩子再聪明,跟师傅学戏终究是比葫芦画瓢,我原本已经唱惯了须生,乍一改旦角总是不习惯,经常在台上闹出笑话,比如旦角伸手做戏应伸一个食指(兰花指),可有时我便不由自主伸出两个指头(须生的手势)。

　　1942 年春,我们的科班在洛阳期满毕业。几十个兄弟姐妹从此分散天涯,到各地搭班唱戏,自谋生路。"十八兰"出科登台,使豫西各戏班中的女演员逐步成为主演,随之涌现出了一大批成熟的女性旦角。新中国成立后,这些兄弟姐妹都成长为各地、市、县剧团的主要演员。

学文化

那时候,我们一同入科的四五十个穷孩子中,没有一个人进学堂念过书,科班的师傅也都是目不识丁的戏曲艺人。自古以来,土梆子戏科班只教戏,从来不开文化课。师傅教唱说戏全靠口传心授,既没有剧本也没有乐谱,十分费时费力。"玩意儿"全装在师傅肚里,本领全长在师傅身上。师傅教一句,徒弟学一句,唱词通俗点的还能听得懂,若是文雅些的唱词和成语念白便听不懂,只知其音不解其意,只能鹦鹉学舌,全照师傅示范的唱腔和表演动作死记照搬。有时唱了半天,还不知道是啥意思,甚至读错音、念白字,弄出笑话,自己还不知道错在哪里。

我自幼随父母逃荒,没有机会读书识字,而且在那"女子无才便是德"的旧社会,很多有钱人家的女孩子也是终日不出三门四户,只能在家学绣花,不许上学念书。像我这么个混饭吃的"小戏子",只知道学戏挣钱养家糊口,读书写字的事连想也没敢想过。可是万万没有想到,在我的青少年时期,竟然遇见三位好心的老人,亲自找上门来,教我读书写字,心甘情愿做我的老师。

我的这三位文化老师有三个共同点。第一,他们都是满腹文章、很有学问的老先生;第二,他们都是热爱戏曲的老戏迷,不仅爱看戏,而且非常关心我这个"小戏子"的成长;第三,他们都是作风正派、待人忠厚的长者。在这三位老师的谆谆教诲下,我不仅认识了许多字,提高了文化水平,而且懂得了许多做人的道理,他们的言传身教,对我道德观念的形成起到了潜移默化的作用。常言说,"近朱者赤,近墨者黑"。我一生为人处世、待人接物的态度,除了受我父母和师傅的熏陶外,在很大程度上受这三位文化老师的影响。

我的第一位文化老师是荥阳县(今荥阳市)的申先生。和申老先生相识是在1938年前后,他是一位五十多岁的教书先生,身材修长,爱穿一件长袍,思想比较激进,在当地是个很有影响的人物,也有人说他是我党的地下工作者。申先生和周海水师傅很熟,常去看我们的戏,很喜欢这个穷孩子组成的娃娃戏班。他不仅爱看戏,而且很懂戏。他给我们写了一个剧本叫《戚继光战台州》,讲的是民族英雄戚继光到台湾战倭寇的故事。我扮演戚继光,毛兰花扮演戚夫人。当时开

崔兰田(左)和陈素真,1943 年于洛阳

封已经沦陷,日本鬼子逼近郑州,民众抗日的情绪十分高涨,在此民族存亡的紧急时刻,我们上演这出宣扬爱国主义的新戏,受到了各界群众的欢迎和称赞。

申先生不仅看戏、写戏,还十分关心我们这些穷苦孩子的文化学习。他经常约我们这帮小孩子到他家去玩,并借用附近的民众教育馆给我们上识字课。那里条件很好,桌凳齐全,教室的前面还有个小讲台。他给我们上的第一堂课至今我还记得很清楚。

我当时已经是科班中的小主演,申先生对我印象很深,夸我戏演得好,勉励我要刻苦学艺,用心学文化知识,将来成为一个出名的好演员。申先生很欣赏我的名字,他说提到我的名字就想到"蓝田生玉"这个成语,他建议我把兰花的兰字改为蓝色的蓝字,但以后十几年中我一直没有改过来。直到 1950 年,我在西安自组兰光剧社时,又想起申先生的教诲,决定趁机把这个字改过来。可是一征求樊粹庭先生的意见,他认为不妥,他说,国民党里有个蓝衣社,现在解放了,还是不改的好,免得惹麻烦,所以最终没有改成。

几十年来,一想到我这个"兰"字,便怀念起这位尊敬的申老先生,但始终没有机会再见到他。

学习文化知识的日子过得飞快,就这样大概过了四五年,经过三位先生的教诲,我的文化水平有了很大提高。有没有文化到底是不一样的,以前唱戏只知道

崔兰田(右三)、评剧演员赵玉兰(右二)和剧作家淡栖山(右一)一家,1945年于西安

张着嘴傻唱,现在不由得会去琢磨唱词的含义。《桃花庵》中窦氏有一句唱词是"死过的张才夫我隔山埋怨",科班老师这么教,我也一直这么唱,后来我想这"隔山埋怨"是什么意思呀？大概是师傅们没文化把字音唱错了,于是便改为"再三埋怨"。以前没文化不识字,排新戏总是请别人给我念唱词,现在自己也能看懂剧本了。

尝到了甜头,我对学文化更有兴趣啦。因此,在西安时,尽管演出很忙,我也不忘读书写字。这一段时间,我学文化入迷了,越学越想学。成天有中学生、小学生来找我读书、玩耍,我一看见提着书包的学生,就羡慕得发愣,后来我就产生了不演戏专门去上学的想法。我还跑到学校去问我认识的一位老师:"我能不能来上学?"他说:"能！咋不能,可以插班。"

回到家里和我父母商量,我妈一听说我想上学,瞪着眼睛直问我:"你也能上学?你爹说中?人家说中?这戏班里的人靠你吃喝呢,你一走,这一群人咋办?！"听我妈这么一说,我上学的劲头瞬间冷了一半。后来,演戏更忙了,再也顾不上学文化了。

新中国成立后,我在安阳剧团当团长,也很重视演员的文化学习。上世纪50年代,我们剧团每周组织演职员上两次文化课,分初小、高小、初中三个班,由文化水平高的干部兼任文化教员,后来还专门请文化局给我们调来一位专职文化教员。我和大家一样,规规矩矩地坐在下边听老师讲课。"文革"中我写了那么多检查材料,都是自己亲自写的,从没有求人代过笔。也多亏了学文化的经历,有时在"牛棚"中独自"欣赏"自己一笔一画写出的洋洋数千字的"大作",心里还真有一种苦中取乐的滋味。

樊先生给我改台词

《桃花庵》是我很喜欢演的一出传统戏。在科班时,我最初扮演老生苏昆,改唱旦角后扮演窦氏,出科后在洛阳搭班常演这出戏。来到西安后,这出戏是我演得较多、也比较受观众欢迎的看家戏。这出戏有两种演法:一种演法是以陈妙善为一号主角,从张才逛会开始,戏中情节有"撒瓜子"等低级趣味的表演;另一种演法是以张才之妻窦氏为一号主角,从窦氏"上门楼"思夫、王桑氏卖衣、窦氏认干子开始,主要刻画窦氏这个人物的复杂心情和悲剧性情。我演的是后一种,戏名也叫《卖衣收子》。

樊粹庭先生称得上是我艺术上的知音,他知道我喜欢这出戏,更赞赏我演的这个本子,认为我演的《桃花庵》不以那些低级庸俗的情节迎合观众,而以刻画悲剧性的妇女形象和优美的唱腔来争取观众,是一个正派艺人的正当选择。因此,他乐意助我一臂之力,主动提出为我改写唱词。樊先生把窦氏在花园散心时思念张才的那段"二八板"写好后交给我时,风趣地说:"兰田,以前我写了那么多戏都是在光天化日之下正大光明地写的,唯独这场戏是钻在床底下偷偷摸摸写出来的,不过我自己觉得还挺满意。"我问是怎么回事,他说:"飞机经常在头上哼哼,弄得我总是精神不集中,于是便钻到了床底下写。这个法子还真灵,两耳不闻飞机声,全神贯注写戏文,一会儿的工夫,这段'二八板'便写出来了。"

樊先生才华出众,满腹文采,一二十句

1962 年,崔兰田在天津演出《桃花庵》

崔兰田(右)和常警惕,1944 年于西安　　崔兰田(左)和常警惕合作演出《贩马记》,1962 年于郑州

唱词对他这位大剧作家可以说是小菜一碟。他写的这段戏很好，唱起来也很上口，至今我还记得这么几句：

> 迎春来送秋去苦度时光，满怀的愁烦事暗自凄凉。
>
> 抬头望空中雁来来往往，想起来久别的张才夫郎。
>
> 自那日虎丘山去把会望，到如今十二载未曾还乡。
>
> 每日里倚门户把夫盼望，每夜里伤心泪滴湿枕旁。

在西安那些年，我和樊粹庭先生的关系非常融洽，互相信任，密切合作。我虽然没有参加他的狮吼剧团，但是他写的好多戏我都演了，我演的很多戏，他也曾热情地给我改写过唱词。这一段时间，在艺术上我和樊粹庭、常警惕称得上"三位一体"，是我舞台生涯中很值得怀念的一段时光。

1962 年，河南省文化局在郑州举行名老艺人座谈会。在晚会上，我与警惕合演了《贩马记》中"写状"一折，二十年后重新合作演出，我们两个心情都异常激动。1981 年，我最后一次回西安演出，并与西安市豫剧团举行了盛况空前的联欢演出。当年的艺术伙伴曹子道与我合演了《卖苗郎》中"摔碗"一折，警惕演出了《小宴》，她已多年不登舞台，这次重新粉墨登场，完全是为了与我同台献艺联欢。虽然她已嗓音失润，但表演还是那么潇洒、英俊，短短二十分钟的表演博得了阵阵掌声。

与香玉姐合作

上世纪 40 年代，我在西安曾与许多豫剧名家同台合作，其中有我的同辈，也有我的前辈，演出剧目都是以旦角为主的戏，我演主角，他们给我配戏。唯独 1947 年与常香玉合作演募捐戏时，是香玉姐演主角，我为她配戏。上演剧目除《桃花庵》外，均为生旦并重的戏。她演旦角，我扮小生，我俩在一起合作十分愉快。这段往事已过去将近半个世纪了，却给我留下了永生难忘的美好印象。

在此之前，我和香玉姐在西安还打过一阵"对台"。1943 年冬，我从洛阳到西安时，香玉姐正在宝鸡，不久，她回到了西安。当时我在新民戏院搭高成玉的班。她先在东大街长安戏院演唱，后来搬到了距新民戏院很近的民乐园。这样一来，无意中形成了两军对垒之势，两个都正在走红的豫剧名角对台唱，在观众中引起极大的轰动。

一开始，我还真有些担心，和常香玉这位在西安早已唱红、在观众中享有盛誉的名角对台，会不会影响我们的上座？后来一看，不但不受影响，观众反而更加踊跃。尽管如此，我和戏班的同事也都有如临大敌之感，演出上不敢有丝毫疏忽大意。我们不求压倒人家，但也绝不能让人家把我们压倒。主要演员都憋足了劲，在舞台上展示自己的拿手绝活儿。三套四套小角色做戏也都异常认真，就连龙套把子宫娥彩女在前台也不敢有一点的马虎。真称得起阵容整齐，台风严谨。跟我合作的琴师是身怀绝技的高手，这时伴奏更加细心。我怎么唱，他们怎么包腔托腔，互相配合得滴水不漏，恰到好处。

1980 年 4 月，崔兰田、常香玉、马金凤（左起）在河南省豫剧流派调演大会期间欢聚

　　有一天，武行的两个小兄弟跑到民乐园去看戏，散戏回来后在后台说："人家那边看戏的人可多了，四个墙角都站满了人。"又说："常香玉唱得可真棒，小红娘不仅身段表演活泼逗人，一个眼色就能博得满堂彩……"他俩说得绘声绘色，正在卸装的演员们听得津津有味。有人说："听你说得这么神气，明天抽空我也得去看看。"这时，坐在戏箱上的胖师傅也开腔了："小家伙，坐着喝口水歇歇吧，别把天吹破了，常香玉给了你几个钱，这样卖劲给她当说客？有本事去陪常香玉唱张生，看人家要不要！"两个年轻人一听这话，火冒三丈："老家伙，说话嘴放干净点，不要出口伤人。俺没嗓子唱不了角，挣的就是翻跟头的钱，你有本事包上头唱《秦香莲》，我情愿给你梳头打鬏当跟包。"胖师傅一听这话，冷笑一声："呀呀呔！你不配！"

　　听他们七嘴八舌越说越跑板，我再也坐不住了："胖师傅别生气，他们两个年轻，说话没深浅，顶撞了你老人家，你坐下消消气，别跟他们一般见识。这两位小兄弟也别上火。你们来这儿时间不长，还不知道胖师傅的来历，胖师傅年轻时不但演过《秦香莲》，还唱过《洛阳桥》，在豫西一带是有名的青衣花旦。现在年纪大了，改唱老旦。我经常向他请教，胖师傅待我很亲，今天听你们说别人的好话，误以为是在贬低自己，老人家听不惯便吵你们。胖师傅的话说得也有些过头，有点老糊涂了。两位小兄弟说的也是实话，香玉姐唱得确实好，对人也很好。前几年我刚出科在洛阳世界舞台唱时，香玉姐还专门到戏院去看我。后来她在华乐戏院唱，我经常去看她的戏，偷学了不少东西。我特别喜欢她的六部《西厢》和《秦雪梅吊孝》。叫这两位小兄弟去给常香玉配小生，恐怕还办不到，如果有机会，我倒真想给香玉姐配唱小生。"我这么一说，大家都消了气。两位武行的小兄弟主动给胖师傅赔不是，胖师傅不好意思地说："我是个粗人，说话信口开河。还是兰田心量大，说得在理。兰田，如果有一天你和香玉合手唱《拷红》，我唱老夫人，咱爷儿俩一起傍她。"当时我这么说，只不过是随便道出的一句戏言，没想到时隔一年之后竟成事实。

　　1947年，我搭沈子安的班仍在新民戏院唱。一天，西安戏剧工会的秘书菊伍亭到我家，他说，西安河南同乡会和妇女协会要与他们一起组织演出几场义务戏,为河南灾民募捐募集救济粮。他们想邀请常香玉演出,但她大病初愈,刚从宝鸡回到西安,在家养病,没有搭班,他们想用我的班底,让我和常香玉合演。菊秘书说:"你们俩双挂头牌,对观众一定有很大号召力,不知你乐意不乐意?"我当即欣然表示同意。我说:"演义务戏救济灾民是咱义不容辞的责任。只要能把义演办好,对得起乡亲们,别的什么都不值得计较。"这件事就这样一拍即合,非常顺利地定了下来。

我与常香玉合作募捐义演的剧场是革命公园的群众堂,有一千多个座位,是当时西安最好的演出场所。剧场门口的海报上和西安报纸刊登的义演广告上写着"豫剧明星常香玉、崔兰田联袂主演"。两个剧团台柱的名字这样并列于一张海报上,在西安豫剧演出史上尚属首次。

第一场演出的剧目是《桃花庵》。这出戏是我和香玉姐演出的看家戏,也是我们豫西调许多名家前辈经常演出的传统戏。因此,可以说它是豫西调众多传统剧目中比较精彩的一出代表作。在科班学戏时,毛兰花演主角窦氏,我扮老生苏昆。后来改唱旦角后,我便一直扮演窦氏。香玉姐演出这出戏一向也扮窦氏。这次我俩合演,仍由她扮窦氏,我扮道姑陈妙善。拉戏时,香玉姐拉住我的手说:"田儿,还是你演窦氏吧。""本来你就是姐姐嘛,啥时候我也是妹妹。姐,你放心地演吧,你走到哪儿,我跟到哪儿,看看你妹子的本事咋样。"香玉姐听我这么一说,更加亲热地拉住我的双手说:"田儿,我的好妹妹,你真会说话,怪不得咱周师傅那么喜欢你。"

开演前,我和香玉姐都早早来到后台,扮戏十分认真。比起往常,化装特别仔细。那时我俩都很年轻,扮起戏来特别漂亮。香玉姐在第一场"上门楼"一出场亮相,台下满堂喝彩,来

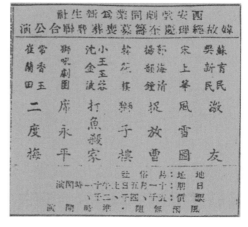

常香玉、崔兰田合作募捐义演《二度梅》戏单,刊于1950年11月西安《群众日报》

1943年,常香玉在西安演出《桃花庵》

了个碰头彩。"思夫"那段二十来句的豫西"二八板"她唱得声音洪亮、字正腔圆,一点看不出是一个大病初愈的人在演唱。我打心里佩服香玉姐功底扎实,演技娴熟。"认子"一场,窦氏唱完"桃花庵去打探张才相公",随着沉闷缓慢的打击乐徐徐下场。

这时舞台下边熙熙攘攘,人声鼎沸。有人在议论香玉姐的演唱,有人趁这个时间离座去解手,有人在议论下边陈妙善要出场了……乐队奏着"慢板"过门,我手持拂尘满面愁闷地上场,热情的观众又给我一个碰头彩。我不慌不忙地唱道:"念真经拜佛祖一日三遍……"一句戏还未唱完,台下又响起一阵热烈的掌声。"叫小郎上前去与我传禀",香玉姐扮演的窦氏站在一旁,魏进福扮演的小郎站在我俩中间,一挥手喊了一句"降香啦",我站在庵堂前猛一抬头,只觉眼前一亮,原来是一位小报记者在台下拍照。这时台下异常安静,一千多双眼睛全神贯注看着台上。我和香玉姐心里都十分理解观众此时此刻的心情,我们比以往任何一场演出都更加认真地做戏,更加卖劲地唱。这种热烈场面在"盘姑"中达到顶峰。我在诉说与张才庵中幽会和张才病死庵中情形时的演唱,如泣如诉,声泪俱下,博得观众阵阵掌声。接下来,香玉姐"哭夫"的"滚白"唱得更加酣畅淋漓,又赢得台下掌声四起。

回到后台,香玉姐紧紧抱着我,眼含热泪,用颤抖的声音说:"田儿,我的好妹妹,我真服你啦,这出戏我不知演了多少场,都没有今天觉着这么痛快。"陈宪章走过来递给香玉一杯水,送给我一盒炮台烟:"田妹,辛苦啦,哥犒劳犒劳你!"香玉姐坐下来喝了一口水,拉住我的手说:"田儿,我还有个想法,不知道你愿意不愿意。你在科班唱过小生,我想叫你陪我唱小生,咱姐妹俩一生一旦再演几出,叫那些戏迷好好开开眼界,你看中不中?"我朝宪章兄调皮地望了一眼:"俺姐姐说咋办就咋办,小妹遵命。"香玉姐朝我脸上拧了一下:"死妮子,小嘴儿真甜,咱们一言为定。明天咱就开始拉戏。"

在香玉姐的帮助下,我很快把她演的几出戏中的小生学会了。记得有《闹书馆》《蝴蝶杯》《凤仪亭》《蓝桥会》《拷红》《贩马记》等。这次合作演出非常成功,轰动了古城西安,在观众中和戏剧界传为美谈,同时也开启了我们之间终生不渝的友谊。

兰光剧社

兰光剧社是我从艺十三年后,自己创办的一个民间职业剧团。西安解放后,百废待兴,各行各业陆续恢复了生产和营业。原来戏班的老板都离开西安逃跑了,很多戏曲艺人闲在家里,无家可回的单身艺人住在剧场,他们没有收入,生活十分困难。这时军管会的同志把他们组织起来演出,由于没有水平高的主演领衔,上演情况不好,演出剧目贫乏,很快便维持不下去了。

1950 年 1 月,我从四川回到西安后,很多熟悉我的艺人都跑来找我,希望我能挂牌成班,军管会的同志也到家里来做动员,给我讲革命道理。他们说,现在解放了,艺人翻身做了主人,唱戏也是为人民服务,老板跑了,你们可以自己组织剧团演戏。于是,我和丈夫周光灿商量自己筹资,成立自己的剧社。

那时许多著名演员办团都以自己的名字为团名。如京剧界的梅兰芳剧团、荀慧生剧团、尚小云剧团,豫剧界的(常)香玉剧社、(陈)素真剧团、(阎)立品剧社。当时有人建议将团名定为"兰田剧社",光灿也说:"你在观众中影响很大,以前搭老板的班,不管戏班叫什么名称,很多戏迷看戏都是冲着你来的,他们从来不提剧团的名字,而是直呼你的名字——去看崔兰田的戏。现在咱们自己成班,干脆就叫'崔兰田剧团'或'兰

兰光剧社创办人崔兰田（左）和周光灿,1953 年于西安

田剧社'，多响亮！"

光灿说得在理，但我并没有同意，我说："还是叫'兰光剧社'吧。"

"你怎么想起来叫这个名字呀？"我文化水平不高，能想出这么个文雅的团名，他觉得有些奇怪。

"难道这个名字不好吗？我崔兰田的'兰'字，你周光灿的'光'字，表示咱俩齐心协力办好这个剧团。再者说，当年在科班时，周师傅给我们这班小孩起名，都带一个'兰'字，'十八兰'在豫西一带很出名，到西安后不管是同行还是观众，一提起'十八兰'便格外高看我，因此，我觉得突出这个'兰'字比突出我的名字更好。"

"想不到你大字不识几个，肚里点子还真不少，那就依你，咱就叫'兰光剧社'。"

团名定下来后，我们便着手筹集资金，招聘演员。我们拿出多年积蓄的三根金条，添置了戏装，高薪聘请了当时在西安的许多豫剧名角。其中有旦角张凤云、陈秀芳，须生曹子道、许树云、朱全来、黄少林，净角韩全友，小生黄月楼、宋保筠、王香芳，丑角魏进福和武行头杜庆斌。我出任社长、挂头牌，我丈夫周光灿任副社长，管理剧社的行政工作。

人马虽然很齐，但我和光灿都没有领团经验，这时我想到了我的恩师周海水。一则他领班多年，经验丰富；二则他老人家现在生活也不很宽裕。于是，我专门把他请来，帮我管理剧团。

周师傅待我一向很好。我入科学艺时，他看我是个唱戏的好料，便分派我学须生，一心想让我接他的班，要将我培养成他的得意门生。后来改唱旦角，也是周师傅慧眼识才，发现我演旦角更有出息，千辛万苦将我培养成他小科班的台柱。我出科后在洛阳搭班挂头牌，后来又到西安唱红，但我时时刻刻都惦念着师傅。

记得有一次，我从西安到郑州去买戏装，当时周师傅领班在郑州演出。我顺路去看望师傅，周师傅见到我，高兴地说："孩子，这几年没见你，听说你在西安唱红了，我和你师娘都很高兴，你给师傅争光了，我在人前也觉得露脸。买戏箱的事我给你办，师傅比你识货。你不用亲自去跑，在院子里给我演两场戏吧，当年你在郑州学戏时还是个小孩，现在是大红角了，也叫郑州的老乡看看你的戏。"

当时马金凤在周师傅的戏班里挂头牌，我说我给金凤姐唱垫戏，周师傅执意叫我唱压轴戏。金凤姐也开玩笑说："你是周师傅请来打炮的角儿，咋能叫你唱垫戏呀！我唱垫戏，你压轴吧。"我看金凤姐也是真心实意，就不再推辞，便斗胆演了一出《三上轿》，金凤姐演的《三上关》。两个台柱一齐上，观众当然十分踊跃，周师傅更是高兴得一晚上合不拢嘴。

这是我第一次和金凤姐见面、合作，她那谦逊可亲、待人诚恳的态度，给

周海水在《清风亭》中饰演张元秀，1962 年摄

我留下了终生难忘的印象。当我得知她也是山东曹县人，并且祖上也姓崔时，心里觉得更加亲近。新中国成立后，她在洛阳，我在安阳，开会、会演经常见面，关系也十分密切。

兰光剧社成立后，首场演出拿什么戏打炮，去征求周师傅的意见。周师傅想了一下说："还是先演《秦香莲》吧。"师傅的意见正合我意。这是我多年来演出最受欢迎的一出传统戏，也是我在科班改旦角后演的第一出戏，同时也是最能展示我们演员阵容的一出大戏。

我扮秦香莲，包公由三个人扮演："拦道"由周海水演，"公堂"由韩全友演，"见皇姑"由曹子道演。韩全友是专演净角的演员，演唱刚柔相济，节奏鲜明，韵味醇厚且有膛音，是豫剧界不可多得的净角演员。曹子道唱做并重，既演须生又演净角，做派大方，动作洒脱，功架稳健，举手投足给人以美感，是一位以做表取胜的性格演员。我和他合演的《卖苗郎》在西安很受欢迎，他在"摔碗"一折中手端面条和举杖责打儿媳的表演，简直达到了出神入化的境界。在"背公公"一折中，"爬坡"的表演动作舞姿更为精彩，经常博得观众阵阵掌声。

剧中王延龄由黄少林扮演，陈世美由朱全来扮演，人称"活陈世美"。陈世美

面对一双儿女,做父亲的良心顿时受到触动,但又不想丢弃做驸马的荣华富贵,眼前妻儿是认是抛,左右为难,一个负心汉无可奈何的矛盾心理被他表现得淋漓尽致。

给我"拉二套"的旦角张凤云扮演皇姑,她嗓音清亮,扮相端庄秀美,做工细腻,后来在曹子道掌班的西安民众剧社担任头牌旦角主演。魏进福扮演"门官",戏虽不多,但他那不瘟不火、格调正规的丑角表演颇受观众欢迎,他主演的《唐知县审诰命》《卷席筒》等戏,表演都很出色,被誉为"西北名丑"。

唱小生的黄月楼,是从山东过来的一位年轻演员,当时二十出头,是名小生黄儒秀(黄娃)的徒弟。黄儒秀与我同是山东曹县人,因此,我对他的徒弟就格外照应。我常让他在我前边加演《黄鹤楼》《禅宇寺》,他嗓子好、扮相好,在西安豫剧舞台上能与赵义庭媲美。

1951 年 5 月,崔兰田(前排左五)率兰光剧社从西安到郑州演出

1958年4月,河南戏曲界欢迎京剧大师梅兰芳(中排右五)来郑州,崔兰田(中排右四)坐在梅先生身边

别人成班演戏都赚钱,我成班以后经常赔钱。一季下来钱没挣到,反而将金条和部分家产赔了进去,因为我们的人多,最多时有一百多人。凡是来投奔我的同行,我都不拒绝。像我的奶师贾锁,已经年过花甲不能登台,我也将他留在剧社奉养,这样自然开支就大。在我这儿搭班的演员,不管演出与否,也不管营业情况好坏,我都是到天就发薪,宁可自己一分钱不挣,也不能亏待大家。对于有名望的主要演员,工资定得都很高。像曹子道那样的演员,我一天给他一袋面,按面折价。

兰光剧社在西安舞台站稳了脚跟,经济状况日渐好转,同时演员的一些坏毛病也显露了出来。有几个演员吸大烟已经成瘾,我苦口婆心劝说均无济于事。这时,我和光灿商量,准备把剧社拉回河南,进行巡回演出。一方面增加收入,扩大影响;另一方面也觉得挪挪窝能断绝他们吸大烟的来源。

剧团来到郑州、新乡,受到了热烈的欢迎。平原省文化局的领导张国础一再挽留剧社落户到新乡。因我的师姐罗兰梅已经在新乡很有影响,我们停留下来就

崔兰田(右)和京剧大师尚小云,1954年于安阳

可能形成"抢饭碗"的局势,所以,我们打算再巡演几个地方。恰在这时,安阳同乐戏院的施洪瑞专程来到新乡,盛情邀我到安阳演出。

我率兰光剧社来到安阳后,安阳人民政府的领导和各界观众给予我极大的热情和关怀,我准备把剧社落户到安阳。剧社里的一些人听说要在安阳落户,感觉安阳是个小城市,比不上西安繁华,不愿意留下来就跑回了西安。安阳虽然城市小,解放后社会秩序很好,完全禁止了吸大烟。另外,市里的领导亲自出面再三挽留我,还把原安阳人民剧社的戏箱送给了我,使我非常感动,因此我就在安阳落户了。

兰光剧社只存在短短一年多的时间,后来转为民营公助性质的安阳市人民豫剧团。它在我半个世纪的艺术生涯中是一个难以忘怀的阶段。以前我是搭别人的班唱戏,这个阶段我是自己成班,翻身做主人。随着这个班子,我由陕西回到了豫剧发祥地——河南;随着这个班子,我接受了党的领导,把剧社交给国家,建立了国营安阳市豫剧团,使得百花园中被人们称为"崔派"艺术的这株小苗在豫北大地生根、开花、结果。我一直骄傲地认为,我这个讨饭出身的小戏迷总算为豫剧事业和党的文艺事业做出了一些贡献。

2002年

杨奇、毕定良记录整理

马金凤 · 《穆桂英挂帅》

请扫码收听马金凤原声音频

马金凤(左)和月阳,2009 年于郑州

洛阳牡丹
国色天香

　　上世纪的豫剧舞台百花争艳,姹紫嫣红,享誉全国的"豫剧名旦六大家"常香玉、陈素真、崔兰田、马金凤、阎立品、桑振君分别以其独具特色的艺术风格风靡梨园,如明珠镶嵌在中国豫剧的天幕。

　　我曾不止一次地感叹,我们这代人没有赶上她们璀璨绽放的时代,没有亲眼目睹她们在舞台上的盛世年华,真是一种深深的遗憾。我想,这也是很多和我一样热爱戏曲、憧憬那个时代的人共同的执念吧!但是,我也时常感到几分庆幸,为自己曾经的职业选择而欣慰,毕竟,这份选择让我与她们的艺术得以亲近,让我在最好的人生时光里,从她们留下的艺术资料中汲取营养,感受她们的美好时光。

　　由于我的职业便利,"豫剧名旦六大家"中除了陈素真、崔兰田、阎立品三位先生无缘相见外,我与其他三位都有过或多或少的接触。其中,接触最多的当数豫剧"马派"艺术创始人、豫剧"功勋杯"、终身成就奖获得者马金凤。我与马金凤先生相识于 2002 年,经人介绍,我和大师的弟子柏青以及豫剧名家郭健民等一同赴洛阳偃师县杨庄,参加由马金凤先生指导成立的"洛阳牡丹戏曲艺术学校"

每次演出，马金凤都是提前四五个小时化装

的开学典礼。那年马老已八十岁高龄，但从她那灵活轻盈的举手投足、风趣幽默的言谈举止中，依然可以想见眼前这位饱经沧桑的耄耋老人当年的熠熠风采，尤其是她对艺术的执着和待人接物的平易谦和，无不彰显着一代大家的风范。

第二次见到马金凤先生是一年后在新密慰问煤矿工人的一场公益演出中。作为当天演出的主持人和马老的粉丝，我很想趁此机会和我心目中的偶像合个影。演出前，打听到马老下榻酒店的房间号，便急切地赶了过去。记得当时第一次敲门时我很紧张，轻轻地叩了几下，无人应答。我一边思忖是否走错了房间，一边又敲了两下。伴随着一个熟悉的声音"谁啊"，房门开了。只见马老一手端着镜子，一手满是油彩，看样子正在化装。我心里不由一愣，因为当时还不到上午 10 点，距离下午的演出还有整整五个小时，马老怎么提前这么久化装呢？后来听马老的学生王襄翠老师解释，我才知道这是马老在剧团几十年如一日养成的习惯。为了能够更加从容地演戏，她总是提前四五个小时开始化装，待妆面化好、服装穿好，就在后台一直站到演出开始，而且她化装几乎都是自己完成，很少让人帮忙。

看到此景，我不由后悔自己的冒昧，急忙饱含歉意地说："对不起马老，打扰您化装了！我是想和您老人家拍一张合影。"马老似乎看出了我的不安，急忙说："没关系，小伙子，你不用紧张。"她看着我，和蔼地笑笑，接着说："我现在装还没有化好，恁等我化好装，漂漂亮亮地跟恁合影好不好？"马老的话顿时缓解了我愧疚不安的紧张情绪，也让我由衷地感动，仿佛面前这位老人不是赫赫有名的豫剧大师，而是一位和蔼可亲的邻家奶奶。

众所周知，新密是享誉河南的戏曲之乡，有"戏窝子"之称。当年豫剧豫西调名老艺人、豫剧"十八兰"的恩师周海水先生的太乙班就曾经在这里驻扎，马老年轻时也曾在这里演出多年，因而这里的人们对戏曲的热爱可谓融进了骨子里。这一次，马金凤老师回新密演出，消息不胫而走，十里八村的乡亲们奔走相告，原本下午3点开始的演出，还不到中午12点，现场已是人山人海。此时，马老也已来候场了，她一进后台，便一眼认出了我，笑眯眯地说："小伙子，来照相吧。"还没等摄影师按快门，马老又补充一句："咱看看效果，要是不中，咱一会儿再照。"马老的幽默和爽快感染了大家，候场区的气氛也变得轻松愉悦。当马老想起我曾为"洛阳牡丹文化艺术学校"开学典礼担任主持人时，显得格外随和与亲切："小伙子，谢谢咱啊！这么年轻就那么喜欢我们的豫剧，戏曲可是咱们老祖宗传下来的宝贝啊，希望你好好工作，把咱们的戏曲发扬光大！"马老看着我，言语间充满着殷切的希望。此后，每当我疲惫不堪，工作中遇到困难和挫折时，就会想起马老的这番激励和厚望。如今近二十年过去了，她依然是我前进的动力。

演出正式开始了，伴随着我的主持报幕和对"马派"艺术的解说，马老迈着稳健的步子走上舞台。面对热情的新密父老乡亲，她格外激动，动情地说："密县是我的第二故乡，六十多年前，我就在咱密县太乙新班跟着周海水老师演戏，密县的父老乡亲给予我很多帮助，所以我要感谢你们！密县是我一生都忘不了的地方。今天我来演出，是报恩来了！"马老的话引起了现场观众的强烈共鸣，台下雷鸣般的掌声久久不息。音乐响起，伴随着铿锵有力的"紧急风"和"凤凰三点头"锣鼓点，已是耄耋之年的马金凤老师宝刀不老，为观众再现了巾帼女英雄穆桂英挂帅出征的艺术风采。

众所周知，由豫剧大师马金凤先生创立的豫剧"马派"艺术，祥符调开蒙，融合豫东和豫西调，听起来爽脆甘甜、古朴典雅，其甩腔绝不拖泥带水。

在豫剧历史上，行当划分虽然没有京剧那么精细严格，但是经过几代人的

马金凤（右）和周海水之女、豫剧"十八兰"之一周兰凤，1943年于郑州

努力与探索,豫剧在学习借鉴京剧和其他姊妹剧种的基础上,同样形成了青衣、花旦、刀马旦、闺门旦、老旦等诸多旦行。而正是视戏曲为生命的马金凤先生,在其半个多世纪的舞台生涯中,以其对艺术的执着追求和多年的舞台实践缔造了一个全新的戏曲行当——"帅旦"。说起这段来由,还有一个小插曲:1956年,马金凤率团进京演出《穆桂英挂帅》。在专家座谈会上,有戏剧专家问马金凤穆桂英是什么行当。因为他们觉得现有的行当似乎都不太合适,青衣太文,刀马旦太武,老旦又太老。马金凤脱口而出:"这应该叫'帅旦'吧?"与会人员齐声称赞。从此,"帅旦"作为一个新行当,得到中国戏曲界专家和广大观众的认可。

据说,当年梅兰芳先生看了马金凤演出的《穆桂英挂帅》后,就剧中穆桂英的服装问题提出了自己的看法,这也给了马金凤很大的启示。当时,马金凤塑造的"穆桂英"的唱腔采用的是重在鼻音和喉音、声靠后徐出的唱法,和挂帅出征的大板连唱,已经比较生动地体现了人物的气质,但与她的青衣打扮不太相称。梅先生强调穆桂英在剧中是辞职还乡,她的服装要与青衣有区别。接着又从水袖、眼神、台步等方面对马金凤进行了悉心传授,要求她表演上应运用多种手段表现人

1980年4月河南省豫剧流派调演大会,三大剧种名演员相聚郑州:马金凤、崔兰田、阎立品、常香玉、张新芳、申凤梅(左起)

物的将帅气质。梅先生的言传身教令马金凤恍然大悟,她说:"梅先生虽然讲的是服装、台步、水袖等,但总的精神是要从剧情出发,创造出符合穆桂英人物性格的表演模式。显然,过去的一些传统表现手段是远远达不到这个目的的。于是,我开始了探索与创新,我决定融汇青衣、刀马旦、武生等行当的表演方法,为'穆桂英'所用。"所以,正是通过塑造"穆桂英",从唱腔到表演,马金凤都突破了原有的行当和程式,创造出了"帅旦"这个新行当。

2019年,马金凤为月阳题词:"戏曲人的知音"

2009年,中国戏曲学院有史以来第一个地方剧种本科班——豫剧本科正式开班,马金凤先生以八十七岁高龄被聘为中国戏曲学院荣誉教授。她不顾年事已高,争分夺秒地为学生说戏、排戏,经过她和其他众多艺术家的倾囊相授,刘雯卉、吴素真、梅喜雪、朱旭光、李庆杰、郭青峰等一大批豫剧新星脱颖而出,成为河南豫剧的主力军。

岁月如歌,马金凤先生九十年的辛勤耕耘,不仅为河南豫剧创造了独特的流派艺术,收获了广大观众的喜爱,还培养了柏青、耿海棠、关美利、杨晓青、刘雯卉、李焕娜和谢彦巧等一大批豫剧舞台的中坚力量和后起之秀,为豫剧艺术的弘扬与传承谱写了一曲永载史册的梨园赞歌。

2022年5月29日,豫剧大师马金凤安详离世,享年一百岁。

马金凤,1958 年于洛阳

马金凤自述

为活命学唱戏

1922 年农历十一月初八,我出生在山东曹县东关一家车马驿站,叫篓子店。我的爷爷崔光板,本县人,家无一垄地,给篓子店闵姓掌柜当长工,全家人蜗居在马厩旁厢房山墙下的一处斜顶草屋里。父母亲给我取名金妮儿,希望我以后能过上好日子。

我的父亲崔合利,弟兄七个,排行老小,乳名"小七儿",五岁时被人贩子拐卖到一个戏班子,学唱河北梆子,班主给他起了个艺名"盖九州"。父亲相貌端正,聪明伶俐,勤奋好学,入戏班后不几年就学出了名堂,生旦净丑样样行,观众很喜欢他,就给他起了个绰号"花蛾子"。父亲十来岁时在台上唱戏被人认出,爷爷听说后找戏班要人被拒,只得留在戏班帮工赎人,直到挣够赎金才将父亲带回家。然而在那个社会,艺人的地位低下,无论在哪里,无论本事再大,终究逃不脱悲惨的命运。

　　我的母亲,原籍不详,姓吴,无名,七岁时逃荒要饭饿昏倒在一处坟地旁,被挖野菜路过此地的奶奶救起,之后当童养媳收养,十六岁时与父亲成亲。我三岁那年,父亲身患重病,无钱医治。为救父亲,母亲头插草标,自卖自身,给人家当用人远走他乡。几年后听说我被转卖,便暂别雇主,四处寻找,历经千辛万苦,最后在开封朱仙镇的庙会上找到我,当时我正在戏台上唱戏。随后,母亲又不辞辛劳日夜打工挣钱,还四处借贷,把我从戏班赎出来,母女分别七年后终于团圆。解放后母亲有了名字,叫吴留玉,是登记户口的时候,派出所民警给起的。

　　父亲在我五岁的时候开始教我练功学戏,指望我将来能够走街串巷卖艺谋生。一开始父亲教我练武功,一年四季酷暑严寒从不间断。父亲很严厉,我练空翻的时候,他在地上画个草帽大的圈儿,让我在里面连续翻,他坐在一边手里拿根棍,只要看到我的手或脚出圈儿,上去就是一下。有段时间,我的手和脚脖经常被打得一道青一道红,有时还渗出血印子。练倒立的时候,两手撑地,双脚蹬墙,他不说停我就得一直撑着。有一次,我的脚刚蹬上墙,就看到一只大公鸡冲我跑过来,可能是它看到我的眼睛像是能吃的东西,我赶紧用一只手撑住身体不倒,另一只手捂住脸,可是那只大公鸡还是对着我的脑门儿啄了一下,不禁鲜血直流。父亲赶紧把我扶起来,从地上抓一把土捂在我的伤口上。不过这样的情景没有持续太久,练空翻也不挨打了,练倒立也不要他说停了。每当我有了长进,父亲和我都很开心。

　　就这样在父亲的教导下,我的基本功练得很扎实,也掌握了一些表演技巧,一有机会,我就跟着父亲到外面搭班唱戏。每逢戏里有小孩子或身材矮小的角色,如《铡美案》里的冬哥、春妹,《施公案》里的

马金凤(左)和母亲,1960 年摄

小太监等,戏班就安排我上台演。到我七岁左右的时候就已经演过不少戏了。虽然我在舞台上还没有桌子高,戏服也不合身,也没有合适的道具,但是我一点也不怯场,演起戏来小大人儿似的像模像样。每到这个时候,观众的反应都特别热烈,掌声、叫好声不断。

那个时候演戏不兴女演员,只有像开封那样的大城市才刚开始有。所以,当观众看到我一个女孩子不仅能登台演戏,而且功夫扎实,活灵活现,尤其是知道我才七岁,都觉得很奇特很有趣,有人提到我时就干脆说那个"七岁红"。慢慢地,"七岁红"就成了我的代号了。

虽然我能演戏了,但是父亲知道我离真正的表演还相差很远,他尽可能地让我接触所有行当和角色,例如,《三义记》里的李月英(青衣)、《刘二姐赶会》里的

1934年《小花园》剧照,马金凤的第一张照片,时年十二岁

刘二姐(彩旦)、《探井》里的伍子胥(须生)、《打登州》里的秦琼(武生)。他之所以如此,一方面是让我记尽量多的戏,另一方面是拓宽我的戏路,为将来谋生争取更多的机会。父亲对我的引领和培养,为我日后正式入科跟随师傅马双枝学习豫剧打下了坚实的基础。

父亲的脾气不好,经常因为我失误或达不到要求对我进行体罚。有一次我和父亲同台演《三义记》。这是一出唱做并重的戏,我演的李月英,父亲演的唐寅。由于紧张,我一下子忘词了。看到台下观众起哄,父亲一气之下,抬手就是一巴掌。我猝不及防,从椅子上重重地摔在地上,鼻子直流鲜血。父亲一看也慌了,赶紧把我扶起来,擦拭鼻血。父亲对我的严厉我理解,我是他的希望,也是全家的希望,戏唱不好,全家就要挨饿。

"四句撑"成金嗓子

对于学戏，我知道我的先天条件不好，一是个子低，二是长相不俊美，还有最大的问题是嗓子不好，唱不了几句就干号没音了，因此经常出差错。

有一次我上台刚唱了四句嗓子就没声儿了，台下一片叫喊声，还有人朝台上扔土坷垃、西瓜皮。还有一次我的嗓子哑了，勉强演了一场。到了第二天嗓子完全没有了，吓得我赶忙跑到没人的地方喊，想把嗓子

1936 年《三娘教子》剧照

喊出来。喊了半天总算是出来了一点，接着就上台演《秦英征西》。秦英一共六句戏，我唱罢第一句"先人徐基把国保"就没有嗓儿了。戏主看到这种情况，气急败坏，跑上来一脚把我踹到台下。前排的观众可怜我，几个人七手八脚地把我扶起来。为此有人就取笑我，叫我"四句撑"和"一脚蹬"。

这件事对我的刺激很大。但是我并未因此灰心，而是暗暗下定决心，一定要把嗓子喊出来。1934 年冬，父亲在兰封县(今兰考县)唱戏时负重伤，被班主抛弃，饥寒交迫，最后死在了一座破庙里，年仅三十四岁。母亲听说后，带着我赶过去把父亲葬在了兰封县城西。按照当时的习俗我要给父亲守灵三年，母亲就叫我搭了当地的一个戏班。就这样，每天天不亮我就到城外喊嗓子。为了早上起得早，母亲总是通宵和衣睡在我旁边，一夜醒好几次，生怕误了时辰。

很多演员练嗓子喜欢在靠山靠水的地方，因为这些地方空气清新湿润，喊嗓子效果好。但是，兰封县地处黄河故道，常年风沙不断，哪有这样的好地方呀？于是，母亲找了一个瓦罐，里面装半罐水，每天早上我们娘儿俩用棍子抬着水罐到城外的野地里，我跪在水罐旁边，额头顶着罐口边沿，嘴对着罐子里的水喊嗓子。

母亲说,用这种方法可以润嗓子,喉咙不干。

在兰封县戏班两年多的时间里,无论四季更迭,母亲每天早上陪我喊嗓子,从未间断。冬天特别冷,我跪在地上一喊就是一两个钟头,棉裤膝盖的地方经常被冻在泥土里,腿冻僵了,站不起来。由于我常年头顶着瓦罐边沿儿喊嗓子,我的额头被压出一道深深的痕迹。在我喊嗓子练功的时候,我总觉得九泉之下的父亲会听到我的声音,并因此得到宽慰。每天我在那里喊嗓子练功,尤其是天气寒冷的时候,母亲为了御寒,就四处走走转转,顺便捡来碎石破砖培在父亲的坟头上。就这样天长日久,我的嗓子越喊越亮,父亲的坟也越来越高了。

1936 年夏,我十四岁。有一天,我跟往常一样和母亲到城外喊嗓子,喊着喊着,本来沙哑的嗓子突然冒出来一丝亮音儿,越唱越亮越唱越高,而且我觉得一点都不费劲。我的心头一亮,这是真的吗?是苍天有眼赏给我嗓子了吗?还是九泉之下的父亲显灵,让我喊出了嗓子?我不敢相信自己的耳朵。当我激动地对母亲说我有嗓子了,母亲扑通一下趴到父亲的坟上,"哇"的一声哭起来,边哭边说:"金妮儿她爹,你听见了吗?咱妞有腔了!"

当我把这个消息告诉戏班里的施景春老师的时候,他高兴极了,拉着我说:"快趁热唱一段《老征东》我听听。"他打着板,我马上唱了起来。施老师闭着眼睛一边听一边品,他知道我能喊出嗓子是多少个黎明换来的呀!

"这嗓子听起来又脆又甜。不过这才刚开始,你还得加紧练。今后要多唱大板儿戏,多用,要不然就退回去了!"施老师语重心长地对我说。

"还能退回去?"我一听可急了。

"这就跟菜刀一样,时间长不用可不就锈了?你刚喊出来的这股嗓儿,不用不唱不长进,很快就退回去了。"

施老师的话深深地刻在了我的脑子里。从那天起,我就像着了魔一样,每天不是喊嗓子就是练唱段。传统戏《五凤岭》中的吴凤英有一个七八十句的唱段,以前我只能唱十几句就唱不下去了。现在唱这段戏,不仅能全部唱下来,而且很轻松。不久,施老师又叫我唱《对花枪》里姜桂枝的大段唱,说非常适合我的嗓子。戏班里的赵顺公师傅也教我《锄赵王》《刀劈杨藩》等几出戏。为了让我更多地练嗓子,只要有机会,他们每天最多给我安排三场戏,什么角色都演,一天到晚不让我停。

在这些师傅的帮助和指引下,我整天一门心思琢磨咋唱嗓子得劲儿,好听。我尝试着用大、小嗓换着唱,大嗓哑了用小嗓,小嗓累了换大嗓。有时候即使感冒了我也不耽误唱。

自从有了嗓子,苦尽甘来,我前方的路变得越来越宽,前方的景色也变得越来越亮堂了。在我以后近八十年的人生旅途中,无论遇到什么样的艰难险阻,只要一张嘴有嗓子,我就啥都不怕了。

《穆桂英挂帅》,我艺术旅途的航标灯

从五岁学艺到今天的九十多年里,我演过几百出戏,最成功、影响最大的当数《穆桂英挂帅》,可以说是家喻户晓人人传唱,还被其他二十多个剧种移植或改编,至今长演不衰。对于这种盛况,上世纪 50 年代初我们几个人整理改编豫剧传统老戏《老征东》的时候是万万没有想到的。

1953 年 8 月, 原商丘专区行署根据中央政府有关文化艺术工作的指示精神,对辖区内的文艺团体进行整顿,加强对从艺人员的登记和传统剧目的整理改编。行署文化科科员,剧作家、作曲家和板胡演奏家(左手)王挺英先生被派到我所在的商丘专区人民豫剧团协助开展工作。在搜集和整理传统剧目的时候,剧团决定先为我整理三出戏,即《老征东》《打灶王》和《斩杨景》,《老征东》排在第一。我丈夫崔延寿时任该团文化教员, 根据我的口述 (以前戏曲演员演戏都没有剧本,由于没有文化,学戏的时候师徒之间

马金凤(左)和徐凤云,1954 年 1 月于上海

1953 年，马金凤在南京演出《穆桂英挂帅》

都是口传心授）记录和整理出《老征东》的剧本，然后，与王挺英、导演桑建修以及几个老艺人一起，共同讨论研究，广泛征求意见后加工定稿。考虑到新剧本的内容变化比较大，就将剧名改成了《穆桂英挂帅》。因此，豫剧《穆桂英挂帅》是商丘行署领导英明决策和众多艺术家集体智慧的结晶。

1953 年 11 月，商丘专区人民豫剧团到华东地区进行巡回演出，这是《穆桂英挂帅》诞生后第一次面向公众。这次巡演从商丘出发，往返徐州、南京、上海和杭州，历时 7 个月，演出剧目 72 个，共 250 多场。其中，《穆桂英挂帅》一共演了 20 场，还参加了 1954 年上海市春节联欢会，受到广大观众的热烈欢迎。

适逢抗美援朝结束，中国人民志愿军凯旋，中央人民政府组织"全国人民慰问人民解放军代表团"，商丘专区人民豫剧团作为代表团的一支慰问大队，从 1954 年 2 月末开始，在上海慰问解放军驻沪部队和刚刚回国的志愿军部队。

与梅兰芳大师的戏缘

在上海演出期间，豫剧《穆桂英挂帅》引起京剧大师梅兰芳先生的注意，他连看四场，并在最后一次看罢戏到后台看望了大家，对这出戏给予充分肯定。

那天下午，我化好装在后台候场，一个演员跑过来激动地对我说："梅兰芳先生来看戏啦！"听到这个消息，我是又高兴又紧张，心里想着俺河南戏来到大上海本来就有点打怵，又遇到京剧大师梅先生来看戏，这不是眼看着要出丑吗？又一想，梅先生能来看河南戏，兴许会给我们提一些宝贵的意见，这也是一次难得的学习和提高的好机会。想到这里，我紧张的心情才稍微平复了一些。

后来，梅先生的秘书告诉我，梅先生正在上海休假，无意中在报纸上看到豫剧《穆桂英挂帅》的广告，很惊讶。梅先生演过一些穆桂英的戏，包括《枪挑穆天王》和《穆柯寨》，不过都是年轻的穆桂英，从没听说过老穆桂英挂帅的戏。于是，叫秘书买了票，并说："咱看看穆桂英是怎样挂帅的！"

都知道梅先生看戏的时候全神贯注，不与旁人交谈，也不轻易鼓掌。然而，当看到金鼓齐鸣声中，帅旗招展，穆桂英身披戏装在大军帐前阅兵并唱出"谁料想我五十三岁又管三军"的场面时，梅先生情不自禁，带头长时间鼓掌，对秘书连连说"好戏！好戏！"

梅先生来到后台，向所有的演职员表示祝贺。听到梅先生的赞许，我才小声地对他说："听说您来看戏，我真怕演不好，您笑话俺！"

"马金凤同志，你太谦虚了。你演得好，唱得好，我很喜欢这出戏。"梅先生接着说，"我演了一辈子小穆桂英，不知道豫剧还有老穆桂英这个宝贝。"

我鼓起勇气请梅先生提提意见，他没有直接回答，而是笑着说："你的嗓子好，演得更好。豫剧的这些特点，我们京剧来不了。一段戏七八十句，要是换成京剧，得唱个把钟头，早就把观众唱困了。"

随后，梅先生请我团的几个领导和主要演员去他在上海思南路的家中做客。会见中，梅先生针对这出戏给我们提出了一些需要进一步加工和提高的意见和建议。关于服装，他说："穆桂英是辞职还乡，不是被免职，穆桂英是有官衔的，因此，不应该穿黑色服装，而应该是紫红色对帔，带团花，加'潮水'，还要戴点翠头瑙，显示人物的身份和性格。"我听了很受启发，因为我一直是穿代表身份低下的黑色对帔。经梅先生指点，我才意识到服装和人物特性之间的关系。我们当时就决定，按照梅先生的建议，在上海定制戏服。第二天，梅先生还派人给我送来程砚秋、周信芳和盖叫天等京剧名家的戏票，让我观摩学习京剧的表演艺术。

在上海期间，梅先生告诉我，他4月将到南京演出，希望我去看戏，顺便给我讲一讲化装。根据我团在上海的演出计划,我们联系了南京大戏院,二次到南京演出。为了能看梅先生的戏和化装,除一场《穆桂英挂帅》以外,我的戏全部安排在了梅先生演出日期之后。

梅先生叫我每次看戏提前两个小时到剧场,先去后台,这样他可以一边化装一边给我讲解具体的方法,然后我在看戏的时候就会加深印象。我每次按约定到达化装间的时候,梅先生都已开始化装。看到我,他总是微笑着不紧不慢地给我打招呼:"金凤同志你来了!"然后,根据当天的演出剧目,结合当时的化装特点,给我讲解化装和剧中人物的关系。他谈到,演员的表演固然重要,但是离不开化装和服饰的烘托。所有这些辅助手段,包括化装、服装、装饰以及道具,都是为表现人物特征和性格服务的。有一次,梅先生一边贴水鬓一边对我说:"我俩的脸型不一样,你是圆脸盘,贴水鬓的时候,眼角往下的位置应该向内收一点,这样贴出来的是瓜子脸、鸭蛋脸,显得好看。"

梅先生在化装方面对我的言传身教,使我明白化装是一门艺术,不同剧种基本的化装技巧是相通的。从这以后,我对化装特别重视,一有机会看戏,不管什么剧种,我都留意演员的化装,学习和体会不同的化装方法。我发现话剧演员的化装线条粗,立体感强;还观察过皮影戏的人物造型。这些风格各异的化装方法,在以后我饰演不同角色进行形象设计的时候都有所借鉴。

有一次,梅先生问我是否用点翠头瑙,听到我说没有用过,梅先生建议我用,并解释说:"点翠头瑙适用于剧中身份高贵的女子,同时,年龄和性格不同,戴法上也有区别。例如,《凤还巢》中的小姐,在点翠头瑙下附上一圈红绒花衬托,显得特别年轻靓丽。"梅先生的话使我受益匪浅,演员的装饰和表演一样,一招一式都有特定的目的。演员不能只顾唱,还要认真研究分析自己饰演的角色特点,充分利用一切辅助手段塑造人物。

马金凤的化装,曾得到京剧大师梅兰芳的指点

这次在南京，我有幸观看了梅先生上演的全部八个经典剧目，即《贵妃醉酒》《奇双会》《霸王别姬》《凤还巢》《宇宙锋》《西施》《金山寺》《断桥亭》。梅先生的舞台表演艺术炉火纯青，他的台步、水袖、表演曼妙多姿、优雅大方，每一个表演动作都像是一幅画，给人美的享受。他的唱腔自然大方、韵律优雅，感人至深。我深知，这种造诣岂是一朝一夕可以达到的呀！

马金凤（右）和京剧大师梅兰芳，1957 年 9 月于洛阳

1957 年 9 月，梅先生全国巡演经过洛阳。其间，他专门又看我演《穆桂英挂帅》，对于我和这个戏在上海会面以后在表演、服装、化装等方面取得的进步表示满意。出于对梅兰芳先生的崇拜和他在艺术上给予我莫大帮助的感激，我怀着忐忑的心情向他提出了拜师请求，得到梅先生的默许。随后，他派人送给我一顶点翠凤冠，作为师徒关系的见证。两年后，梅先生把《穆桂英挂帅》移植到京剧，作为新中国成立十周年的献礼节目。京剧《穆桂英挂帅》是新中国成立以后梅先生排演的第一出新戏，也是他的最后一部戏。

梅兰芳先生和豫剧《穆桂英挂帅》的情缘早已是梨园佳话。他对我的关心和帮助，是他作为中国戏曲的一代宗师对地方剧种和年青艺人关心、支持的一个缩影。他的谆谆教导我铭记于心，成为我一生艺术追求的目标。

初次攀登荣誉顶峰

1955 年末，我所在的商丘专区人民豫剧团被省政府调到洛阳，成为洛阳市歌舞团（洛阳市豫剧团前身）。不久，我随团首次进京演出《穆桂英挂帅》大获成功，

马金凤（右一）和儿女，1963 年于洛阳

受到了首都观众的热烈欢迎。著名剧作家吴祖光偕夫人新凤霞连看我三场演出，然后在《戏剧报》和《新观察》杂志连发两篇文章，对于该剧和地方戏的改革精神给予高度评价。吴祖光在文中将我塑造的穆桂英形象比作洛阳牡丹。吴祖光先生的这个比喻被广大观众所接受，从此，"洛阳牡丹"成为我艺术生涯中一个崇高的称谓。我感到非常荣幸，并把它作为自己努力工作的动力，回报专家和观众对我的厚爱。

著名电影导演崔嵬先生也是一个豫剧迷。他不仅爱看豫剧，而且积极热情地支持、宣传和推广豫剧。我在北京演出期间，他几乎场场看，还给我提出许多宝贵意见和建议。1956 年 12 月 18 日至次年 1 月 15 日，历时二十八天，河南省文化局在省会郑州举办了首届戏曲观摩演出大会。我团从北京演出回来后，随即开始了准备工作。为了向河南省戏曲界的首次盛会奉献最好的节目，我团邀请崔嵬导演来洛阳，对我们团的几个参演剧目进行加工提高。在排演《穆桂英挂帅》的过程中，崔导演对我的唱腔和唱词提出了一些修改意见。在唱腔方面，他认为应该增加唱腔的"刚"性，刚柔并济，才能更好地突出穆桂英的家国情怀和叱咤风云的元帅气度。

根据崔嵬先生的建议，作曲家刘青和鲁滨重新研究调整唱腔，使全场演唱的轻重缓急、声调高低和情绪起伏更加合理，将"我不挂帅谁挂帅，我不领兵谁领兵，我怀抱帅印去把衣更，到校场整三军去把贼平"的唱段作为全剧的高潮。崔嵬导演听了重新设计的唱腔，连连拍手称赞。在崔嵬导演带领下新排的《穆桂英挂帅》在演出大会上获得成功，也使我团和我拿下全部奖项（剧本、导演、音乐、舞美、演出、演员）一等奖，可谓"满堂彩"。两年后，也是在崔嵬导演的帮助和支持下,《穆桂英挂帅》被江南电影制片厂搬上银幕。

1958年11月3日,毛主席等党和国家领导人在郑州开会,河南省政府安排我团在省军区礼堂演出了《穆桂英挂帅》。第二天,毛主席提出再看看年青穆桂英的戏。我团接到通知后,用两天时间赶排了《破洪州》,并于11月5日再次为毛主席等党和国家领导人演出。这两场演出,使我团全体同志备受鼓舞。

自豫剧《穆桂英挂帅》于1953年诞生,"穆桂英"陪我走过近七十年的人生旅程,有艰辛跋涉,有成功的喜悦,更有无上的光荣。作为演员,我感谢"穆桂英"把我带进荣誉的殿堂;感谢无数专家和艺术家创作了这个经典剧目,谱写并演奏出优美的音乐唱腔,并甘当绿叶陪我在舞台上为广大观众演唱。

最后我特别想说的是:每当我因该剧获得荣誉的时候,我都会想到《老征东》剧本、唱腔和表演的创作者,他们是豫剧《穆桂英挂帅》的奠基者! 他们可能永远不会被后人知晓,然而正是他们默默无闻的奉献,才有了今日的经典。向所有的戏曲前辈们致敬!

1958年11月,马金凤为毛主席等党和国家领导人演出《穆桂英挂帅》(左)、《破洪州》(右)

打破樊笼《花打朝》

1958年前后，我一直考虑排一出新戏，尝试演一个与穆桂英完全不同类型的人物，以此丰富我的表演，拓宽我的戏路。就在这时，著名编剧何凌云女士告诉我，她准备整理改编传统老戏《花打朝》，这与我的想法不谋而合。

《花打朝》这出戏我不陌生，我八岁进开封义成班学戏的时候，这出戏就是我师傅马双枝的看家戏，经常演，我也跟师傅学过。我喜欢程七奶这个人物，她的那种风趣幽默、泼辣胆大的性格给我留下了深刻印象。那时候学这出戏的时候，我就单纯地认为，要想不受人欺负，就要当程七奶这样的人。

1962年初，何凌云改好了《花打朝》剧本。其间，著名剧作家和戏剧评论家赵寻、张真、刘乃崇、李冰、曲六乙等都给予何凌云很多帮助，使这个戏增色不少。张真托人给我捎口信："《花打朝》这个本子很好，与穆桂英的性格不同，你一定能演好！"同时，他还建议我排演的时候，导演就请河南省豫剧院的剧作家杨兰春先生。

何凌云改编的《花打朝》与我过去学过的不大一样，一些庸俗的东西没有了，而程七奶作为一个"土诰命"，身上的那种乡土气息"粗而不野、泼而不俗"，快言快语、侠肝义胆、不惧强权的风格特点不但被完好保留，而且还有提升，我很满意，同时也感到了压力。

戏剧界的许多老同志都期待我在表演方面有所创新突破，我也觉得剧本变了，表演方法也要跟上，要用新的表演方式表现程七奶这个人物。在我当年跟师傅学这出戏的时候，程七奶属于丑旦，舞台形象上咋丑咋来，包括服装、化装、装饰等；表演上说得多唱得少，全靠演员嘴皮子的功夫。如今是新社会，时

马金凤（中）和何凌云（右）、郭娥（左），1980年4月于郑州

代进步了,观众也不一样了,表演方法应当符合现代观众对戏曲的审美和欣赏要求,必须对老的程式化表演进行改革创新,这样观众才会喜欢。综合考虑,我希望用彩旦为主的"混合旦",即综合多行当的表演技巧,包括花旦的俏丽活泼、彩旦的泼辣幽默、刀马旦的豪爽威武、武生的勇敢刚毅,对程七奶这个特定人物进行塑造。在化装和服装上采用"丑旦俊扮",突出表现人物可爱可亲又可敬的舞台形象。

在排演过程中,全团发扬"一棵菜"精神,编剧、导演、作曲、演员以及伴奏员通力合作。杨兰春导演一到洛阳就到排演场,和全体演员一起学习剧本,分析人物特点。他对现代喜剧有着独特的见解,掌控全局的能力很强,导演手法新颖,灵感层出不穷,很多点子总是叫人眼前一亮。例如,程七奶上场时"三进三出"、打喷嚏、坐车赶驴、吃鱼、脚踏苏三江、冲法场救罗通等,无不是神来之笔妙趣横生,把喜剧元素发挥到了极致,提升了程七奶的品格特性,弘扬正义的同时又不失喜剧效果。

杨导演对我的帮助我终生难忘。由于我多年饰演穆桂英之类的巾帼英雄,心理上早已习惯了一身正气八面威风的那种感觉,突然改演彩旦,一下子很难适应。虽然杨导演再三给我讲解人物特点和情景要求,希望我放弃惯用的表演习

左:1963年《花打朝》进京演出
右:1981年《花打朝》再次进京演出

惯,突破旧程式,塑造出他期待的喜剧人物,我也明白他说得对,然而,在我初次接触这个角色的时候,无论唱腔和表演对我都是很大的挑战。例如程七奶的上场"三进三出"、打喷嚏、赶驴车等,我知道很风趣,可就是做不到,因为这种大大咧咧连蹦带跳的动作与我长期的表演风格反差太大,总是不好意思,放不开手脚,排演工作陷入停滞。

杨导演自然很清楚我的问题所在,他不再给我解释,而是采取极端手段,要求我立即停止排练,闭门思"过",对我说,啥时候把名演员的包袱面子丢在家里了,啥时候再来继续排。当时正是夏天,每个人都是汗流浃背,中午都不休息。看到因为我影响了团里的正常工作,我心急如焚,十分愧疚。回到家,我茶不思饭不想,思绪万千,一直到大天亮。一夜的思想斗争,让我在如何理解和饰演程七奶这个问题上发生了脱胎换骨的转变。第二天,当我走进排演场开始排演的时候,大家都说我好像换了一个人,完全达到了杨导演的要求。大家知道,我把名演员的架子丢掉了!

1963年春节,我随洛阳市豫剧团进京演出《花打朝》,受到首都观众的热烈赞扬。中国剧协专门为这出戏举行座谈会,由田汉先生主持。座谈会上,许多剧作家、评论家、艺术家一致认为这出戏别具一格,是对传统剧目创新传承的成功范

左:1982年,马金凤(左)和导演杨兰春在戏曲电影《七奶奶》拍摄现场
右:马金凤在《七奶奶》中的艺术造型

例。老舍先生看了这出戏，欣然题诗："大众喜颜开，洛阳金凤来；打朝潮笑谑，挂帅奋风雷；歌舞全能手，悲欢百炼材；长安春月夜，鼓板绽红梅。"后来，又经过二十年的磨炼，《花打朝》被拍摄成戏曲电影《七奶奶》，由河南少林影业公司和香港金马影业公司联合搬上银幕，杨兰春担任艺术顾问。

《花打朝》是我在老戏创新和戏路拓展上的一次有益的尝试。如果说我的这次尝试成功的话，那么，这也是所有有关人员集体智慧和共同努力的结果。

老舍先生赠诗

从《对花枪》到《花枪缘》

1985 年 6 月，我主演的传统豫剧《花枪缘》被西安电影制片厂搬上银幕。这出戏是由传统老戏《对花枪》改编而来。

《对花枪》是在上世纪 30 年代就非常有名、广为流传，很多剧种很多人都演的一出老戏。在我八岁进开封义成班入科学艺的时候，我的师傅马双枝就经常演这出戏，剧中姜桂枝鹤发童颜、忠于爱情、千里寻夫的故事，早就刻在我童年的记忆里，其中姜桂枝的那个超长唱段常被用来喊嗓子练唱腔。后来我演这个戏的时候，每次唱到这段总会心情激荡。

1959 年上半年，我随洛阳市豫剧团全国巡演，6 月到达西安市，演出一个多月时间。其间，团领导考虑趁这段时间排两出新戏带回洛阳。再三考虑，最后选定现代戏《向秀丽》和传统戏《对花枪》。由于《对花枪》这出戏一直很流行，无论剧情、音乐唱腔还是表演动作，大家都很熟悉，所以，导演桑建修很快就把剧本整理出来了。对我来说，这个戏小时候演过，又是老旦行，以唱工为主，也算是得心应手。从那以后,这个戏就成了我的主要演出剧目了。

到了1981年,洛阳市豫剧团原定于7月进京演出《穆桂英挂帅》和《花打朝》两出戏,然而4月底突生变故,《花打朝》不进京演出了。离原定时间只剩两个月,排新戏肯定来不及,这时大家不约而同想到了《对花枪》。

《对花枪》讲的是一个凄美的爱情故事,内容健康向上,情节跌宕起伏,表演行当齐全。但是,这个戏的个别地方略显庸俗老套不太流畅,最好是能加工提高一下就更完美了。可是,这么短的时间,这么重的任务,该找谁来改剧本呢?我忽然想到了南京的剧作家宋词。宋词是河南安阳人,很早就开始戏剧创作,还写小说、诗词和电影剧本。1953年,我在南京演出时与他相识,当时他二十来岁,是南京市文联戏曲编创室的专业编剧。看过我主演的《穆桂英挂帅》,他很有见地,就剧中的一些情节提过宝贵意见和建议,对这个戏的进一步加工提高起到非常重要的作用。也正因为如此,他后来也成为该剧的改编者之一。我对他十分敬佩。在听到我说请他修改《对花枪》剧本的时候,宋词当场就同意了。

看过剧本,大家对宋词先生在戏剧创作上的才华交口称赞。首先,他把剧名改成了《花枪缘》,直接点明了该剧的爱情主题;在内容上,又删掉了两个无关紧要的人物(军师徐茂公和武将秦琼)和"坐寨"一场;同时加强了罗艺、罗成和程咬金等关键人物的戏,使罗艺和姜桂枝的爱情主线更加简洁清晰,剧情结构更加紧凑。最令大家满意的是,他把主要人物的唱段,尤其是"南营"一场姜桂枝长达一百二十句的核心唱段进行了修改、丰富和润色,使唱腔的文学性、合理性和趣味性以及全剧的整体效果得到极大的提高。

《花枪缘》剧本确定后,我团作曲家鲁滨在最短的时间完成了音乐唱腔设计,包括前奏和幕间曲。就这样,我们在进行正常的巡回演出同时,一边学一边排,6月23日我们在石家庄的河北剧院进行了彩排,随后对外演出,得到专业人员和观众的一致好评。这个时候,《花打朝》重新列入进京节目单。6月28日,经过两个多月紧张的准备工作,我团全体人员满怀信心踏上了第四次进京演出的征程。

从1981年7月1日起,我们在北京长安大戏院和吉祥戏院陆续演出了《穆桂英挂帅》《花打朝》《花枪缘》三出戏,不出所料,演出大获成功,盛况空前,媒体

左：1981 年，马金凤进京演出《花枪缘》
右：马金凤演出后，时任文化部副部长林默涵（右）上台祝贺

竞相报道。北京和河南的戏曲专家、评论家纷纷发表文章，对这三台戏给予高度评价。尤其在谈及《花枪缘》时，对剧本改编、导演构思和演员表现予以充分肯定，一致认为这出戏丝毫不逊《穆桂英挂帅》和《花打朝》。

《花枪缘》成功问世，与《穆桂英挂帅》和《花打朝》一起，成为我的主要演出剧目，代表了我在豫剧表演方面取得的阶段性收获。为此，我感谢我的师傅马双枝和老艺人管玉田、施景春，是他们最早让我认识和结交了"姜桂枝"；感谢宋词和鲁滨两位专家为我量身定制了《花枪缘》的剧本和唱腔；我还要感谢所有参与演出的艺术家，他们陪我一起赋予了《对花枪》新的生命。

为人民唱戏是我这辈子最大的事

对于演员息影，有人总说"没有不散的宴席"，可我却不这么想。我是一个普通的豫剧演员，唱了九十多年的戏。虽然沧海桑田，时代变迁，然而不变的是我对

左：2000年，马金凤参加河南电视台"梨园春"演出团到基层慰问演出
右：2002年，马金凤参加中央电视台"心连心"艺术团到部队慰问演出

舞台的眷恋和与观众的热爱。舞台是我的归宿，观众是我的亲人，无论我走到哪里，他们都在我身边，给予我最真挚的关心和关爱。我的生命属于舞台和观众！为人民唱戏是我这辈子最大的事，我愿意永远为他们唱！

2022年1月

马汛浦、马建新、马殿申记录整理，马建新执笔

阎立品·《秦雪梅》

请扫码收听阁立品原声音频

2006 年 8 月，在纪念阎立品逝世十周年演出专场上，主持人月阳（右）、木子（左）
采访阎立品二弟阎立仁先生（中）

艺高品洁
闺秀之花

　　事实上，在筹备出版《中原正声》这套书前，有将近两年的时间，我已经开始
了搜集众多艺术家的各种资料。由于豫剧大师阎立品先生 1996 年已经故去，她
生前所留下的相关口述和文字并不多，对阎立品先生其人和她开创的豫剧阎派
艺术的解读均是来源于书本、网络，或其弟子、戏迷零星的回忆甚至转述，要为这
样一位我从未有机会接触，而且已离世二十三年的艺术家写小传，其难度可想而
知。就在我决定放弃这一章节内容的时候，情况出现了逆转。2019 年 6 月的一天，
我邀请阎立品先生高足、国家级非物质文化遗产豫剧（阎派）代表性传承人张梅
贞老师来我的工作室，录制艺术人生回忆录，她的一番话给了我莫大的惊喜。她
说："河南戏曲老艺术家口述实录是一个巨大的而且十分复杂的系统工程，这项
工作很有意义。豫剧其他'五大名旦'既然都有收录，如果唯独没有阎立品先生，
是一个很大的缺憾。"于是，我就把在搜集资料过程中所遇到的困难一一向张老
师道来。她说："既然这样，你何不如实地去写呢？这样反而会让广大读者觉得真
实，真实的内容往往最能打动人，只要是为老师立传，为弘扬阎派艺术，我全力支
持！"张梅贞老师的话如醍醐灌顶，随后在她的帮助下，我很快收到了阎立品先生

阎立品人称"小闺女",1935 年于开封

的一批高清图片。当我打开邮件,看到先生那一张张黑白或泛黄的老照片时,我激动得热泪盈眶,此时我好像与先生来了一场穿越时空的对话。那一张张老照片仿佛在向我深情地讲述着一代豫剧大师半个多世纪的粉墨春秋,而与此同时,"学艺先学艺德,立艺先立人品"这句阎立品先生的励志名言,也愈发清晰真切起来。

在张梅贞老师的引见下,我很快又联系到了阎立品大师的侄儿阎明先生,得知来意的他颇为感动,并欣然提供了图片和相关资料。随着我查阅更多关于先生的资料,一代豫剧大师阎立品先生的生活和艺术形象在我的脑海中渐渐地清晰起来……

阎立品先生于 1921 年 2 月 7 日出生于河南省封丘县仝蔡寨村。她自幼家境贫寒,由于生活所迫,十岁就正式走上艺术道路。因她天资聪颖,学戏认真刻苦,深受老师的喜爱。十一岁便登台演出担任主角,虽人小但技艺颇为精巧,观众便称其为"小闺女"。她早年拜祥符调老艺人杨金玉为师,1954 年被京剧艺术大师梅兰芳收为入室弟子。从上世纪 30 年代到 40 年代初,她从一个"小闺女"逐渐成长为一个戏路宽、会戏多、影响大、扮相俊美、嗓音明亮圆润的优秀演员,塑造了许多通晓音律、充满书香之气的大家闺秀的艺术形象。

1945 年农历十二月初八,阎立品重返当时的河南省会开封,曾于沦陷时期外迁的军政机关和学校、医院正在陆续归来,遭受日寇重创的开封在一片胜利的欢呼声中逐渐恢复昔日的繁华。

阎立品在国民大舞台演出期间,著名演员赵秀英与许树云合作,在豫声剧院与阎立品唱起了"对台戏"。这次重返豫声剧院演出,赵秀英当时在开封的名气远比十五岁就离开开封的阎立品要高,再加上有名角许树云配演,胜负似乎不用置疑。国民大舞台的白经理很为票房担心,就连担任多年掌班的徐文德也为阎立品捏了一把汗。要在省城开封唱响,"打炮戏"是个关键。阎立品经过反复思考,决定排演她在界首时修改加工过的《秦雪梅》。可喜的是,此戏演出后,可谓一炮而红,新编的戏词、新的表现方法得到开封观众的认可,反响之热烈,赞誉之丰厚,可谓惊喜非常。热情的开封观众还为她传诵了一句顺口溜:"少吃一顿饭,少穿一件衣,也要看看'小闺女'。"阎立品曾回忆说:"《秦雪梅》演出的效果出我所料,比在界首演出的效果还强烈,这就是我的嗓子通过前一段时间的苦练,在'吊孝'一场中收到了甜果。"说到这次与赵秀英的对台戏,还有一件趣事。那还是抗战前,因为赵秀英学戏时年纪已经不小了,加上她的自然条件不算太好,徐文德当时年轻,他曾开玩笑一般地对赵秀英说:"你能唱成好戏啊,中国就亡啦!"谁知道开封沦陷后,赵秀英的确在开封很是红了一阵子。其实,赵秀英的红当然与她艺术上的成就分不开,因为演员必须靠自己的真正功夫,才会有属于自己的舞台生命。但也许是她把徐文德的话当成了激励自己苦练技艺的动力,才换来在开封的红极一时。

1957 年,阎立品这朵"一尘不染的莲花"被错划为"右派",剥夺了登上舞台的权利,直到 1958 年 10 月底调到信阳专区豫剧团劳动改造后才逐渐恢复演出。在信阳期间,生性倔强的阎立品在被监督的情况下,打扫舞台、清理厕所、到田间劳动,承受了巨大的苦难和孤独,但她并没有消沉下去,偷偷地练唱、练功,联想自己的处境,设身处地地设计剧中人物的表演和唱腔。

也就是在信阳的几年间,阎立品完成了第三稿《藏舟》中"满江中波浪静月光惨淡"一段唱腔的构思,还将《碧玉簪》和《盘夫索夫》第二稿的改编顺利完成,尤其是她对《秦雪梅》一剧进行的改革,从剧本到表演,从演唱方法到唱腔设计,都有了新的探索。在艺术上,她始终遵循"细想、细唱、细做、细心琢磨、细致入微"的准则,寓情于声,以情动人,独树一帜地创造着"阎派"艺术,为最终成为一代豫剧大师不断打下根基。

1964 年,阎立品错划"右派"问题得到改正,被调到河南省豫剧一团。但苦难

1954年,阎立品(右)和师娘马双枝在西华黄泛区

的磨砺似乎还未结束,在郑州刚度过了两年平静的日子,"文革"就爆发了,她被视为"黑线人物",饱受身心摧残,后来,又被下放到西华县黄泛区农场劳动改造。彼时,一直陪伴、守护她的母亲因病离世,给了阎立品很大的打击,当她孤身一人背井离乡到达西华农场时,她的悲痛也达到了顶点。万幸的是,在这里,她与她的师娘马双枝重逢,师娘似母亲般的亲情关怀,才使她在十年的漫漫长夜中没有被孤独和苦难击垮。后来,她又邂逅了相声大师侯宝林,侯大师的达观和幽默,妙语解颐,使她重新焕发了对生命、对艺术的热爱。阎立品鼓起生活的勇气,努力读书提高,总结多年的艺术实践心得,使唱腔艺术达到一个新的境界。

阎立品的唱腔以祥符调为主,婉丽、甘甜而富于逸韵,表演上也克服了一些地方戏的粗俗直露,比较含蓄庄重。阎立品善演深沉、悲怨之戏,重于人物内心世界的刻画,其笑无声而甜,其哭哀而不号,表演俏丽蕴藉、精细飘逸,极受好评。

1978年,五十七岁的阎立品重登舞台,接连推出了《秦雪梅》《藏舟》两出拿手戏,引起观众的强烈反响。大家几乎不敢相信,舞台上翩翩起舞、声音清嫩甜美、娇柔滑腻的大家闺秀的扮演者,竟是艺音久谙、两鬓斑霜的阎立品。她那清丽的嗓音、动听的旋律、浓郁的地方色彩,无不使人闻之赞叹,也无怪乎称她为豫剧艺苑中永不凋谢的"闺秀之花",是"永不衰老的少女"!

阎立品先生的艺术在豫剧旦行诸流派中独树一帜,清雅之风怡人心神,从她的代表剧目《藏舟》《秦雪梅》《碧玉簪》中,我们可以看到阎立品艺术特点的一个显著特征,就是在豫剧及地方戏中都甚为少见的"精细"。而这个"精细"可以说是阎立品得益于梅兰芳先生亲传的结果。在向梅先生学习时,阎立品没有单纯学习梅先生外部的表演技巧,而是着重学习梅先生的表演神韵。在声腔、表演、情感变化等方面,阎立品都很注重把梅派艺术的神韵同豫剧艺术巧妙地融合起来,使她的表演艺术不仅具有豫剧艺术本身的特点,还为豫剧闺门旦行当的表演艺术向"精细"发展拓展了新路子。

在唱腔上,阎派唱腔也具有"精细"的意蕴,每一句唱腔,每一个声韵,甚至具体到音符、音节,她都要反复地雕琢。演唱时她注重行腔,注重意蕴的通达,不仅行腔力度变化丰富,而且在音色变化上也有许多过人之处,可以说是明暗相宜、浓淡尽显、典雅动人。此外,在念白上她也有着极深的功力,《秦雪梅》中那段四十多句的"祭文",不仅节奏掌握得恰到好处,而且声随情生,哽咽有声,涕泣有节,令在场者无不感到摧肝裂肺之痛。

在表演上,阎立品尤重从人物出发,精心研究人物后再细致地设计表演程式。她在《藏舟》中所饰胡凤莲的表演,堪称阎派艺术的典范之作,尤其是"接杯"一段的表演,更是令人叹服。在这段戏中,阎立品通过不同的形体动作、不同的眼神和富于变化的指法,多层次地表现出了少女胡凤莲的羞涩心理和人物在特定环境中的特殊心态。而最后一段"三接杯"的表演尤其经典:胡凤莲转过身子,将手从背后伸出,让田玉川将蝴蝶杯放在手上,这一身段设计之巧妙、之合理,更显出阎立品对艺术追求之精细。

1956 年《藏舟》剧照　　　　　　　1958 年《碧玉簪》剧照

京剧大师梅兰芳如是评价阎立品：音色美、唱腔纯，扮相秀美，表演深刻含蓄，是地方戏中少有的闺门旦。

作为当代豫剧最有代表性的旦行表演艺术家之一，阎立品先生以其洁身自好、高洁无瑕的人生坚执，炉火纯青、超凡脱俗的艺术造诣，赢得了无数观众的喜爱。阎立品先生在表演艺术上的杰出贡献，不仅在于她在继承前辈艺术的基础上确立、发展了豫剧闺门旦行当，更在于她顺应豫剧进入城市后观众对表演艺术观赏需求的变化，吸收其他剧种艺术营养，形成了装扮淡雅俏丽、表演惟妙惟肖、演唱情真意切的艺术风格，极大地丰富了豫剧表演艺术、声腔艺术的表现能力，为豫剧从"演故事"向"演人物"转变，做出了不可磨灭的贡献。

1996年8月11日，在连绵的阴雨中，一生坚守品洁艺精、为豫剧艺术献出自己所有的阎立品，在她的诞生地河南封丘，永远地离开了热爱她的观众和她热爱的戏曲舞台，像婴儿一般，安静地熟睡在母亲的身旁……斯人已逝，但她倾其一生对豫剧艺术的杰出贡献而赢得的"永远的少女"和"永不凋谢的闺秀之花"之美誉，她创立的豫剧阎派——闺门旦表演艺术，以及她毕生为之践行的艺德和人品却与日月同光，永驻人间！

(本文部分内容选自樊城《豫剧春秋》第二十四章，在此鸣谢。)

阎立品，1956 年于北京

阎
立
品
自
述

拜师学艺

我的师傅杨金玉是封丘人，他十岁跟班学戏，其唱腔宗祥符调，是天兴班门生的弟子，可以说，他十般网子(演员头面用具)都能扎，样样头盔能戴得起。——意思就是说，生、旦、净、末、丑行行都能演，并且均能演得出色，可称得上文武昆乱不挡。我师傅不仅是个多面手，还是个少有的好演员，哪怕是个很小的角色，他都能演活，如《捡柴》中的乳娘，演得就很不一般。他演戏的特点是身段干净，基本功底厚实，演啥像啥；嘴头巧、吐字清，声韵耐人寻味，咋唱咋得劲儿。我的师娘是马双枝，两个人很能挣钱，班子当时很棒，论经济收入，哪个班子也比不上它。师傅很讲义气，待人宽厚，所以班里的演员没吃过杂面。甚至外县到开封的演员多半投奔师傅的班子，我师傅爱人才，许多名演员差不多都在这个戏班里待过。因此，我学的戏也就更多了。跟随师傅学戏的那段时间是我少年时代最为难忘的记忆，生活很好，心情愉快，所以我练功、学戏都很自觉，从没有因学戏、练

杨金玉,1952 年于封丘老家

功挨过打。偶尔挨打,也都是因为陪"满堂红"。所谓"满堂红",就是师兄中不论哪一个人在一出戏或练功时出错,师兄弟都要陪着出错的挨打。

　　三年学艺时间很快过去了,按规定得给师傅效劳一年。但师傅见我母亲和小弟生活可怜,就没有让我效劳,我独立唱戏挣来的钱,他分文不要。师傅对我们全家的恩德使我终生难忘。在我出师之后的一年内,我先后又向同班老师杨吉祥、魏荣华、张子和学过一些戏。那时我就深深懂得,除了学戏外,看戏观摩也同样重要。在那个阶段,我曾看了不少名演员的演出,耳濡目染,使我受益匪浅。我的师兄弟有十人,女学生有我、崔小英、王玉花,另外还有李秀荣、徐艳琴、马金凤、李珍荣、王梅花,都是跟班学戏,在艺术上有师门承教关系,她们算是我傍边儿的师兄弟。我师傅他们这一代名老艺人,积累了丰富的传统艺术经验,他们毫无保留、呕心沥血地把技艺传给我们,为我们的艺术成长奠定了基础。

　　出师后,我的父亲阎彩云就把我接到了太康县搭班,临行时,我向师傅、师娘拜别。师傅教诲我说:"出去搭班,要清清白白做人,端端正正演戏。身钱不是要来的,要艺压钱,不要钱压艺。"如今几十年过去了,我还记得当时挥泪告别的场景,还记得师傅教诲的语句,师恩如山,我永远怀念我的师傅和师娘。

搭班演出

　　1936 年 4 月,我到太康县民醒社正式搭班,一时间在太康引起轰动。戏迷们更是奔走相告,都说这是"二百块"的人么(当地对家庭成员的土语称呼)!因为我父亲在太康搭班,每季身钱是二百块银圆,人称"二百块",这在当时就够新闻了,如今阎彩云的女儿来了,怎能不引起关注和议论呢?所以,我的到来在太康是轰动一时。太康民醒社戏班阵容整齐，演员们更是各怀绝技。旧社会对演员的要求就是要会戏多，会首点啥要会演啥。我知道自己虽然学艺出师了，但还得继续学习，在那时我学了很多剧目。

在父亲身边，我也目睹了父亲的真本事。

我的父亲阎彩云可以称得上文武全才，他青衣、花旦、刀马旦、婆旦样样能演，尤其擅长演闺门旦，这对我后来的艺术生涯影响很大。无论他在哪里演过《大狼山》《天门阵》《黄河阵》《金盆计》等剧目，都没人敢再演。他的坐轿姿势非常优美逼真，活灵活现。父亲曾传授给了我一套扇子舞，后来我用于《白莲花临凡》，这是其他演员所没有的。尤其是父亲传给我的《黄河阵》《天门阵》《破洪州》《咬箭头》《白莲花临凡》《莲花庵》《黄桂香哭墓》《香囊记》《藏舟》《捡柴》，等等，都对我的艺术成长带来了很大的影响。

也就在这一时期，我观摩了很多好戏，如王大路演的《崇祯吊死煤山》，他吊死后的形体和神态，能使身体游晃转向，真是绝了！还有徐士彪唱的架子花脸，他演的《过八州》《斩单雄信》《对霸王》《芦花荡》等戏，无论哪个姿势都能入画，令人拍手叫绝、赞赏不已。还有丑角侯心德，他的身钱与唱旦的名角不相上下，拿手戏有《侯七推磨》《拦马》《麦里赠金》《孙吉祥吊孝》等，几乎每个台口都被点演，他身段干净，演戏认真，不出洋相，不甩怪腔逗人笑，嗓门大，演出夜戏时，几里地之外都能听到他的笑声。

颠沛流离

1937 年，日本鬼子入侵中原，到处烧杀抢掠，奸淫妇女。第二年，太康县已经沦落到他们的手中。我给自己立下誓言，宁死不当亡国奴，不给日本鬼子、汉奸演戏。为此，我逃到了穷乡僻壤的农村，从此不再演戏。为了兑现诺言，我剃去了长发，以明己志。为了掩人耳目，令人不能相识，以免汉奸觉察而纠缠，我平日穿着一身农村男子的土布衣裤，外表看起来和男孩子没什么两样。不演戏了，一班人就衣食无着，失去了生活来源，这可怎么办呢？这时，我从《柳绿云》一戏中受到了

1943 年，阎立品演出"樊戏"《柳绿云》

启发。豫剧《柳绿云》这出戏是由"现代豫剧之父"樊粹庭先生编剧创作的，写的是卖艺流浪的柳公侠带领女儿柳绿云以卖艺为生，被胡太师公子所欺，幸遇韩尚书之子韩金华解救，两家结识，柳绿云寄托在韩府，后来韩尚书被胡太师诬告……说到这出戏的剧情，当时我就想，我何不也来个女扮男装逃避日本鬼子的侵扰呢？戏班一行人离开了县城，来到了偏僻的农村，只要打探到没有日本鬼子、汉奸活动时，我就上台演戏。因为不能经常演出，生活陷入了困苦，为了活命，我和弟弟不得不去地里捡红薯充饥。到了年关，戏班回城封箱，我们一家则留在了穷乡僻壤，住在玉皇庙里，被大雪困住，一时无粮断炊。即使在这样的困境中，我也没有回城，坚决不给日寇、汉奸演戏。

敌占区百姓的生活如履薄冰，无法生存下去，1938 年底，在我师叔的护送下，我们一家人渡过黄河，来到扶沟县，总算逃离了沦陷区。本来在扶沟打算再西行，但是无奈囊中匮乏，才被迫在扶沟搭班演出。扶沟的老百姓喜欢看戏，称女演员为"坤角"。四街班管主闻华菴老先生对我喜爱有加，他不让我住"下处"，请我到他家里住。我把闻先生尊为长辈，他更是把我当成自己女儿一样看待，闻华菴先生也由此成为我的义父。

开封的前辈艺人耿新田有一天突然到扶沟投奔我和我所在的戏班，我教会了她《抱琵琶》，这出戏也成了她在扶沟演出的"头炮戏"。在扶沟的日子是难忘的，那时，只要一有机会，我就去四街绅士为演员举办的一个文化学习班学习。在这短暂而难得的学习时光里，除了吸收抗日思想，我还学习了国语注音符号拼音。通过学习，我不仅明白了唱词中的声、韵、调的含义，对前辈艺人们常用的"辙口"和其文字的书写也对上号了。这对我演唱时准确咬字和发音都起到了很大作用,也是从那时候起,我学会了查字典和识字。

不久,一批国军开到了扶沟前线,住进了我的义父家,我们全家就继续西行。我是在 1939 年秋天离开扶沟的。临走时,扶沟绅士赠送我一块写着"品清艺精"四个大字的匾额。原本打算离开扶沟回洛阳,路经许昌时,我又被当地挽留了下来,因为管主诚意招待,我便搭班一道辙。一道辙戏班是当地搬运工人办的,在这里,我的戏牌挂名为"阎立品",经济待遇也丰厚了。除了正式的工资外,每个台口三天大戏,另加十块银圆"头里跑"钱,也就类似于今天的红包,那是当时对主演奖励性的工资。"头里跑"钱也是我平生第一次所享受的待遇。从此,仅许昌近郊定戏的就络绎不绝,直到腊月年关才回城封箱。

1940 年大年初一早上,空中突然响起紧急的警报声,日本人的飞机轰隆隆地飞来,母亲慌忙领着我和弟弟逃往郊外,在农村的一户人家,好歹过完了大年初一。

戏班里有一位从开封逃难来的老艺人,我向她学习了《大祭桩》《洛阳桥》《香囊记》。在《香囊记》这出戏中,我饰演周凤莲,演出这部戏时,我就把父亲教我的坐轿技艺展示了出来,取得了意想不到的效果。只要是我一进轿,扎下坐轿的姿势,台下观众的掌声就响起来了。起轿是三起三落,然后自始至终是坐势舞蹈,其间的颠簸、晃轿表演也是坐势。观众都称之为名副其实的"坐轿",这也是这部戏大受群众欢迎的原因。有观众就说,阎立品平时像个文绉绉的教书先生,怎么一上台演这出戏,就变成了一个疯妮呢?

我在一道辙戏班虽然不到两季,可业务上提高得很快,除了缘于自己刻苦学习,狠抓基本功之外,更重要的是有充分的实践机会。一个演员一定要经常演戏,才能继续进步。再好的苗子不演出,就好比一把好钢打成的刀,不经常磨就会生锈,变成废铁。

1941 年的寒冬腊月,风雪交加,两个公差要了一辆马车,拉着我和母亲往漯河进发。在路上,公差才说是常香玉同志自洛阳来,给军队演义务募捐戏,又说常香玉不能天天演,景乐班的徐文德和徐艳琴都到界首去了,所以才请我去演几天戏。在这次义演中,我第一次见到了常香玉,这也是豫西调和祥符调的同台演出。

在此之前我没有看过常香玉的戏,所以当晚我就去看她演的《秦雪梅别府吊孝》。她给我的第一个印象就是嗓子好,吐字清晰。

义演募捐结束,有位司令请吃饭,由于我对此十分反感,并没有去赴宴,那司令顿时火冒三丈。幸亏一位姓杨的商会会长说了句"小孩子嘛,不来就算了",才算作罢。那个时代,有权有钱之人请坤角吃饭、打牌、唱堂会,其实是下眼看待,他们请客吃饭对我就如同一场灾难。为了避免灾难的重演,我想出了一招,对外宣布"阎立品吃素",用"吃素"来作为软抗手段。此言一出,那些达官贵人又让老太太、夫人出面相请,设素宴,但我一概拒绝,从不赴宴。

临到年关,漯河四街班相邀,自此我就留在了漯河搭班。我当时就给自己定了搭班的先决条件——不唱堂会,不为豪门、官邸清唱。记得有一天,掌班的派报单通知我下午有个演出,全班都去,戏码到时再定。谁知道并不是这回事,我正要化装,报单的跑来缩缩怯怯地对我说:"某某司令请你去一下。"我一听,就明白了咋回事,一言不发地拂袖而去了。这下又惹恼了权贵们,他们扬言要把我赶出漯河。好在四街班的掌班万三妮很会周旋,从中替我和演员们说了不少好话,所以

全家第一次合影,左起:阎立品、母亲李青枝、二弟阎立仁、父亲阎彩云、大弟阎立三,1942 年于许昌

此事也就到此为止了。由于两次拒请吃饭的风波，我在一些人眼中就成了"别筋头"，落了个"别"的评语；但是，但凡正直的人都理解同情我。

身正不怕影子斜，我除了向老前辈学戏以外，在生活上、道德上，我决心要跟"毁人炉"的旧戏班乃至旧社会较量，炼出一颗坚贞不屈的心，铸成一个威武不能屈、富贵不能淫的身！

1945 年，十四年抗战终于取得了胜利，终于盼到了日本投降的这一天，颠沛流离的生活总算结束了，当时我就憧憬着和母亲、弟弟回到家乡，过上安居乐业的生活。于是，我萌发了扔掉"戏饭碗"的想法，和母亲商量，把唱戏的行头卖了，然后陪同母亲一起回老家，买上二亩地，去小学当教员，安安生生、清清静静地过日子。因为我对"戏子饭"太伤心了，戏子虽然是人，可是过的却不是人的生活！这一直是我作为旧社会演员的苦恼。

我和母亲回到了开封，正当我们准备回老家过活的时候，乡下的亲戚告诉我们，乡下乱得很，土匪恶霸横行，欺压百姓，老百姓的日子难过啊，吃不饱，穿不暖。而我和母亲并不了解乡下的真实情况，仍旧从开封出发向老家奔去。刚出城门不远，我们就被父亲的盟弟假妮拦住，他说："今儿个如果让你们娘儿俩回乡下，日后万一出了啥事，我对不起俺二哥（指我的父亲阎彩云）。实在不愿唱戏，也得等乱劲儿过去再说。"假妮叔叔拉着车子不放，我和母亲只好又回到了开封。

很多年后，每当我想起此事，就无限感慨，这在我的艺术生涯中可能也是一个转折点。若没有叔叔的劝阻，真的按原计划回老家"安居乐业"，我以后的命运还不知会发生什么变化哩。唉！这个"戏子"饭碗真难扔掉呀！

1949 年，我回到了河南，开始在商丘、开封、郑州、许昌等地演出。上世纪 50 年代初，省会开封召开了河南省政协代表会和开封第二届人民代表大会，我作为代表光荣地参加了这两次大会。这是我有生以来第一次接触政

1950 年，阎立品当选为人民代表

创办立品剧社时期的阎立品，1952 年摄

治活动，从内心感受到了艺人真正翻身的喜悦，"戏子"不再是"下九流"，这是我人生观的一个转折点，更是我艺术观上的一次飞跃。我真真正正地迎来了艺术的新生。

1950 年夏天，河南梆子在武汉组班，我被邀搭班，在民众乐园、群众剧院演出，这也是我第一次在湖北献艺。

1951 年，我在河北省邯郸市成立了立品剧社，初衷就是聚集一些优秀演员，能够配合得当，便于排演新剧目。同时也招收了一批学生，为豫剧培养下一代力量。但是，最终由于种种原因，剧社难以支撑与维系，于1953年解散了。成立剧社的两年中，我收获最大的是排演了几个新剧目，如《红发记》，这出戏目前只有我演出过。同时还移植了川剧《柳荫记》，排演了《胭脂》《小韩国》，改编移植了《对绣鞋》(亦名《姐妹告状》)。1952 年初，又移植新排了现代戏《刘巧儿》《柳树井》，这也是我艺术生涯以来第二次排演现代戏。说到现代戏，新中国成立后我排演的第一部现代戏《刘胡兰》不能不提，那时我刚刚在政治上翻身，抱着满腔热忱投入这部新戏。通过排演这出戏，我受到了教育，同时也配合了当时的政治教育运动，上演后观众反响强烈。但可惜的是，这个剧本在"文革"中被"莫须有"地烧毁了，以后也就自然失掉了再次恢复上演的机会。

师恩难忘

1954 年，我在天津正式拜梅兰芳先生为师。作为一个地方戏的演员，能登上京剧大师的艺术圣殿，聆听到梅先生的教诲，我真是受宠若惊，三生有幸。梅先生根据我的素质与条件，让我专攻闺门旦，他谆谆教导我说，艺术要发扬革新精神。

经仙师指点,我茅塞顿开,领悟到"革新就是艺术的生命",革新创造由此成为我艺术道路上的执着追求。

我的艺术成长与崔嵬同志的帮助分不开。他喜爱戏曲,更钟爱豫剧,1956年,我请崔嵬同志帮我整理并编演《藏舟》,从剧本到表演都做了推陈出新的处理。崔嵬同志了解演员,善于发挥演员的特长,这个戏就充分发挥了我表演的特长,对豫剧阎派艺术的发展与成熟起到了决定性的作用。通过排演《藏舟》,我明白了真实是艺术的灵魂,要用现实主义的手法来塑造典型环境中典型人物的性格,这是我艺术成长中的一次飞跃。

在艺术实践中,我深刻体会到,艺术的发展和艺术流派的形成必须博采众长来丰富自己,多与文艺工作者合作是很重要的。我的艺术今天能开花结果,与作家、导演、舞美的合作与帮助是分不开的。其中有他们的心血与汗水,还有与我同台演出的演员战友的付出。我衷心感谢大家给我的帮助与支持。所以,我认为,流派艺术不是个人的私有财产,是所有从事戏曲艺术工作的同人集体智慧的结晶。

左:1954年1月,阎立品(右)拜梅兰芳为师
右:1955年,阎立品演出《打金枝》,凤冠为师傅梅兰芳赠送

左:1956 年 12 月河南省首届戏曲观摩会演,阎立品演出《藏舟》

右:演出结束后,阎立品(前排左一)、徐凤云(前排右一)和导演崔嵬(前排左二)合影

启蒙祥符调

我学戏启蒙是唱祥符调的。唱祥符调用的是"二本嗓",实践中我体会到,仅仅用"二本嗓",其表现能力已经不能适应剧目的日益增多和不同角色复杂感情的需要了。出师后,我离开开封,去了许多县城的不同地域,接触了豫东调、豫西调和沙河调的演员,受到他们唱腔的影响。不同流域的唱腔,各有发声特点,因此,我在需要时便潜移默化地吸收过来,当然,这样也就不能闭关自守了。例如演《抱琵琶》《桃花庵》《冷雪雁》《秦雪梅》等剧,都需要唱豫西调,用的是"下五音",因此,我很早就遇到了"大本嗓"和"二本嗓"结合的难题。我的"二本嗓"定性早,而"大本嗓"还欠稳定,几年的苦练还未达到理想的效果。这一点告诉我,对艺术的每一项基本功,都需要付出相当的劳动代价。因此,我回到开封后,趁没有演出的这段时间,更加刻苦地练。早起到包公府坑边喊嗓子,回来请谢保其给我吊弦。糟糕的是,偏偏在这时,我患了气管炎。但时不我待,嗓子哑我也得坚持练。功夫

1985 年,阎立品演出《秦雪梅》

不负有心人,我的"大本嗓"与"二本嗓"终于能结合起来了! 音域更宽阔了,音色
更多彩了。这时我演《桃花庵》《秦雪梅》等剧目时,在唱腔的处理上,就能够任我
上扬下抑、回转自如了。经过刻苦训练,我发声的音域拉宽了,结合学到的发音、
用气、唱字技巧,后经过多年实践,又掌握了咽腔发音功能,使唱腔别有一种韵
味。

收徒传艺

我收的徒弟不多,她们是李喜华、张梅贞、朱巧云、赵晓梅、原淑静、白文芝、
赵玉英,最近又收了一个学生张美莲。阎派艺术发展的希望在她们身上,与此同
时,她们也肩负着承前启后、继往开来的艰巨使命。因此,我对她们要求十分严
格,要求她们学习流派不能只追求神似或形似,只有神形兼备才能出神入化。要
博采众长,不要局限于本流派的门户之见,他山之石,可以攻玉,就是对流派艺术
的发展。

我们这一代人继承了前辈们所创造的宝贵财富,并加以发展创新,才有了今
天流派纷呈、百花争艳的繁荣景象。前辈老艺人的功劳是不可磨灭的,饮水思源,

阎立品(前中)和弟子赵晓梅、原淑静、张梅贞(左起),1980 年代摄

不能忘本。新中国成立后,新社会为我们创造了良好的学习条件,真是海阔凭鱼跃,天高任鸟飞。

艺术发展需要不断学习传承。我希望徒弟们要广学多师,敢于超越我,把艺术流派发展到一个高的境界,只有更多的戏曲艺术流派出现,才能迎来一个百花争艳、繁荣发展的局面。虽然我老了,有病在身,但我还要发挥余热,继续为戏曲艺术的传承与弘扬再做贡献。

1995 年

阎立仁整理

桑振君·《白莲花》

桑振君(右)和月阳,2002年初秋于郑州

韵巧字乖
花中君子

　　中国豫剧近三百年的发展历史长河灿若星辰,"豫剧名旦六大家"之一的豫剧桑派艺术创始人、著名戏曲教育家桑振君先生所独创的桑派艺术独树一帜,特点鲜明。为培养豫剧接班人,1964年,时年三十五岁的桑振君毅然决然离开舞台,开始潜心培养下一代。在她的不懈努力与悉心教导下,牛淑贤、胡小凤、李素芹、赵贞玉、苗文华、常俊丽、郭英丽、宋凤丽等豫剧后起之秀脱颖而出。在她所培养的弟子和学生中,有四位"中国戏剧梅花奖"获得者、五位国家一级演员,如今她们早已成为豫剧舞台的中坚力量,为豫剧艺术的弘扬与传承做出了重大贡献。

　　2002年夏秋之交,我受邀担任一场由民间组织的河南多剧种戏曲流派会演的主持人,从而与桑振君先生结缘。演出现场,经豫剧马派票友高中亮的引见,我与正在候场的桑先生攀谈起来。时年已经七十三岁的桑振君先生脸色略显憔悴,那张经岁月洗礼饱经沧桑而依然刚毅的脸庞布满了皱纹,沉淀着岁月的沧桑,如今虽早已洗尽铅华、儿孙满堂,但传道授业依然是她晚年生活的重要组成部分。攀谈中,我大胆提出了想邀请先生到电台做一期直播节目的想法。也许先生看出了我对戏曲艺术的一片挚爱真情,欣然应允了,着实令我惊喜不已。

2002年，桑振君在省电台做直播节目

第二天一大早，我便匆匆赶到单位做准备工作。查阅资料，翻阅书籍，品味唱段，备好茶水。下午1点10分许，桑先生在家人的陪同下缓步来到我的办公室。下午2点的《戏迷天地》直播时间到了，节目中，桑振君先生娓娓道来，忆起自己儿时在河南生活以及艺术成长的心路经历。回忆往昔，她感叹道："河南是生我养我的地方，每一次回家都是感到如此的亲切，而且每一次回家探亲都感觉到家乡变化日新月异。我虽然在邯郸生活了几十年，但是我所认识的街道总共不到四条，总感觉那里不是我的家。我的家在河南，我的根在河南，我永远爱我的家乡。"先生的肺腑之言使我热泪盈眶，深深打动了我，也打动了正在收听节目的广大听众朋友，一时间直播间的热线电话此起彼伏地响起，大家都想和自己仰慕的大师说说心里话，叙叙这份历久弥新的乡亲乡情。电波传情，一声声亲切问候与祝福响彻郑州的上空，直播间就如同一个巨大的磁场，把嘉宾和广大戏迷听众紧紧地联系在一起。做完节目，我依然难掩内心的激动，桑振君先生回忆自己苦难童年的经历也令我感慨万分，于是，带着心中的好奇与关切，我从此走进了桑振君先生的艺术人生世界……

桑振君先生乳名小随，原名桑梨花，1928年农历十二月二十七日出生在河南省陈留县(今开封县)仇楼乡东马庄一个贫苦的说唱艺人家庭。这里是典型的靠天吃饭的沙土地，不下雨就旱，多下一点就涝。桑振君的父亲弟兄两个，他排行老大，从小家里有上顿没有下顿，爷爷怕他长不成人，为了活命，就让他拜师孙明先生，学唱坠子书。后来，母亲过门，由于她嗓音甜润、音色好听，也拜到师爷跟前学唱坠子。

小随五岁时，家里八口人的生活就靠父母亲走村串户说唱坠子维持。桑振君回忆说："因为弟弟、妹妹还小，父母亲出去都是携家带口，甚至连锅碗瓢勺都带上，以防没地方吃饭时，自己可以做饭。这样就得叫我叔叔推一辆独轮车，经常跟着我们外出。弟弟、妹妹小，就坐到车子上；我虽然才五岁，但没有坐车子的份儿。整天跟着父母出这村、进那户，所以我也算是没进艺术门的小江湖了。"

穷人的孩子早当家，桑振君先生自从登上舞台的那一刻起，就不甘于墨守成规，通过自己的执着努力，十四岁便成为剧团的领衔主演。经过长期的艺术实践，她成功地创造了偷、闪、滑、抢的演唱技巧，被专家和广大戏迷观众公认为豫剧唱腔艺术的一绝。豫剧桑派唱腔委婉细腻，字乖韵巧，声情并茂，给人以美妙的艺术享受，形成了高雅优美、俏丽精巧的风格独具的桑派艺术。桑振君先生演出的角色类型涉及闺门旦、青衣、花旦、刀马旦、老旦、丑旦等多种旦行，戏路很宽。由她主演的豫剧传统剧目《白莲花》《八件衣》《打金枝》《黛玉葬花》《英雄山》《下陈州》等，均被中国唱片社灌制唱片全国发行，深受广大听众喜欢。

为了发展豫剧事业，弘扬传播流派艺术，感谢桑振君先生为豫剧的传承所做出的巨大贡献，2000 年，由中共河南省委宣传部、河南省文化厅、河南省文联主办，河南省艺术研究所、河南省戏剧家协会、河北省邯郸市文化局承办的"著名豫剧表演艺术家桑振君从艺六十六周年暨桑派艺术研讨会"在郑州隆重召开。与会众多领导和专家对桑振君先生的艺术成就给予了高度评价，专家们说："桑振君是一位久负盛名、深受人民群众爱戴的老一代豫剧表演艺术家，是和常香玉、陈素真、崔兰田、马金凤、阎立品齐名于观众心中的豫剧大师。"

桑振君先生向来反对艺术界的门户之见，和许多老艺术家有着极深的感情。她曾驱车近千里，专门到周口看望她的老姐妹、越调大师申凤梅。她与"豫剧皇后"陈素真先生亲如同胞姐妹，而桑振君先生早在上世纪 60 年代演出录制的豫剧《投衙》，就是与马金凤先生合作的得意之作。

桑振君(左)和申凤梅，1985 年于周口

117

《齿痕记》剧照，1982年摄

2002年，已经七十三岁高龄的桑振君先生，不顾体弱多病，往返穿梭于河北邯郸与河南许昌之间，悉心指导桑派传人常俊丽排演桑派名剧《桃花庵》和《秦雪梅观文》。2004年春节，桑振君在其人生的最后岁月，还应邀回河南，为河南卫视《梨园春》年终擂台赛做首席专家评委。

桑振君先生离开河南西华已经半个多世纪了，可直到如今，西华县的老人们还以当年能比别人多看两场桑振君的戏而骄傲。桑振君在西华观众心中的地位和西华百姓对豫剧桑派艺术的热爱由此可见一斑。许昌更是桑振君先生的福地，桑先生在许昌开创了其艺术生涯的辉煌，同样也和那里的人民结下了深厚的友谊。就在她临终前不久，著名剧作家齐飞等人到邯郸看望她时，她再一次深情地说："许昌，是我真正的故乡，我忘不了许昌和许昌人民对我的好，是许昌成就了我桑振君，希望你们能转达我对许昌乡亲父老的问候……"

"不回门不探亲，也要看看桑振君。""搭上二亩地，也要看看桑振君的戏。""断了烟断了茶，也要看桑振君唱《投衙》。"这是上世纪40年代广大河南以及河北观众对一代豫剧大师桑振君先生的最高褒奖。

2004年7月9日，一代豫剧大师桑振君先生在河北邯郸病逝，享年七十五岁。先生永别了她倾注了毕生心血的豫剧舞台，永别了爱她的观众，也留给了我们无尽的思念。

2005年，为纪念豫剧表演艺术家、教育家桑振君逝世一周年，由河南电台戏曲广播策划主办的"豫剧桑派经典剧目专场演出"在郑州英协剧院举行。来自河南、河北的桑派弟子、学生演出了精彩的桑派剧目，受到了群众的热烈欢迎。桑派传人刘伯玲、赵贞玉、苗文华、常俊丽、郭英丽等名家，纷纷登台演唱桑派名剧《白莲花》《打金枝》《投衙》《秦雪梅》《齿痕记》《对绣鞋》等，使观众领略了桑派艺术的精巧清脆与摇曳多姿。

　　河南广大戏迷朋友的热情也让桑振君的女儿崔琬琳感动不已："我的妈妈离开河南已经四十多年了，河南的观众没有忘记她。今天是妈妈去世一周年的忌日，一踏上河南的土地，就感受到了浓浓的乡情、亲情和豫剧情。"

　　著名戏剧家、豫剧新古典主义理论的倡导者石磊先生在演出现场作了一首藏头诗《怀桑振君》，表达河南戏曲界

1985 年，桑振君(左一)和周口戏迷在一起

对桑振君的怀念之情："怀念千万思千万，桑榆松柏起肃然。振人心肺是何韵，君腔依然醉中原。"随后，桑振君先生逝世五周年、八周年、十周年等重要纪念日，河南戏曲广播均先后在邯郸和河南郑州策划主办了多场"祥符桑韵·桑派经典名段演唱会"系列纪念演出活动。作为纪念活动的策划者、参与者和主持人，我也竭尽所能为豫剧桑派艺术的传播与推广做着自己应该做的一点工作，同时更为广大戏迷观众对桑振君先生和桑派艺术念念不忘的热忱感到欣慰。

　　"我家住在清水县"，"千年的白莲修成仙"，"在宫院我领了万岁旨意"，"自从公子闯下了祸"……一段段沁人心脾、如同珠落玉盘的豫韵桑唱依然回荡在耳畔，而屈指间，桑振君先生已经离开我们十六年了，作为先生一位忘年交的媒体小友，能有幸在先生生前对其进行采访，探讨艺术与人生的感悟，能送别先生最后一程，我时常感到荣耀。

桑振君,1961 年于北京

桑振君自述

开始学戏

　　我到戏班一年多的时间,没有人给我说过一句戏。后来有一个唱红脸的李红现,他与薛东信是换帖朋友,薛东信是老三,他说,三哥,你看花妞挺贪学的,这个孩子也挺苦,你给她说俩垫戏吧。他又找到我说,你去找找三哥,让他给你念几个戏。我就去找薛东信,要求跟他学个戏。他很痛快就答应了。他教给我的第一个戏是《断桥》,这也是我的第一个启蒙戏。这个《断桥》是田岫玲的成名戏,而且还录制过唱片,唱的完全是祥符调。我一听就爱上了这样的唱腔,非常优美。薛老师一板一眼、一字一句、一个弯一个弯教得非常细致。我接受能力强,又喜欢这个唱腔,所以特别用心,学得很快,几天就学会了。毛妮、二兰给我配戏。二兰扮演青儿,毛妮演许仙,俺仁演了一回垫戏。

　　在演出《断桥》时,当唱到"一无有亲,二无有故,孤苦伶仃,何处奔投"这一句,我马上联想到自己的身世,眼泪就不能自控。观众以为我唱得很好,进入了人物感情,给我了一个满堂彩。接着,薛老师又给我念了《捡柴》《三娘教子》《六月雪》《柜中缘》《赶刘秀》《双头马》等,一连教我七八个小戏,我都是主演。《捡柴》是享有"河南梅兰芳"和"豫剧皇后"美誉的陈素真大师的看家戏,她唱的也是祥符调。这个戏我演姜秋莲,毛妮给我配演李春发(小生),薛东信老师配演乳娘。《捡柴》也是苦戏,我很容易就联想起我的身世和惨遭杀害的父母,演出时不自觉地就泪流满面。这些只有我自己心里明白,观众认为我演得很好、很真实,经常为我鼓掌、叫好。

由于我演出效果还可以,我的大伯哥又让我演了几出戏。如《牛郎织女》中的牛郎,《五凤岭》中的张美荣。有时也与主演配戏演个小丫鬟,拉个三套。记得还有一次演出《秦英征西》,大伯哥让我演秦英,这是小花脸,我从来没有演过这样的角色,小花脸的台步和程式动作都不知道应该怎样做,我就一直回忆以前所演的剧目中花脸和娃娃生的动作,特别是架子花的动作,我只管拿到舞台上去用。由于我私下爱学爱练,再加上胆大,上台后抬手动脚虽不完全规范,但因为是小孩,照葫芦画瓢地就演下来了。演出以后,大家都觉得不错,我也放心了。

在我经常演出垫戏或者搭配着演个其他角色能在舞台上扭扭转转后, 我也没有放弃练功,还是夜里起来喊嗓子,不管是文功、武功,我还是照练不误。所以后来薛老师教我戏,一般两遍三遍我就学得非常扎实。因为我启蒙学的是坠子,在演出中,我还不自觉地使用一些坠子腔弯和唱法,观众都认为唱得好听,其他演员也认为唱得很美。

当我演的角色逐步增多,艺术水平也正在提高的时候,1941年河南省赶上了灾荒年,生活非常艰苦,掌班的谢顺玉和谢妈妈就带着戏班到黄河以北演出。在安阳待的时间不长,看着生意也不好,又去了焦作。河南处于灾荒年,而且全国也正处在战争年代,演出情况连连下滑,不卖钱,后来剧团就停演了。停演以后,全团每天买五斤面条,擦点萝卜丝放在锅里煮煮,几十口人就吃这萝卜丝面条填肚子。再后来连五斤面条钱谢妈妈也拿不出来了,只好散班。

当上主演

后来,由于干娘打牌让我伺候牌场,影响我学戏,我心里非常恼火,感到这个家一天也待不下去了,就趁着她出去打牌时拿着叔叔给我的钱偷跑了。走出她的家门,觉得天也蓝了,地也宽了,心里轻松很多,可是我不知道往哪里去,开封不能待,那就去杞县吧。

杞县有个戏班,但已不是以前的戏班,很多人都不认识,只有薛老师两口还在那儿。正好戏班没有主演,薛老师就让我留下了。薛老师是我学豫剧的启蒙老师,我很尊重他。我在这里当了主演,不会的戏就由薛老师教我,他先后又教我了《玉堂春》《对绣鞋》《桃花庵》《洛阳桥》《六月雪》《三上轿》等戏。我的唱腔基本是祥符调的,在演唱过程中又穿插一点坠子,观众听着很新颖,评价很好,很快在杞县和周边几个县有了一些名气。这年我十四岁。

很快,睢县戏班派人跟薛老师联系,想接我到睢县剧团。薛老师和我商量后,我们一起去了睢县。睢县剧团的掌班是徐桂兰,她也是主演。我去了以后,是她的戏我都不接,她演出时我甘愿给她拉二套,俺俩的关系处得很好。后来她主动让我演出我的戏,有时俺俩同台演出,她也给我演配角。在这个戏班时间不长,离睢县不远的柘城县有个张老太爷,他成立了一个戏班叫大功艺班,后来又成立一个小功艺班,里面没有主演,由于我在那一带稍有名气,他们就想把我接去,实际上是他们派人把我抢到小功艺班的,这样我又成了小功艺班的主演。

这时我已经掌握了二十多本

桑振君(右)和徐艳琴(中)、马金凤(左),1946 年摄

戏。这些戏对于我来说都非常有把握，能保证演出效果。但是作为主演，只会这些戏还远远不够，我又把薛老师两口接到柘城，只要剧场点的戏我不会，薛老师随时随地就可以教我。那时的主演如果不会七八十出甚至百十出戏，就显得腿很短，不敢走远。因为那时的戏各开一路，一个地域有一个地域的剧目，对于一个主演来说，你既能演小旦又能演青衣，还要能演闺门旦、花旦、老旦、帅旦、刀马旦等，几十出戏不知道有什么样的角色。

在那时，如果戏班只有一个女主演，那么新戏中主角如果是娃娃旦，你就主演娃娃旦，是老旦就演老旦，是婆旦就得演婆旦，所以你必须掌握这些角色。如果一个戏中有几个女性角色，主演必须演分量最重的；如果有一个女角，不管什么旦角都是主演。由于豫东剧团有这样一个戏规，所以对我锻炼很大，使我在艺术上得到全面开花。比如说，演出《对花枪》中"罗焕跪楼"一折，我演白毛老旦姜桂枝；在《反西唐》《老征东》中我演帅旦；在《刀劈杨蕃》《姚刚征南》中我演刀马旦，扎靠掭枪；在《桃花庵》《莲花庵》《抱琵琶》中我演青衣；在《洛阳桥》《抬花轿》中演大花旦；在《花打朝》中演泼辣旦；《大狼山》中的九花娘、《八岔庙》中的张桂兰属于武旦，我演的是短打武戏。柘城小功艺班各种类型的旦角我都是一演再演，不但学会了各类旦角的剧目，同时也对各类旦角的表演知识有所掌握。

在这里，几位老师的唱法对我触动很大，我感到自己不能做井底之蛙，应该跳出来很好地观察一下艺术的广阔天地，从各个方面吸收营养，来丰富自己的演唱技巧，永远学而知之，不做生而知之。演出空闲时，我就跑到其他剧院去看别人的戏。我看到鹿邑县剧团主演刘玉梅演出的《观文》，她的演唱打动了我，我也爱上了这个戏，爱上了演员的唱法，一直渴望有机会向她学这出戏。

开门收徒

在郑州北下街演出期间，剧场经理把一个小女孩领到我跟前，说她家老少三代都是女的，姥姥、母亲没有一点生活来源，生活非常艰苦，让我把她收下。我也很同情她，就收她为徒，这就是我的开门弟子谢爱芳。当时，我十七岁，爱芳已有

1953 年，桑振君 (前右) 和谢爱芳夫妇 (前左、后左)、朱贵良 (后右)

十一岁了。在郑州演出时间不长就到开封演出。因为这个剧团属于国民党部队，到开封后就住在兵营里，整天不演出，我感到很无聊，就与谢顺明商量离开这个剧团。

这时候有个唱旦角的男演员陆水旺，成立了一个剧团，我们就到了他那里，当时剧团的主演有马金凤、徐艳琴和我。那时我们三人都是两口在那个剧团，马金凤与张小孬，徐艳琴与徐文德，我和谢顺明。说起来我们三个女的是主演，其实这三个男演员也都不弱。徐文德武生很有名气，谢顺明虽然不如他，但他跨着文生，也不逊色，张小孬的胡子就更漂亮了。所以，一开始在开封和平剧院演出，因为有着这样强大的演员阵容，演出效益很好。我们三个女主演轮流，上午一个人单挑演，晚上一个人演轴子戏，一个人唱垫戏。如果谁要演轴子戏是大戏，那大戏中的二套就是演垫戏的。我们三个人关系搞得非常好。马金凤大姐比我大六岁，徐艳琴比我大七岁，我对她们俩非常尊重，她们对我也很爱护。那时候我们仨不管谁在饭馆要了一个菜，那就得把另外两个人叫到一起合伙吃，关系非常密切。

记得在这个时候，陈素真大姐到开封人民会场演出，因为她的名望很大，人民会场离和平剧院没多远，有点竞争劲头。我们三个就合伙演出，戏码也出得硬实，各出各的看家戏，有时三个人合起来演。好比说，轮到我演轴子戏，我出《桃花庵》，我演窦氏，徐艳琴大姐演小姑子，马金凤大姐演苏太太，两位大姐给我配戏。不仅因为陈素真大姐在人民会场演出，是一种无形的业务竞争，更重要的是两位大姐捧我。有一天我没有演出，去看陈大姐演的《三拂袖》，这个戏真好，是女扮男装的戏，又是文武带打，她把舞台上所有的表演形式都运用到了戏里，可以说她所展示的字字优美、式式好看，令我佩服得五体投地，感觉到在艺术上她真是美的化身，真不愧为"河南梅兰芳"和"豫剧皇后"。

1954 年河南省第一届文代会召开，我与马金凤大姐一起参加了会议，联欢时让报节目,金凤大姐说,我不报,有振君妹妹在,我以前给她唱过垫戏、配戏,这回我再给她配个戏。由此可见她对我的抬爱和她的谦虚。当时我们俩和刘九来大哥合演了《投衙》,我演胡凤莲。后来由于掌班陆水旺偷跑了,剧团就散了,我们只好各奔门路。

赴朝慰问

回到开封,已经开始组织慰问团了,班底用的是二野娃娃剧团,另外配备了我们几个演员。有唱小生的徐凤云,唱胡子的刘九来,唱旦角的张桂花,还有我及开门弟子谢爱芳,我以前的跟包朱贵良。还有人跟我开玩笑:"振君,你们这是母女主仆一起上战场。"组团后,就开始排练剧目,我和刘九来演的《游龟山》,我演胡凤莲;还有《打金枝》,我演国母,我大徒弟演金枝。这两个折子戏的人物唱腔都是我设计的。另外,还有《反徐州》,我演红毛老旦,就是花云他娘;还有张桂花和徐凤云的《梁祝》《断桥》和小歌剧《光荣灯》等。在信阳进行了彩排后,慰问团就奔赴东北。

左:1954年1月,桑振君赴朝慰问演出归来
右:1953年12月,桑振君在朝鲜战场慰问演出

在辽宁沈阳住的时间不长,有一天晚上突然通知出发,我们要夜过鸭绿江,天亮时已经到了朝鲜的新义州。一见到志愿军,大家都激动地拥抱在一起,他们又把我们抬起来,都是双眼含泪,一口一个"亲人"地叫,让人心里觉得既温暖又感动。我们在国内听说,志愿军在朝鲜一把炒面一把雪,生活得很艰苦,赴朝的这些将士很多都是在国内经过抗日战争和解放战争的,他们出生入死地保家卫国,想到这些怎能叫人不感动呢!在朝鲜除了演出所排剧目外,我连开始启蒙学的坠子都演唱了。这次赴朝慰问演出有一个月左右,因为这时候停战开始谈判,但是局部还不断发生冲突。回国后又在东北慰问了伤员和部队,一直到 1954 年 1 月才结束。

为毛主席演出

1958 年,毛主席到河南视察工作,省领导为毛主席组织演出,秘密通知我做好准备,晚上派车到许昌接我。在省军区礼堂,为毛主席演出了《打金枝》的前半部,我扮演国母,唐喜成扮演唐王。记得当时参加演出的还有常香玉、马金凤等人。其实演出前我并不知道是为谁演出,在演出中,我从眼角余光里看到了毛主席,怕自己没看清楚,又大胆仔细一看,就是毛主席,一股幸福的暖流涌上心头,感觉非常幸运和幸福,也无比光荣。回到许昌,领导们知道我去为毛主席演出了,都说振君同志你真幸福。当时,对这件事还是保密的,到团里我没有向任何人提起为毛主席演出这件事。

1959 年,毛主席再次到河南开会。一天晚上,省领导又派车到许昌把我接到郑州,还是晚上演出。这次毛主席到舞台上讲话,正好从我身边走过去,当时我激动极了。这天我为主席演出的是《打

《打金枝》剧照,1982 年摄

金枝》的后半部。两次演出，为毛主席展示了全部的《打金枝》，觉得心里无比兴奋，确实有说不出的幸福。

退出舞台

　　汇报演出结束后，剧团回到许昌。河北邯郸东风剧团一些青年演员到许昌找我学习，有胡小凤、牛淑贤、赵贞玉、李素芹、王爱焕、闫淑芳等，还有男生唱花脸的韩刚，并带着乐队，在许昌学习了有个把月。他们是由苏泽民、周兰凤带着去的，在河南时他们两个与我的关系就很好，对我演出的剧目很熟悉，所以到许昌后点名要学《观文》和《对绣鞋》，我就毫不保留地向他们传授。赵贞玉学的《观文》，李素芹学的《对绣鞋》。离开许昌之前，他们做了一个汇报演出，胡小凤演出了《宇宙锋》中"装疯"一折，牛淑贤演出了"茶瓶记"一折，李素芹独唱了《对绣鞋》

1962年，桑振君（穿婚纱者）和崔希学（站者前排右三）结婚，证婚人为常香玉（站者前排左三）

中"攀路"一段。通过这次演出,我感到这些孩子太聪明了,像李素芹的一段清唱,开头的"二八板"一句戏就叫了两个满堂好。许昌的领导和观众都说李素芹学得太像了。胡小凤、牛淑贤的演出效果也很好,因为她们还都是孩子,一举一动都很好看,带有感情。孩子们很会表演,就是在唱工上有些欠缺,当时我想,要是有人给这些孩子在唱腔上下下功夫,将来她们肯定会成为了不起的演员,在豫剧界必定有立足之地。

这年 11 月,我应吉林宣传部和文化局邀请,前去参加他们为吉林豫剧团康惠兰、祝荣组织的拜师仪式,二人正式成为我的入室弟子。在吉林十几天中,我给康惠兰传授了《白莲花》,她饰演白莲仙子。1962 年 11 月河南省名老艺人会演,这两个孩子又来河南观看了演出。

通过近两年的教学经历,我品尝到了孩子们演出成功的喜悦,思想上产生了离开舞台全身心投入戏曲教学的念头。如果能急流勇退,把更多的青年人推上舞台,这对豫剧事业发展是一件好事。再说,我对能有今天的生活和社会地位非常知足,一个旧社会的要饭妮儿,能为伟大领袖毛主席演出,党和政府及广大观众又给予我很高的荣誉和待遇,河南省首届戏曲会演我获一等奖,与常、崔、马、阎齐名豫剧舞台,我得到的太多了,太丰厚了,我还要什么名、什么利? 应该退位让步了,让后辈青年去舞台上展示才华。我从十四五岁当主演,现在来跟我学习的孩子们都已经超过我当主演的年龄,他们太缺乏锻炼机会,这在一定程度上影响了他们的艺术进步, 长江后浪推前浪,我应该退下来。

桑振君(中)和弟子康惠兰(左)、祝荣(右),1961 年 11 月于吉林

来到东风剧团

　　1964 年,我正式调进东风剧团。到剧团后,看到这些天真烂漫、朝气蓬勃的孩子,感受着他们勤奋好学、追求上进的精神,我仿佛看到戏曲事业发展繁荣的明天,顿时心情豁然开朗,一股工作和创作激情激发着我,立即投入教学和排戏之中。我一连排了十个现代戏,唱腔都是我设计的,有的戏是崔希学导演的,也有其他人导演的。

1964 年夏,桑振君初到东风剧团,时年三十五岁

　　首先给李素芹排了《李双双》,给牛淑贤排了《红珊瑚》《小保管上任》,给胡小凤排了《江姐》和《红色娘子军》,还给胡小凤、牛淑贤合排了《梁秋雁》,给董秀香、岳秀珍等排了《山村姐妹》,给赵贞玉排了《南方烈火》等。设计唱腔时,因为我不识谱,所以我都是先把唱腔酝酿好确定下来,每一个腔弯都要死死地记住。为什么要死死记住呢? 因为你反复教学生,每一遍都必须一样,不能出现教一遍一个样的情况,那样让学生没办法去学。

　　给我印象最深的就是教张兆祥唱腔。他是这批学生中年龄最大的,他在《李双双》中饰孙喜旺。教他的第一句唱腔是“牛盼谷雨羊盼夏”,就这一句唱,教了他一天都没有教会,急得我头上直冒汗,一句戏影响了整体进度。因为他也是主演,所以必须把他教会。第二天接着教,仍是这句戏,整句学起来有困难,我就半句半句地教,可是他学会了下半句又忘了上半句。没办法,只有一个腔弯一个腔弯地教,仍然是学不会。当时已是初夏季节,天热加上心急,我的衣服都湿透了,我还一直提醒自己要冷静,要有耐心,结果一天下来,他还是没有把一句唱腔学完整。晚上,我躺在床上翻来覆去睡不着,是我的教戏方法有问题,还是他们对我的唱腔不熟悉? 还是因为我到团不久,他们和我有些陌生? 不管怎样,作为老师,我应该把学生看成朋友,在工作上严肃认真,在生活上关心和爱护他们。第三天我提前到场,张兆祥已经到了,没等我说话,他先开口了:"老师别生气,我笨。"他的"笨"字一出口,我就笑了,他说的那个"笨"字带有浓郁的地方口音,我马上鼓励他"我相信你一定会很快学会的"。还真奏效,上午刚过一半他就基本上学会了,只是吐字不准确。他把"盼"字唱成了"派"字,我告诉他,"盼"字是唇音字,声母是"坡",韵母是"安",这样反复教几遍,他基本掌握了,一上午十多句唱腔他全学会了。

除了排新戏,每天上午还有我的一节唱腔理论课,主要给学生们讲怎样发音,怎样吐字,怎样掌握声母的预备口型和韵母的微变口型,以及组气运气,并结合唱腔讲发音位置、发音的着力点,讲几个共鸣音的使用与配合,还有不同情绪、不同感情用气时气流的轻重和大小,等等。通过这些知识的学习,学生们对唱腔从实践到理论、再用理论去指导实践有一个理性的认识,他们把握唱腔和科学运用唱腔的能力得到提高。

来到东风剧团后,河南一些关心我的人都问我:"振君,你在河南又是团长又是主演,你的艺术事业如日中天,名望那么高,怎么想起来到邯郸当教师?你后悔不后悔?"我马上回答,"不后悔,一点都不后悔,觉得很值得"。我确实喜欢东风剧

左:1979 年,桑振君(右)辅导东风剧团学生实验演出
右:2000 年,桑振君(左)和演出《打金枝》的爱徒苗文华

团这群孩子，我也是被他们那么好的艺术感悟力和热爱艺术、刻苦练功的精神感召来的，同时也是为了把自己的艺术积累广泛传授出来，能为更多的观众服务。我在邯郸从事近四十年教学活动，这些年的教学成果使我非常欣慰，东风剧团演员中有五个一级演员，十二个二级演员，三个中国戏剧梅花奖获得者。胡小凤、牛淑贤、苗文华和其他学生的集体能量要比我一个人的能量大得多，影响的观众要多得多，我心里感觉自己教学非常值得，非常舒心。

1977 年，东风剧团进京演出期间，桑振君（右）拜望郭沫若先生（左），演员胡小凤（中）陪同

我认为，作为一个演员，单纯的学和练，不给他舞台实践的机会，他就是一辈子的学员，不可能成为一个好演员，更谈不上成为一个名演员和艺术家。不管任何一项工作，都必须通过实践和锻炼才能提高，再实践再提高，才有可能达到"家"的水平。

对戏曲的体悟

我很小从艺，从学到演，一直到转入教学，对艺术有着解不开的情结和感悟。首先，要想当一个戏曲演员，就必须能耐住寂寞，甘守清贫，树立坚定不移的敬业思想。只有这样，才能不怕吃苦，不怕艰辛，打下坚实的专业基础。戏曲是一种载歌载舞的艺术样式，是一种综合艺术。戏曲演员本身也有很强的综合性，比如，演员所展示的唱、做、念、打、手、眼、身、法、步，说起来简单，可是在舞台上做起来就比较难了。为此，一个演员在文功唱腔方面、在武功身段方面都应该有坚实的功底，这是演员走向成功的基础。

另外，一个戏曲演员还应该熟练掌握和运用本剧种的各种程式和板式，并大致了解本剧种的发展史。如果对本剧种的由来和发展能有一定了解和认识，对一个演员在继承、创造、发展方面是有很大好处的。我就是这个好处的受益者。我开始学戏时并不知道豫剧是怎样产生的，还是后来和老师傅聊天时谈豫剧的起源时听到的。在清朝以前还没有豫剧，我们的老前辈受到傩戏、卷戏、昆曲以及民歌小调的影响和启发，根据河南的地方语言创造了豫剧。他们还为这个剧种设计了一些唱腔的板式，并创造了豫剧的母调——祥符调。他们又根据地方民间的舞蹈、武术、杂技等表演形式，把它归纳成套，形成舞台上的程式动作。在豫剧的发展过程中，老前辈们不断进行板式的修改和完善，最后形成豫剧各种人物的唱腔板式。这些板式都是按照人物的喜、怒、哀、乐、悲、思、愁各种情绪设定的。同样板式的唱腔，有些演员唱得好听，有的唱得就不好听。为什么呢？因为每个演员的条件不同，他们都根据各自条件演唱，因此演唱效果有所不同。不管怎样，板式拍节是死的。也就是说，在慢板中，哪一个字该顶板唱，必须顶板唱，哪一个字该闪板唱，你必须闪板。不论任何剧目、任何人物，只要是唱"慢板""流水""二八"，都要服从固定拍节安排，该顶的就要顶，该闪的就要闪。但这样安排未免有些勉强了，会形成一种大同小异的感觉，容易在唱腔上造成千篇一律。

我想，这些板式和节拍虽然是当初前辈们确定的，但是我们能不能灵活一点，使之更加符合剧情，更加符合人物？有了这样的想法以后，便产生了"大逆不道"的心理，我一定要想办法让豫剧板式的死拍节灵活运用，并能在千篇一律的

左：桑振君(右)和杨兰春，1985 年于邯郸

右：桑振君(左)和高洁(右)开会时相逢，1988 年于郑州

基础上实现拍节的千变万化。于是，我就开始重新审视豫剧的唱腔板式。本来该顶板唱的，为了人物需要，我把它闪板唱了。闪过去以后，还能不能与拍节相符呢？闪过板以后，唱腔往后拖了，超过拍节，不能与拍节吻合。我要是把闪板以后的文字排列紧凑一些，唱腔巧俏一点，又会怎样呢？我试着把闪板后的词句唱得紧凑一些，正好搭上原来的拍节。由于我对豫剧的板式拍节进行灵活运用，再加上我从艺前是唱坠子的，在唱腔中自觉不自觉地会出现坠子书的旋律，所以我十四岁当主演，十六岁时唱腔特色已基本形成。

1956 年 12 月河南省首届戏曲观摩会演，桑振君演出《白莲花》

后来我进一步深入研究，为了人物内心感情需要，又创造了一种"滑板"的唱法，就是把豫剧"快二八"和"慢二八"的拍节混合在一起使用。在"抱琵琶"和"上门楼"一折中我使用过这种唱法。也可以说，大滑板是这两个戏专用的特殊板式。"快二八"和"慢二八"怎样混合使用呢？就是把快速度和慢速度的距离合算起来，唱"快二八"一句戏需要几拍，"慢二八"需要几拍，把它们不同的速度混合在一起拉平，就像一个大人拉着一个小孩，大人走一步，小孩就要跑好几步，但是他们的身体还是在一条线上。从这个问题上我也受到启发。我把"快二八"的三拍或者是快到极点的四拍作为"慢二八"的一拍，与最后一拍赶齐。在"抱琵琶"中，我为了表现秦香莲见到陈世美悲愤的心情和痛不欲生的情感，这段唱腔我曾跳跃着用了三次大滑板的唱法。

戏曲是一个庞大的体系，因此我从不放过欣赏其他剧种的机会，就是歌曲、小调我都不放过。在看其他剧种的演出时，主要是为寻找其亮点，寻找能得到启发或为我所用的东西。哪怕是一出戏看下来只发现人家一个怒姿、一个羞眼比我好,比我美,我都会记住,然后去琢磨,转化到我所表现的人物中,特别是其他剧种的唱腔旋律,只要优美,我都用心记住。因为自己没有文化,我就是这样东搜一点、西搜一点,点点滴滴积累起来,在头脑里储存起来的。这些东西促使我对艺术产生了不断探索和创新的欲望,正是这种欲望一直驱使我在戏曲领域里不断有新的发现。

在我的生活中,已经经历过太多的磨难,所以在我的人生字典中就缺少"怕"字,也是这样,我才敢对豫剧老前辈已形成的固定模式性的东西进行反思,认为他们创造的各种板式的唱腔是好的,但是固定的死拍节对表现不同人物感情是有局限的。于是,我就把这些固定下来的死拍节进行分割后重新组合。我的唱腔被大家归纳成五个字,就是"偷、闪、滑、抢、离"。我对唱腔的改动是从十四岁当主演以后就逐步开始的,随着对艺术认识的不断加深,随着对豫剧四个地域调式的研究和对其他剧种优美旋律的借鉴,我把我所演的剧目逐一进行分析。比如,一出戏演出完后,晚上我都要在脑子里重新过一遍,如果感到唱腔与感情有悬殊,从本剧种找不到合适的板式,我就从其他剧种的旋律去寻找,通过酝酿,把恰当的符合剧情的旋律有机地组合在一起。我不愿意仅做豫剧事业的守业人,更愿意努力去当豫剧的创业人。我在使用其他剧种旋律时,不论它的旋律多么优美,我都会把它掰开揉碎,融到豫剧唱腔中来。就是说,即便是偷了人家的东西,也不显山不露水。我承认我对兄弟剧种的唱腔是个"小偷",不是"大偷"。

我的唱腔没有一成不变的,都是不断进行改动,酝酿成熟后先给乐队打个招呼。记得有一次,在许昌,我改动唱腔后忘记告诉乐队了,上台后我猛然唱出来,给乐队弄了个措手不及。下场后,拉头把弦的刘福庆到后台找到我说:"师傅妹,你想往哪儿唱也得给乐队打个招呼啊。"他一句话说得我哑口无言,也觉得自己做得确实不妥,就赶紧说:"福庆哥,对不起,我在上舞台前还在复习着这两句唱腔,由于时间仓促,忘记给乐队打招呼了,请你给大家解释一下,就说我对不起大家,今后一定改正。"从那次后,每逢我要改动唱腔,哪怕是一句戏的一个小腔弯,我也赶紧告诉乐队。

我在设计唱腔时,特别注意一个剧目的核心唱段和该唱段中的重点句子。这些唱段不仅要通顺流畅,还要在几句唱腔中做到平中出奇。我是 1949 年参加工作后开始学习文化的,当时我是文盲,是速成识字法训练出来的。为了准确地把握词义,我都是把演过的剧目中重点唱词逐一对照字典查看词义,再与我过去的理解进行对照,纠正自己对词义理解的偏差,再对唱腔进行修改。刚开始时,我学习时间不长,字认得不多,就觉得对我帮助很大,特别是对一些问题的理解感觉比以前容易了好多,深深感到文化对演员的重要性。从此,我抱着字典识字,死记硬背,为了记得更牢,又开始学写字。每天有时间就抱着字典学习写字,哪怕一天学习三两个字,我也坚持学,坚持写。经过一段时间的学习,字认得差不多了,我就开始看剧本,遇到生字就马上查字典。我又买了很多书籍,可是一看,它和剧本上的词句不一样,因为我演的戏多,脑子里装的戏曲词汇也多,有时候还能顺着读过去。而这些书中到处是拦路虎,一连好几个字都不认识。如果看几页书,就要查十几次字典。尽管我的文化才学到这个程度,但是从 1951 年开始我就大胆地修改剧本了。我改编的第一个剧本是《三上轿》,第二个是《破洪州》,第三个是《白莲花》,在 1956 年河南省首届戏曲观摩会演中还获得剧本二等奖,第四个是《齿痕记》,又名《桃花庵》,我的学生赵贞玉、苗文华录制的盒式磁带中"上门楼"一段唱词就是我修改的。这些唱词都是我对照字典一点点抠出来的,由此我更体会到文化的可贵。

在吐字方面,我的基础是母亲给我打的。我六岁拜母为师学唱坠子时,母亲对我的吐字要求很严,后来改唱豫剧,我非常注意吐字问题。我又通过学习汉语拼音,明白了声母和韵母的组合,每一个汉字都可以通过拼音把它准确地念出来。我发现通过拼音念出来的字都比较饱满,反思一下我过去的唱腔吐字,用拼音去对照吐字是否准确,发现有些字发出来有些飘,有些字还不够字正腔圆。我

1956 年,桑振君(左)和王韵生合作演出《白莲花》

桑振君，1960 年代摄

一向认为自己吐字良好，现在也产生了怀疑。过去有些字吐出来有点口松，是因为没有把握好字头和韵母归位的准确性。有些字咬得死，是因为牙关紧，失去了弹性。舞台语言不同于生活中的语言，生活中语言的发音是松弛的、自然的，舞台语言不论是唱、念，都要有气度和力度，所吐出的字不但干净利落，还应该赋予每个字以弹性和艺术美感。为了达到每个字发音的准确性，我每天都要反复读几十遍汉语拼音，在念的过程中，去感觉每个字母气流大是什么样，气流小是什么样，气流不大不小是什么样。我再结合唱腔，去把握每个字的发音位置和气流大小。在我边学习、边研究、边实践的过程中，感觉提高很大。我在十六岁时就形成唱腔特点，但对在唱腔中起到关键作用的道理一无所知，觉得有些惭愧。

我虽然在艺术上有些成就，但我清楚地认识到：第一，我应该感谢父母，我的血液中流淌着他们赋予我的艺术细胞，给我奠定了艺术基础。第二，我要感谢河南这片厚土对我的养育之恩。第三，我应该感谢我的启蒙老师薛东信和赵清和老师，他们给我规范了表演程式动作，传授给我几种旦角的表演（手眼身法步），他们不但传授给我艺术，也教我怎样做人；再就是感谢我的艺友刘玉梅给我传授了《观文》。第四，我要感谢看过我演出的河南观众，他们给予我很大的鼓励和厚爱。第五，要感谢河南文艺界新老朋友对我的真挚友谊和支持。最后，我更要感谢河南、河北的各级新老领导对我的关心、爱护和教育。

2003 年

崔婉琳整理

第二章

曲韵流芳　生生不息

张新芳·《陈三两》

请扫码收听张新芳原声音频

张新芳(左)和月阳,2005 年 10 月于郑州

吐故纳新
芬芳馥郁

　　作为河南第二大地方剧种的曲剧,以其优美的音乐唱腔、抒情细腻而又明快活泼的特点而备受人们喜爱,而由"曲剧皇后"张新芳先生所创立的曲剧张(新芳)派艺术,则堪称其中一枝靓丽的奇葩。

　　众所周知,张新芳先生在舞台上以塑造悲情女性形象见长,唱腔高亢嘹亮,豪放有力,韵味深长,她主演的《陈三两》《秦香莲》《祥林嫂》等剧目誉满中原,在观众中影响甚广。作为河南曲剧舞台上第一位坤角演员,她和同行们一起,勠力同心,为河南曲剧的发展呕心沥血,使其很快成为河南的第二大戏曲剧种。

　　时光流逝,白驹过隙,虽然我们不能再一睹这位"曲剧皇后"的容颜,但她塑造的历尽沧桑的秦香莲如经霜老梅,凛然傲立堂前,那如泣如诉斥责陈世美的声音依然掷地有声,昔日坚贞不屈的陈三两迈向公堂的沉稳脚步声依然在我们的耳畔回响……

　　遍览张新芳老师所塑造的古代刚烈女子,都带着一股凛然的正气,令人由衷钦敬、观之难忘。而她这样的女子,也如一朵凛寒的梅花,虽历经人生沧桑,而终究保持生命的挺立,在河南曲剧的历史舞台上绽放着独有的芳华,无可替代,无法忽视。

　　回溯张新芳的从艺过程，充溢着一个小女孩无法掩盖的艺术灵气。张新芳的老家是大调曲子窝南阳邓州，这里的大调曲，伴着琅琅的三弦之音，叮咚有致，可雅可俗，一咏三叹，回味无穷。大调曲，也是当地人的乡音乡情，每天都要听，怎么也听不厌。张新芳的童年，就在这耳濡目染的环境中静悄悄地滋养着。

　　1934年的一天，在张新芳老家的一间药铺门前，三三两两的人们如往日一般围坐在桌子旁，听三弦铮铮、曲子悠然。老掌柜吟诵着大调曲子戏《老夫人设桌》，摇头晃脑，好不沉醉，周围乡亲也听得如痴如醉。正在这当儿，突然一个稚嫩的声音打破了这种和谐："唱错啦！不是'回府'，是'回头'！"老掌柜抬头一看，一个小姑娘正瞪着圆溜溜的眼睛看着他。周围的听众都愣了，这小丫头真是不知天高地厚，从哪儿来的勇气！但老掌柜看着认真的小女孩，却忍不住笑了。他很欣赏这个勇气可嘉的小姑娘，将她抱起来放在桌子上，拨动三弦，鼓励她唱起来。星月相映，众人屏气凝神，小姑娘仰着脸，大声地唱了起来。周围观众频频点头，夜色中，老掌柜微微笑了。随即，他收了这个小姑娘为徒，悉心调教，将毕生所学倾囊相授，没多久小姑娘就学会了《老妇人设桌》《月下来迟》《坐北楼》《活捉张文远》《鸳鸯谱》《张松献图》等曲目。两年后，小姑娘加入说唱班，正式开始唱戏。她就是张新芳。

　　旧社会陋习陈规，普通女子尚且有着喘不过气的压力，何况一个被看作"下九流"的戏子呢。张新芳的演戏生活遭到了家族的集体反对，做童养媳的经历更使她如堕地狱，豪绅欺压，亲族排挤，年纪轻轻的张新芳过早地见识了世态炎凉、人心冷暖。但越是苦难的生活，越是磨砺出她坚韧倔强的性格，也成为她日后艺术道路上的厚重积淀。

张新芳和儿子，1950年代摄

《祭塔》剧照,张新芳饰演白素贞,任俊杰饰演许仕林,1980 年摄

　　半生流离,几经沉浮,风雨潇潇、车马颠沛的生活给了张新芳锤炼意志的机会,也给她提供了深入底层生活、广泛吸收民间艺术的契机。虽然人生历经艰辛,但坚强中开放的花儿格外鲜艳。在舞台上纵情歌舞的张新芳,以其宽阔的胸襟与同行交流,对兄弟剧种唱腔广征博取,不断融入自己的演唱中,形成了别具一格的唱腔特色。她将青春奉献给曲剧,用一腔热爱,革除曲子戏粗陋、鄙俗的弊病,使之逐步规范、成熟,将这个"不入流"的乡野小戏唱成了能登大雅之堂的大戏,使河南曲剧进入了一个新的发展时期。

　　很多人认识曲剧,是从"陈三两"开始的。张新芳塑造的这个刚直不阿的人物形象,代表了底层劳动妇女的呐喊和心声。"陈三两"虽为烟花女,却保持着高洁的灵魂,虽流落于社会底层,却保持着生命的尊严。她面对权贵的刚直不阿,面对富贵的毫不动摇,面对贪官的凛然驳斥,有大节,有大毅,有大勇。这样的女子,怎不让正在遭受旧社会屠戮的老百姓所钟爱呢!

　　少年丧父,中年丧夫,老年失子,张新芳经历了命运的坎坷艰辛,挺过了生活的种种苦难,并将其化为艺术的壮美。她把对命运的控诉,融化在"祥林嫂"绝望的质问中;把对人心的诘问,沉淀在"秦香莲"抗争到底的刚毅里;把对真情的追求,盘桓在"钱玉莲"的坚贞不屈中……倘若人生步步是井,她便在那井中投入坚

《秦香莲》剧照,张新芳饰演秦香莲,张香兰饰演陈世美,1982年摄

固的莲子,开出坚韧的花朵。

张新芳先生在长达六十年的舞台艺术实践中,以精湛的表演艺术,创造了《陈三两》《荆钗记》《秦香莲》《祭塔》《借牛》《王宝钏》等剧目,塑造了一个个善良贤淑的贞妇烈女,闯过了不计其数的险滩,也获得了令人望尘莫及的殊荣。人生数十个寒暑,鞍马匆匆,步履匆匆,张新芳将河南曲剧当成了她生命的全部,她以剧团为家,直至耗尽生命的最后一滴油,用生命的本真唱出了一个剧种的繁荣。

我和张新芳先生相识于2002年的隆冬时节。一次,我以记者的身份到河南人民剧院进行河南省第二届青年曲剧演员大赛的采访工作,在贵宾室,我终于见到了这位人称"九岁红"的河南曲剧皇后——张新芳。这是我和张新芳先生的首次会面,免不了心生紧张,她操着一口正宗地道的南阳口音,质朴亲切的表情、掷地有声的语言以及爽朗的笑声,顿时让我消除了紧张。

记得在首届曲剧演员大赛上,她曾说了这么一番话:"我年龄大了,唱不动了,但曲剧的发展总得有年轻人来传承。为了能让曲剧艺术后继有人,我曾主动向组织上提出要举办青年曲剧演员大赛的设想。任何事情想着简单,但落实难啊,办活动就需要花钱,光靠我那些工资,真是杯水车薪啊。为此,我和海连池多次到处化缘,寻求支持,最终得到了领导和企业家朋友的支持,圆满地举行了首次大赛……"言语之间,透露出一位饱经沧桑的老艺术家对曲剧艺术的执着追求。说到这里,我记得张新芳先生流露出欣慰的表情。

当我问到她的近况和身体时,她说:"我身体不大好,已经检查出肝癌两年了。人活一百也是死,我不怕,我只有一个信念,那就是只要我活一天,就一定为曲剧工作一天。"这就是一代曲剧宗师张新芳先生,一个一生只做一件事、视艺术为生命的纯粹的艺术家。

因为记者的身份和工作性质,我时常和张新芳大师碰面,凡是日常工作中遇到一些关于曲剧剧种发展演变以及老艺人的一些梨园逸事,我第一个电话总是打给张新芳先生。而每每接到我的电话,老人家总是循循善诱,不厌其烦地接受我的询问,可谓是我接手戏曲节目主持初期的一位忘年交和良师益友。

记得一个初秋的午后,我的手机铃声突然响起,电话是先生打来的,她说弟子要复排她早年演出的《蟠桃女》(又名《孟姜女》),希望得到当年由河南人民广播电台录制的这出戏的全剧录音。由于当时台里相关管理制度的规定,我无法满足先生的要求。现在想来,如果当时我能够向单位提出申请,说明是一位身患重病的老艺术家为了艺术传承而调取资料,也许领导就会同意。至今,每当回忆起这件事,我仍懊悔不已,这也成了我职业生涯中一个永远无法解开的心结。

时隔四年,2006年5月,河南首届曲剧艺术节在曲剧之乡汝州举行,此届艺术节评选出了"河南曲剧十大名旦",最终,刘青、方素珍、刘艳丽等十位曲剧演员获此称号,这也是河南曲剧诞生八十年来首次进行此类评比。5月23日,由河南戏曲广播主办的"曲剧之光——十大名旦演唱会"在郑州中州剧院举行,七十九岁高龄的"曲剧皇后"张新芳带病到场。作为晚会的主持人,当我用激动而深情的声音请出张新芳先生的时候,全场爆发出了长时间雷鸣般的

演出前,张新芳认真化装

"曲剧之光——十大名旦演唱会"演出现场

掌声。张新芳老师深情而感慨地说："此次活动举办得十分圆满，曲剧'十大名旦'评选出来了，真是可喜可贺。作为一名曲剧老演员，我非常高兴，因为我看到曲剧有接班人了。说心里话，这些年党给我的荣誉太多了，而我给党做的工作太少了，'十大名旦'不管是谁的学生，都是曲剧的学生。"时至今日，先生的这句话还依然清晰地印刻在我的脑海之中。这段十分珍贵的录音和影像资料，也成了日后各种纪念张新芳大师活动中大家能听到的大师原声和看到的历史镜头。

仅仅两个多月后，2006年8月1日，一代"曲剧皇后"张新芳在与病魔抗争近八年后与世长辞，享年七十九岁。"陈三两迈步上公庭，举目抬头看分明。衙门好比阎罗殿，大堂好比剥皮厅……"斯人已去犹忆影。陈三两、秦香莲、祥林嫂、李艳妃……大师塑造的这一个个鲜活的艺术形象，深深地刻在我的记忆中，因为由张先生所创立的曲剧张派艺术已经融入我的血液和骨髓之中。

也许是和张新芳大师生前的特别交情，使得我与大师的传人也是如此的亲近。2019年9月1日、2日，"芳韵双鸣——纪念曲剧皇后张新芳诞辰九十二周年暨弟子尚小双专场演出"，连续两晚在河南省儿童影剧院隆重举行。活动作为月阳工作室成立三周年特别策划的节目之一，由河南省曲剧艺术保护传承中心、河南广播电视台戏曲广播主办，河南尚小双文化传媒有限公司、月阳工作室承办。9月1日晚上的曲剧张派名剧《陈三两》，演员们凭借精湛的演技赢得了观众多次热烈的掌声，特别是饰演陈三两的张派弟子、国家一级演员尚小双，几乎每唱一

左：月阳（右）主持"芳韵双鸣"演出专场，现任河南省剧协主席李树建上台讲话

右：尚小双演出《陈三两》

段都是满堂彩。9月2日的演唱会上，张派弟子尚小双演出的曲剧《荆钗记》"投江"、《八珍汤》"雪奔"、戏歌《精忠报国》，各具特色，异彩纷呈；张派弟子刘青、方素珍、刘爱云、张爱琴、郭秋芳、杨松慧演唱了各自的拿手唱段。来自全国的张派再传弟子及票友的演唱，让人感受到张派深厚的群众基础及曲剧艺术的后继有人。尚小双表示，要继续传承恩师的人品和艺术，让张派一代一代薪火相传。

传承，是坚守初心的虔诚，是坚定不移的使命。追思芳韵馨香，传承曲剧薪火。2020年11月14日晚，由河南省文化和旅游厅主办，河南省曲剧艺术保护传承中心、河南省文化艺术研究院承办的河南省艺术名家推介工程"芳草青青——著名曲剧表演艺术家刘青专场晚会"在河南省儿童影剧院精彩举行。作为晚会的主持人，置身于曲韵悠扬、流光溢彩的舞台之中，我再一次感受到了张派艺术质朴无华、雅俗共赏的巨大魅力。

晚会在曲剧张派名剧《陈三两》中拉开帷幕。曲剧十大名旦之一、河南省级非物质文化遗产曲剧代表性传承人刘青率领弟子牛艳荣、李媛媛、梁雅晴、高飞燕等先后演出了《荆钗记》《秦香莲》《婚姻大事》中的精彩片段，博得了观众阵阵掌声。

演出当晚，高朋满座。河南省文联党组成员、副主席陈涌泉，河南省剧协主席、河南豫剧院院长李树建，著名作曲家方可杰，著名戏剧理论家谭静波等也来到现场观看。著名豫剧表演艺术家孟祥礼、著名曲剧表演艺术家刘艳丽、著名琴

左：在"芳草青青"专场晚会上，主持人月阳(右)采访方可杰(中)、谭静波(左)
右：刘青演出《荆钗记》

师张付中等作为助演嘉宾，倾情演绎了《卷席筒》《风雪配》和曲胡独奏《大起板》等经典选段，赢得了戏迷们的一片叫好声。

演出次日，主办方随即召开了座谈会。省内有关领导同省内外专家、学者会聚一堂，全面深入地研讨了刘青的艺术成就，并在曲剧张派艺术的传承和创新等方面提出了意见和建议。"曲剧是个很有悲情的剧种，它的悲苦性和喜剧性造成了曲剧的双重品格。刘青是个具有大家风范的艺术家，她的做派沉稳端庄、质朴大方，能够运用高超的手段，让悲情流淌出不同的色彩，这是对张派的传承，也是对张派的跨越。"谭静波说道。

由于张新芳先生因病去世较早，所以，尽管多年前和她有过不少接触机会，却始终没能找出合适的机会对她做一次深入访谈，这也成为我心中永远的遗憾。先生虽逝，但她创立的独树一帜的河南曲剧张派艺术却得以传承。

张新芳，于 1960 年代

张新芳自述

　　曲剧是河南较大的地方剧种之一，从它形成到现在仅三十余年，但由于形式活泼又兼音乐多样，民间语汇丰富，所以广大群众非常欢迎。特别是新中国成立后在党和政府大力扶植下，河南曲子戏剧团已很普遍，无论在表演艺术还是演出剧目等方面，都取得了很大发展。《陈三两爬堂》的演出过程与曲剧发展有密切关系，所以我就从演出《陈三两爬堂》谈起。

　　我幼年在家乡时就爱好曲子戏，觉得演戏是一件最深奥的事情。那时经常背诵《陈三两爬堂》的唱词，仿效着演唱。十一岁那年，我正式入民众班演戏，那时才开始正式得到老师的口传，但苦于自己艺术修养太差，经验缺乏，所以所表现的陈三两的形象连自己都不满意。随着年龄的增长，自己注意了在身段和唱腔方面的锻炼。《陈三两爬堂》这出戏不同于其他如《潘安传》等剧目场次多、形式活泼的爱情戏，它只有大段连续的唱词，完全需要靠演员的唱功和表情来表现戏的情节。剧中女主人公陈三两自出场就身跪公堂，几乎一唱到底，因此这出戏在旧社会是不受欢迎的。

　　新中国成立后，在党"百花齐放，推陈出新"的方针指导下及同志们的帮助下,我决心对这个戏的唱腔和表演加以改进。于是就开始刻画陈三两的性格。她善良、聪慧,勇于和封建势力进行斗争。对沧州知州的贪污贿赂、酷刑逼供恨之入骨,对自己的不幸遭遇无限感伤,对两个盟弟陈奎、王子明殷切希望与关怀,以及在她知道沧州知州就是自己的同胞兄弟李凤鸣之后所表示的愤慨,由愤慨转而为斥责,由斥责转为怜悯的一系列思想斗争的过程。我就是从这方面逐渐深入了角色。根据几年来的演出经验,感到唱腔方面听起来总觉得乏味,表演方面也觉得对剧情衬托不够。于是我通过较长时期的琢磨,对唱腔、表演做了一些改进。以前体会剧情和钻研角色不够,领会不了角色的思想感情,只单单使用阳调唱几段唱词,在改进后对表现人物性格方面较为真实,节奏和表演方面都更加结合剧情。现摘几段为例:

在陈三两上场时知道自己身入公堂,心情悲愤,惊悚至极。这一段改为以闪板唱阳调为宜,词如:"班房人役喊连声,怎不叫人心里惊,将身来在大堂上,举目抬头看分明。"

在陈三两身跪公堂倾诉身世之时,下面这段唱词改为以滑板唱诗篇:"身跪公堂一声票,青天老爷在上听,自从我进了富春院,诗书礼乐都学成。"

在陈三两公堂受刑之后,冤枉未申反而被拶,恨知州受贿,竟以强刑审断,无限痛楚,心情更加愤慨。唱下面这段词时改为抢板唱阳调,更能表达她的感情:"您怎科举来怎会试,怎做国家栋梁材,枉读诗书不知礼,四体不明怎做官。"

总之,我是尽量根据剧情发展,加之个人声调较高,着重唱腔方面的锻炼,在小调曲子的基础上改用大调,从而更加丰富了剧中人

1983年,张新芳(中)和家人在一起排戏

左：1959 年，戏曲电影《陈三两》由长春电影制片厂拍摄完成
右：《荆钗记》剧照，1980 年代摄

物。为了使人物更加丰满，在表演方面，我结合剧情发展，加强身段的基本功，通过舞蹈来表现人物形象，以烘托出优美的舞台画面为主。当然个人在《陈三两爬堂》的表演当中，也是经过长时期的锻炼与逐渐深入地体验角色而求得进展的。

　　1956 年在河南省首届戏曲观摩会演之前，剧团导演对《陈三两爬堂》里面的辞藻语汇做了一些修饰、删改，因此该剧的戏剧性也有所提高。但尽管如此，《陈三两爬堂》一剧的本身还存在一些问题，加之个人饰演的陈三两也还有一些缺点，这些都有待今后进行积极改进。

1957 年

（本文选自河南人民出版社 1957 年 12 月出版的《演员的艺术创造》）

马骐·《寇准背靴》

请扫码收听马骐原声音频

马骐(右)接受月阳采访,2016 年 11 月于洛阳

『北马』马骐
河洛曲魂

　　千年帝都洛阳不仅是享誉中外的牡丹花城,更是名副其实的戏曲之乡,豫剧和曲剧这两朵戏曲百花园中的靓丽之花争奇斗艳、交相辉映。在洛阳有两位大师级的"识途老马",一位是被誉为豫剧名旦六大家之一、豫剧马派艺术创始人马金凤先生,一位是被广大观众誉为"活寇准"的曲剧泰斗级马派艺术创始人马骐先生。一豫一曲,一旦一生,熠熠生辉,闪耀菊坛,在梨园界传为佳话。

　　豫剧是河南第一大剧种,也是迄今为止全国五大地方剧种之一。无论其发展历史还是艺术积淀在全国都有着广泛的影响,马金凤先生的代表剧目"一挂两花"也早已闻名全国、蜚声海内外。而作为河南第二大地方戏的曲剧还算是一个年轻的剧种,与马金凤大师同出洛阳的马骐先生堪称河南曲剧的旗帜性代表人之一。由马骐先生所独创的马派唱腔朴实无华,具有广泛的戏迷群众基础,其追随者和粉丝众多,但由于地域等因素的限制,河南曲剧马派艺术并没有得到最大化的流行与传播。河南曲剧自上世纪 20 年代始,由高跷曲到高台曲,再到今天的舞台曲,经历了近百年的发展与演变,经过一代又一代曲剧老艺人的不懈努力,也可谓群星璀璨,涌现出了一批又一批的曲剧名角,就生行与丑行而言有朱六

155

来、温如玉、蓝辑吾、邢金萼、刘景乐、海连池、安景治、李克勤、蓝文祥、王荣光、胡希华、李振乾、杨帅学以及被广大观众誉为"南牛北马"的曲剧大家牛长鑫等。

河南曲剧生行的翘楚——马骐先生应当是这一行当的一个高度，马琪先生经历了长期的舞台艺术实践，尤其在演唱技巧与做功等方面进行了大胆的创新与发展，逐渐形成了老百姓公认的曲剧马派艺术。这不仅标志着曲剧这一剧种行当的成熟与完善，同时标志着河南曲剧在须生行当的表演艺术层面迈出可喜的一大步。

马骐先生祖籍河南省封丘县，1923年4月23日生于许昌。马骐自幼挚爱戏剧，因为家里的经济条件拮据，没钱买戏票，就时常钻进大人的大衫里混进剧院，看赵义庭演戏；有时就从小阴沟里穿进戏园，结果弄得满身污泥、一身臭气，还挨过母亲的打骂。母亲看他对戏曲如此痴迷，就将家里的废铜烂铁卖成钱，狠下心给他买了一场戏票。1940年，十七岁初中毕业的马骐被抓到重庆当壮丁，而戏曲早已驻扎在他的内心深处，不甘屈辱于现状的他借机逃跑，投奔到一个民间曲剧班，从此跟着马文采老师学习《花庭会》《梅降雪》等戏。刚开始学戏时，他感觉到自己的天资不是很好，嗓子也够不上弦，于是就笨鸟先飞，每天早起晚归，勤学苦练。耳闻闫逢春老师的帽翅功技艺精湛，就想拜其为师，曾在冰天雪地中站立在老师门前，虔诚等候，老师被他的真诚和执着所感动，最终答应教他技艺。

1949年，二十六岁的马骐辗转到灵宝曲剧团当演员，被剧团定为老生行当，这与他原来所学的唱腔和所饰演角色的年龄、性格都不相符，让他感觉颇为苦恼。1953年，马骐到渑池县曲剧团任团长，时年三十岁；1973年调入洛阳地区曲剧团，

《九龄救主》剧照，马骐（左）饰演张九龄，周玉珍饰演西宫娘娘，1979年摄

1978 年任该团副团长。无论到哪个剧团,马骐都十分虚心地向演老生行当的艺人学习,汲取精华,并借鉴其他剧种的唱法,广收博采,融会贯通,逐步形成了自己独特的唱腔,同时还在表演技巧上做了很多探索。

从艺六十多年,马骐先后在一百五十多出戏中饰演不同类型的老生,如《寇准背靴》中的寇准、《九龄救主》中的张九龄、《孙安动本》中的孙安、《四进士》中的宋士杰、《赵氏孤儿》中的程婴、《白毛女》中的杨白劳、《十五贯》中的况钟、《跑汴京》中的杨士英、《三搜太白府》中的李太白、《柜台内外》中的郑大伯等。1956 年,马琪参加河南省首届戏曲会演,荣获演员二等奖。1975 年主演的现代戏《柜台内外》代表河南省参加全国戏曲调演,深受好评。

1958 年,马骐与周玉珍合作的《寇准背靴》堪称其最有知名度的代表作。他饰演的寇准,依据剧情人物的需要,吸取了京剧中"踢飞枪"的技巧,将最初设计的坐在台上脱靴改为踢靴。为了练踢靴,他不知被一斤多重的厚靴砸了多少回,甚至肩头都被砸肿、出血,但他咬紧牙关,一直练到随心所欲的程度。正是这种吃苦耐劳的精神和坚韧不拔的毅力,使他迎来了事业上的辉煌。他饰演的寇准风趣幽默、诙谐洒脱,帽翅功和髯口功技巧娴熟,尤其是独创的踢靴,至今都被戏迷津津乐道、赞不绝口,曾应邀到西安连演一个多月。1983 年,该剧赴京到长安大戏院演出,得到了首都文艺界的青睐和好评。1982 年,由马骐主演的《寇准背靴》搬上了银幕,轰动全国,并荣获全国戏曲电视一等奖,马骐也由此被誉为"活寇

《十五贯》剧照,马骐饰演况钟

一出《寇准背靴》，为马骐赢得"活寇准"的美誉

准"，是曲剧界灌制唱片的第一位男演员。

唱腔方面，马骐先生以大本嗓为主，中音结实洪亮，低音浑厚有力，高音有时采用脑后的唱法，听起来刚健挺拔，有时则采用高音轻过的唱法，以表现人物风趣诙谐的情调。他的唱腔，风格别致，特色鲜明，在河南曲子的洛阳曲子流派中，其老生唱腔独树一帜。表演艺术上，帽翅功娴熟精彩，髯口和台步的使用也有独到之处。2006 年，在河南首届曲剧艺术节上，马骐被授予河南曲剧艺术家"终身荣誉奖"殊荣。

2020 年 2 月 2 日，马骐先生在洛阳逝世，享年九十七岁。

马骐,于 1980 年代初

马骐自述

　　我叫马骐,河南封丘人,儿时跟随祖父逃荒到许昌。我家有四口人,祖父、父亲、母亲和我。祖父是学医的,能勉强维持生计。我祖父爱看戏,是个戏迷,我小时候经常听他说三国的故事。我父母也都爱戏,母亲心灵手巧,针线活特别好,算得上一个贤妻良母。记得我大约三岁的时候,母亲带着我去赶"盂兰会","盂兰会"又称鬼节、中元节,据说是源于目连救母的佛教传说,由南方引入中原。每逢节庆时,就会放烟火施鬼食,主旨是祭拜祖先,超度亡灵,送走灾祸疾病,祈求吉祥平安。我那时候还小,是别人抱着我去的,这是我接触艺术的启蒙阶段。那时候,曲剧还没有形成,许昌只有大油梆、二油梆和一道辙。当时大梅(申凤梅)、二梅(申秀梅)在许昌也有一定名气。

　　我从 1931 年起,一共上了七年私塾。我小时候就爱看戏,当时许昌有很多剧院,如无声电影院、许昌剧院、北街剧院,哪个剧院演戏我都去看。因为年龄小,身上也没有钱,就跟着那些穿大衫长袍的人,藏在他们衣服底下蒙混过关。当时,最出名的几个演员中,有人称"一少爷"的李向三,他是旧县长的孩子,"一少"是人们对他的尊称。他特别爱戏,还是唱旦角的,家人不愿意,把他锁到家里他也要

马骐(左)和渑池曲剧团同事,1953 年摄

唱戏。还有省豫剧一团的赵义庭,他那时已经很出名了。还有田岫玲、李金花等名演员。我母亲也是戏迷,但是她要求我必须课余时间看,叮嘱我不能光看戏不读书。

我初次接触曲剧,是六岁那年,当时是在许昌一个旧军部礼堂演的曲子戏,那时曲剧还没完全形成。曲剧在它形成的初期,演出的大多是三小戏,比如《蓝桥会》《花庭会》《瞎子算卦》《货郎翻箱》《周老汉送女》《赶脚》等,演员也没有穿正式的箱(戏曲的服装),都是临时穿上生活中的衣服在台上表演。因为曲子戏的曲调十分优美,所以我就慢慢喜欢上了。

尽管我家境不好,但是因为我祖父识字,父亲也多少有些文化,所以,家里即使困难也要让我上学,十四岁时,因为家里实在揭不开锅了,我才退了学。我有个师傅叫马文才,他是南阳人,当时成立了戏曲文化剧社,他碰到我后,就问我想不想唱戏。我说我特别爱戏,只要能吃饱,我就唱戏。那时十几个人就可以成立一个剧团,我记得我们这个剧社是十八个人,已经算一个很大的剧社了。老师教我的第一个戏是《闹书馆》,我演一个小生。老师当时给我们吊弦,可怎么也唱不上去,老师就让我下功夫喊嗓子,说是把嗓子喊出来再吊弦。那时喊嗓子就是自己挖个坑尿点尿,对着这个尿坑就喊,喊得还可起劲。这其实是不科学的。当时穿上三四寸的高底靴上台演戏,根本就走不成路,从头到尾就是站在那儿扶着桌子唱完,因为害怕摔着。后来能挣钱的时候,我就自己攒钱买了一双靴子,有空就练习。

曲剧形成之初,还没有具体行当之分,我唱过彩旦,也唱过花旦。那时《卷席筒》叫《白玉簪》,是一部连台本戏,后来经过改编,取其精华,去其糟粕,很受观众欢迎。剧中我演的是张氏，当时还不知道怎么刻画人物。记得有一次我们到陕西演出这个戏，演出结束就到群众家吃派饭。人家不让进屋吃，都是在家门口等候派饭，当时所有演员都派完了，就是没有派我去吃。我想这是咋回事呢？心里正犯嘀咕的时候，一个小孩出来

马骐（右）和洛阳地区曲剧团团长席景贤，1970年代摄

了，我就问他为什么不让我吃饭，小孩说："俺妈不让你吃饭，因为你老赖。"后来，剧团归国营了之后，我才正式改唱"胡子"，不唱旦角了。

　　我在曲剧艺术上的进步还是在新中国成立后。曲剧刚刚搬上舞台，演员上台还是退着扭着屁股出场的，一切都是在探索之中。后来我到渑池曲剧团，慢慢走上了剧团领导岗位，那时就经常出去学习，跟京剧团、西安狮吼剧团学习。因为我知道曲剧的家底薄，必须广采博收，才能丰富自己。省曲剧团一位搞音乐的老师曾问我是不是唱过越调，后来他还专门发表了一篇名为《马骐声腔艺术》的文章。我唱腔里面的确吸收有越调，但又未脱离曲剧剧种的本色，依然还姓"曲"。

我与"寇准"的渊源

　　其实《寇准背靴》最早不是曲剧的传统剧目，是豫剧的骨子老戏，我也曾看过豫剧老艺人、人称"豫剧马连良"的许树云演的，刚开始包括许树云演的时候都很简单，"花园送饭"那一场戏，就是柴郡主前面走，寇准后面跟，几乎没有任何舞蹈动作。我认为一部戏曲作品，唱、念、做、打都得有功夫，没有功夫让观众看什么、让观众听什么？从前，《寇准背靴》的剧情和表演很简单，寇准和柴郡主就是你唱唱、我唱唱，也没有什么舞蹈动作，后来我越想越觉得不行。"花园送饭"是个重点

戏，我总觉得照老路子演观众不过瘾。因为柴郡主藏杨六郎的时候，她和杨六郎有几句道白："后花园后墙脚下有三间小房，乃是存放花草之地，向来无人去过，将郡马藏在那里，躲过一时，你看如何？"这就说明，这个向来少人去的地方，路一定崎岖不平，不好过人，如果晚上去送饭就更不好走了。因为里面到处是荒草湖地，所以，就可以根据生活实际设计出过独木桥、拔草等很多舞蹈动作。还有，寇准跟踪时的几句唱"离远了我怕跟不上，离近了又怕露了形。靴子底厚板又硬，踢踢踏踏有响声。干脆把它脱下来背着，学一个赤脚大仙赶路程"，动作特别简单，想不出来更好的办法。后来，我在看《虹桥赠珠》中刀马旦踢枪的动作时，突然有了灵感，能不能把脱靴变为踢靴呢？于是，我就自己琢磨把靴子踢掉似乎也合乎人物当时的情景。因为花园里道路不平，寇准追得又急，一个跟跄，靴子脱脚飞出去，也是完全有可能的。于是，我就抱着试试看的态度开始了每天的训练，一开始踢找不到感觉，不是砸住头了就是掉到地下了，怎么踢也踢不出来。我下定决心，一定要想办法把它攻下来。后来，我无论做什么、上哪儿去，都带着靴子，有人没人抽空就练，反正又不是在台上，踢不好也不怕人笑话。很多次在公园练习踢靴

1980 年代，马骐演出《寇准背靴》

的时候,有好多人围着看,我只顾踢我的。后来,通过艰苦训练,终于能踢出来了,但是肩膀上砸得又红又肿,一片青紫。你想,这么厚的四寸底子,那可不是玩儿的。后来为了保护自己,我就穿上棉马甲练,到哪儿都穿着棉马甲。功夫不负有心人,经过半年练习,终于练成了。因为增加了很多表演的元素,对于观众来说就有看点了,因而很受观众的欢迎,影响也越来越大了,1982年还拍成了电影。

《寇准背靴》是一出爱国戏,富有喜剧色彩,表演上有点像小桥流水的演法,动作上不宜太夸张,要以情感人、以情动人,一切要从人物出发,一句道白一句唱,得能让观众产生共鸣,我就在这方面狠下功夫。后来,河北四弦戏、河北梆子等不少剧种都移植了这个戏,长治剧团全团都来了,住在洛阳宾馆,一字一句地学。因为剧种不同,大家演法也各有千秋,不过也有的没有成功,因为剧种音乐的独特性决定了有的剧种不适合演出该剧。

《寇准背靴》中还有帽翅功的展示,这个帽翅功我也下了很大的功夫。这帽翅不是咱自己创造的,是蒲剧老艺术家阎逢春老先生创造的,这里还有一段故事。有一年冬天,我们到临汾演出,正巧阎老先生也在那里演出,我特意去看了他的《周仁献嫂》。《周仁献嫂》这出戏里边也有帽翅,我觉得,寇准思索的时候要是带上这个表演,是很能够帮助刻画人物的。我就问他在哪儿住,准备去拜访求教。一天,我吃了晌午饭,前去拜访,结果老先生正午休呢,我也不敢打扰,就在门外等,等着等着开始下大雪了,雪很深,没多大会儿就把脚都埋住了,冷得我直在那里跳脚。等了大约两个钟头,老先生醒了,开门一看见我,听说缘由,他只觉得抱歉,把我拉进屋,给我打打身上的雪,连声说"你怎么这么傻!"老先生很热情,从盒里拿出来帽翅让我看看,然后说,这东西一会儿学不了,我的帽子没有在这里,不能仔细示范,你只要记住诀窍,像挑水一样,只要能动就行了。老先生说得很仔细,又示范了几遍,算是教了我。回来后,我根据阎逢春老先生的讲解,认真练习,自己又把它发展了一些。因为受了冻,我的脚一直疼了好几天。还有髯口功,我也加进去了自己的理解和表演,看着还不错,群众很认可。

关于《寇准背靴》中寇准的唱腔,我也是经过反复改动推敲的。"下朝来一边走一边长叹,忘不了朝阁事愁锁眉间。"这一板戏从前唱的调儿较高,后来的唱法是平稳的,因为当时的情境是敌兵压境,却没有挂帅的人才,情况危急,朝里大臣一边主和,一边主战,吵吵闹闹老半天,宋王最后拂袖而去。这时候寇准是有顾虑的,一边走一边思索,所以调不能唱得那么高,最后完全是按大本腔的平韵设计的。这段唱腔一直到现在都没有动。

说到从前的练功和学习,那时候完全是靠自觉,没有人催促。那时候常演的就那几个小戏,只要把词教好就自己学吧。别人休息时就是我最忙的时候,抽空自己学点东西。

上世纪80年代初古装戏刚开放的时候,那时候我已经五六十岁了,省文化厅让我去学《传枪》,到那儿一看,都是十几、二十几岁的人,我到那里一站,学生说,老师你就不用学了,你看看就行了。我说你放心吧,你怎么教我怎样学,现在你不要把我当成老师,你是我的老师,看哪儿不对你该怎么说就怎么说。后来我一直跟着学到底,学会回来到底不一样。这就说明什么呢?自己学东西依靠别人是不行的,你首先要有一个空杯的心态,要自己主观上愿意学才行,几十年的从艺生涯我就是这样学出来的。

总结我几十年的从艺经历,我认为如果自己不操心什么也学不成。艺术是潜移默化的过程,没有文化素养就不会成为一个好演员。若台词的意思搞不明白,那就谈不上人物的塑造了。我们经常说"知之为知之,不知为不知,是知也"。戏曲是综合艺术,要博学,多去学习别人的长处,绝对不能不懂装懂,因为舞台上来不得半点虚假。尤其是移植其他剧种的戏,剧本拿来要再创造加工,因为是地方剧种,语言都不尽相同,必须得改,就是要根据本剧种的特点变通。比如曲剧《赵氏孤儿》这个戏,我拿到剧本后根据人

1990年代,马骐(中)演出《赵氏孤儿》

物和剧情的需要，同时根据曲剧这一剧种的特点，进行了相应的调整和加工，加了好多唱。如果原封不动地搬演，就很有可能失败。

老伴儿眼中的马骐

马骐(右)和老伴儿马凤琴

我眼中的马骐是一个正儿八经搞事业的人，生活中他是一个很简单的人，平时为人处世很平和，他对身边的人都很亲和，没有架子。不像过去的有些老艺人好生一些闲气，他从来没有。他这个人无论什么事都是先想到别人，总爱换位思考，而且心地善良，做事公道。我作为女性吧，有时难免说话随便，他就经常告诉我不要说任何对别人不利的话。经济上他最常说的就是钱够花就行了。要说退休这件事，我至今心里还耿耿于怀，其实他应该是离休，而事实是退休。因为他是1949年参加的工作。很多和他一起参加工作的老演员都是离休，而他是退休。我让他去找领导，他怕麻烦人家，说咱现在的工资够花了，又不是不够花，多那几个钱又能怎么着？他不好多事，也不好给别人找麻烦。

在艺术上他总是对自己要求严格。有一次我们在西安演出，笑场了，他批评得我都接受不了，当时我都掉泪了。他说你到舞台上演戏为什么会笑？出问题了只能是觉得惭愧才对。作为一个演员来说，上了舞台就是戏比天大，这就是演员的天职，让我以后要记住。

台上一分钟，台下十年功

俗话说，台上一分钟，台下十年功。

比如说《寇准背靴》中帽翅功，不能说学会了只要能应付着演出就算蒙混过关了。舞台上来不得半点虚假，这是真理。过去老艺人常说"是骡子是马，拉出来遛遛"，就是这个道理。令我痛心的是如今的曲剧团家属院，每天来唱戏练功的演员少了，从前很多演员都练唱，那真是人声鼎沸。戏曲就是这样，一天不练，自己知道；两天不练，同行知道；三天不练，观众就知道了。不练怎么能行？"弦不离手，戏不离口"，平时不练不唱，到了演出就直接上台，这对观众是不负责任的。我那时候练功简直就跟着魔了一样，也不怕人。比如说练帽翅、练髯口的时候，整个夏天都戴着帽翅，不管有没有人，有人也是这样的，别人看我就跟神经病一样。练踢靴子，人越多我越练，谁看都行，那时候不怕丑。一天三场戏，中午吃罢饭到三点钟开演前，就是我练功的时候，一般人都不会那个时候去练功，按照作息时间都是这时候去睡觉。艺术上我对自己有要求，就是一定要求精，对自己一点都不能放松。尤其是帽翅功得经常练。要说这个戏已经演了三千四百多场了，已经非常娴熟了，但是尽管如此，我还是对自己严格要求，从不放松。

戏曲是一门综合艺术，唱、做、念、打、舞，手、眼、身、法、步，哪一样也不能少。如果戏曲只要求唱功，我也就不学帽翅了，我也就不练靴子了。戏曲就是一个大的艺术组合，缺一不可。即使你唱再好，到舞台上没有表情跟木头人一样，你塑造的这个人物就不够丰满，就没有灵魂。有一句行话说得好："一招突出，全面跟

传承

练功

上。"唱、做、念、打,尽管唱是第一位的,但是你的念、打、舞等也得全面跟上,跟不上你就不是一个全面的演员。光会唱也不行,这样就会成为话筒演员。豫剧是河南第一大剧种,之前豫剧的传统就是"一旦挑大梁",也就是只要有一个旦角,其余的就是陪衬。山西的蒲剧不是这样,蒲剧也有胡子(须生)挑戏的,也有生角挑戏的,还有花旦挑戏的。

1983 年 1 月,马骐(左)和马金凤乘火车进京演出

为戏曲广播点赞

我感觉河南戏曲广播的节目办得好,现在已经成气候了,组织得很有办法,我经常收听。栏目丰富多彩,有专门为戏迷开办的《戏迷乐园》,也有专门播放各剧种名家唱段的,还有播出整出大戏的,很丰富,受到欢迎。戏曲广播对弘扬民族文化确实起到了很大推动作用,我是举双手赞成的。过去因为演出任务重,我很少听广播,现在退休了有时间,就时常打开听听,这一听还上瘾了,我认为特别好! 有纪念常香玉、陈素真、张新芳、桑振君诞辰和逝世周年专场演出,我感觉戏曲广播就是我们戏曲演员的家。

如果让我和老伴儿对戏曲广播提提建议的话,就是在节目播出的内容方面要保持均衡,豫剧是"老大哥",必须突出,但是少数剧种,比如四平调、大弦戏之类的,也要有它的一席之地,这样就能平衡全面发展。

年轻人现在都有文化了,学东西也快,但是我希望年轻的演员们学东西要扎实,不要浮躁,把基本功打牢,比如学调门,学几个就要懂几个,这都是基本功。继承传统没有错,但是还要在继承的基础上有创新的意识,同时最重要的要学德,在艺德方面也要对自己有要求。像常香玉大师,就是咱们的榜样,她提出的"戏比

老一代艺术家马骐、马金凤、王秀玲、高洁(右起)相聚郑州,2002 年摄

天大"的职业精神激励着一代又一代的戏曲人。再一个就是要学习老一辈艰苦创业的精神,得有这方面能力。艺德是领先的,那就是要以群众为基础,自己爱好归爱好,要以群众为标准进行评判。一切要以戏迷观众为中心,因为戏是演给他们看的,作为一个演员要时时刻刻警醒自己,这也是我做人从艺的准则。

2007 年

王博录音,月阳整理

王秀玲·《风雪配》

秀韵美弦
音音绕梁

王秀玲(左图)、宋喜元(右图)和月阳,2019年5月于郑州

　　曲剧是河南第二大地方剧种,其起源和发展历史虽然没有豫剧悠久,但是,长期以来它以其独特的艺术魅力和乡土气息备受广大人民群众的喜爱,屹立于中国戏曲舞台近百年。

　　在河南曲剧的发展历史长河中,一代又一代的艺术家为这一剧种的革新、传承与发展殚精竭虑、呕心沥血。著名曲剧表演艺术家、国家级非物质文化遗产曲剧代表性传承人、河南曲剧"终身荣誉奖"获得者、曲剧王派艺术创始人王秀玲就是其中的一员。

　　被誉为"九岁红"的王秀玲,1935年出生于湖北汉口,幼年便随父学唱曲子戏,七岁便登台主演了《蓝桥会》《花庭会》等;1944年,年仅九岁的王秀玲因主演《七仙女》而一举成名。新中国成立后,戏曲艺术迎来了发展的春天,王秀玲也和所有的艺人一样获得了新生,身份也由旧社会的"戏子"转变为"艺术家"。她专攻闺门旦,为观众塑造了众多鲜活的少女和少妇的艺术形象。经过半个多世纪的艺术实践,逐渐形成了清水出芙蓉、天然去雕饰,超凡脱俗、清新雅致的表演风格,人称河南曲剧"王派艺术"。王秀玲扮相秀丽,嗓音甜美,其唱腔清丽柔婉、声情并

二十二岁的王秀玲

茂,表演内蕴丰富、人物气质饱满,可谓是河南曲剧界闺门旦行当的杰出代表人物。

王秀玲先生从艺七十余年,曾先后主演过百余部传统剧目和现代戏,其中最有代表性的有《风雪配》《红楼梦》《花庭会》《游乡》《掩护》等,同时,《双美赞》《逼婚》《霜晨花》《拾玉镯》《听琴》《柳毅传书》《庞酒壶坐轿》《喜脉案》《忠义与小白龙》等也是其长演剧目。她塑造的这些典型鲜活的人物形象,给广大群众留下了挥之不去的美好印象,不知有多少观众被她的舞台形象所深深折服。

在曲剧王派艺术众多的优秀作品中,有两部戏不能不提,那就是《红楼梦》和《风雪配》。《红楼梦》是王秀玲上世纪50年代中期的代表作,她对林黛玉的性格把握得十分独到准确,表演娴熟而精到,对人物唱腔的安排与雕琢也十分到位,忧伤哀怜的眼神,细腻委婉的唱腔,把一个寄人篱下、心地高洁、弱不禁风、极富反抗精神却又孤立无援的大家闺秀活脱脱地展现了出来,王秀玲因此被誉为“活林黛玉”,同时也为她日后的艺术创作奠定了良好而坚实的基础。

尤其值得一提的是,王秀玲在上世纪50年代曾代表河南地方戏赴北京参加由文化部主办的全国戏曲演员讲习班,其间受到梅兰芳、程砚秋、马连良等大师的指点,从此,她的表演进入了一个新的境界。

继饰演林黛玉之后,经过学习与沉淀的王秀玲又拿出了新戏《风雪配》,成功地塑造了一个欢快、喜悦、甜美的高秋芳,出色地完成了又一个极具代表性的作品。剧中“装箱”“洞房”的表演和唱段脍炙人口,至今仍广为流传。1981年,《风雪配》被河南电影制片厂搬上了银幕,在全国放映,这也使得作为河南第二大地方剧种的曲剧,在全国又一次得到了有力的宣传与推广。

说到河南曲剧的宣传与普及,有一个在河南曲剧发展史上里程碑式的事件不能不提,那就是在 1959 年 12 月至 1960 年 2 月期间,当时的郑州市曲剧团(河南省曲剧团的前身)赴首都北京汇报演出,这次演出受到了中央领导及首都各界人士的广泛关注与好评,影响之大,反响之强烈,为河南曲剧的发展史写下了浓墨重彩的一笔。河南省文化厅文化志编辑室 1985 年编撰的《河南省文化志资料选编》之《河南曲剧在首都》一文记载:"第三场汇报演出是在中国文联进行的,这里是文学艺术专家名流所在地,《赶脚》《风雪配》的艺术成就同样得到了专家们的肯定。23 号至 25 号在长安戏院为西单区党代表演出,听惯了京剧的北京观众能否喜欢?演出时,我就坐在普通观众席上,暗自观察。《赶脚》一戏一下子就把剧场观众的情绪调动起来了,不少观众交头接耳评论说'这个曲剧还蛮不错呢,挺有意思';有的说'这和北京的曲剧不一样啊'……演《风雪配》时,观众不时报以热烈的掌声,27 号的《北京晚报》以显要的位置报道《讽刺喜剧〈风雪配〉脍炙人口》,扩大了曲剧的影响力。30 号是假日,根据剧场的意见,一天安排了三场,结果场场爆满。王秀玲同志精神很好,越演劲头越足,领导和观众们都很满意,《风雪配》显然受到了首都人民的热情欢迎。"

　　该剧之所以大获成功,一方面是很好地发挥了演员的特长,各个角色的扮演者都发挥出了其艺术的独创性。由王秀玲扮演的高秋芳,给观众塑造了一个聪明伶俐、聪慧多情的小姐形象;张凤禄扮演的高赞和郑玉莲扮演的高夫人,朴实淳厚、慈祥善良,形象丰满;赵华扮演的嫂子唱腔圆润,富有浓郁的生活气息;张香兰扮演的钱青,颇具国粹京剧的书生范儿;曲剧名丑赵得春扮演的严峻更是不落俗套,把一个阴险狡诈又颇为愚昧的纨绔子弟表演得淋漓尽致,让人忍俊不禁。这出戏的音乐创作团队更是给力,乐队和演员的配合堪称完美,极大地渲染和烘托了舞台氛围,著

《风雪配》剧照,1950 年代摄

名戏剧家马少波先生因此称赞"异乎寻常的体贴入微"。

总之,该剧的成功是全体创作团队集体智慧的结晶,它不仅为当年的郑州市曲剧团立了第一功,也由此催生了河南省曲剧团的成立。毋庸置疑,王秀玲也当之无愧地成为河南省曲剧团的创始人之一。"《红楼梦》救活了一个曲剧团,一个剧种培养了一批青年演员。同时,也正是因为《赶脚》和《风雪配》进京汇报演出引起了轰动,1960年3月15日,经省委批准,郑州市曲剧团升为河南省曲剧团。从那时开始,河南曲剧就迅速地在全省甚至全国推广开来了,各个省、市,甚至新疆等很多地方都有了曲剧团。"谈到这段往事,王秀玲满怀激情地说。

王秀玲的表演是对现实生活的提炼、美化和升华,她的表演不夸张、不煽情,不装腔作势,努力追求表演的准确、精到、优美和分寸感,从而形成了清新自然的风格,因此,她的表演悦目娱人、真实可信、感人至深而又恰到好处。

在七十余载的艺术实践中,王秀玲先后主演了《红楼梦》《风雪配》《花庭会》

《红楼梦》剧照,王秀玲饰演林黛玉,张青兰饰演贾宝玉,1950年代摄

王秀玲(前排右)和曲剧老艺人李金波(前排中)、谢禄(前排左),1980年9月于禹州

等众多经典剧目,塑造了多部流传于世的舞台艺术精品和美好的艺术形象,形成了独树一帜的河南曲剧重要流派——"王派"艺术。

宋喜元先生从事曲胡演奏六十余载,他曾在《红楼梦》《花庭会》《风雪配》《陈三两》《游乡》《赶脚》《下乡》《秦香莲后传》《双美赞》《千里送京娘》等一百多部剧目或影视剧中担任曲胡主奏及音乐、唱腔设计。尤其是由他演奏的曲胡独奏《大起板》由中国唱片社灌制成唱片,全国发行,受到专家的高度赞赏。

宋喜元先生的艺术人生伴随着河南戏曲的诞生、发展,饱含热爱与奋进。他将毕生精力挥洒在曲胡的改良和传承上,矢志不移。作为河南戏曲界备受尊重的一位曲胡大师,他造诣颇高,平易近人。我与宋喜元先生是忘年之交,每当见面总是以拥抱互致问候。他与老伴儿王秀玲老师时常夸我为人谦和、年轻有为,鼓励我要为宣传推广河南曲剧多做贡献。与先生相识相交的二十余年,我也始终以两位艺术前辈为榜样,堂堂正正做人,认认真真做事,爱我所爱,爱屋及乌,为戏曲文化的传扬而不离不弃地坚守着。

宋喜元先生出生于河南汝州,他十九岁与曲胡结缘,后拜在曲胡老艺人钟国

左：宋喜元、王秀玲夫妇和张新芳(中)，1977年于北京
右：舞台上的宋喜元，1990年代摄

顺的门下。青年时代的宋喜元凭借自己一股子钻劲和韧劲以及天生的艺术领悟力，认真研究学习恩师的演奏技法。通过刻苦训练，他打破了前辈曲胡老艺人二指演奏的传统技法，创造性地提出四指演奏技法，让古老曲胡的演奏技巧得到了前所未有的突破。宋氏曲胡演奏以"细腻、流畅"而著称梨园，并使音乐"强而不噪，弱而不虚，快而不乱，慢而不散"，同时，因时而异，因人而异。宋喜元在长期的艺术实践中，总结出把握音准的关键在于摁弦和尺弓的配合。而他对于曲胡的改良一直持续到他退休后，大到曲胡的尺寸、造型，小到琴弦上使用的码字、曲胡的图案，他都反复研究，仔细斟酌。他研制的"便携式曲胡"，取材讲究，制作精美，于2005年获得国家发明专利。他培养的弟子以及学生遍布全国多个文艺团体，可谓桃李满天下。

因为热爱，所以坚持。因为热爱，肩负责任。宋喜元的曲胡人生伴随着曲剧的成熟发展而不断前进，一双灵巧的手，将一把曲胡玩到随心所欲、出神入化的地步。"琴声似语，声情并茂，是难得的演奏家"，这是业界权威人士对宋喜元先生的评价。"小车不倒只管推",这是他常挂在嘴边的一句话。耄耋之年的宋喜元先生依然笔耕不辍,他所编著的《河南曲剧大师王秀玲艺术选粹》《河南曲剧调门 150 首》,已成为挖掘整理河南

宋喜元(右)和板胡大师王冠军切磋技艺,2003 年摄

第二大地方剧种曲剧的弥足珍贵的艺术资料。

2023 年 7 月 7 日凌晨 4 点,曲胡大师宋喜元先生在郑州与世长辞,享年八十七岁。惊闻噩耗,难过不已。我还清楚地记得,在先生去世前一周我和同事去医院探望他的情景。躺在病床上的他异常消瘦,已经处于半昏迷状态,在得知我们来探望时,先生还是用力地睁开眼睛叫出了我的名字。这次见面也成了我与先生的永别。

先生技艺,名垂梨园。他的离去,使河南曲剧失去一位曲胡大师,梨园界失去一位菊坛大家。他对艺术的执着,对河南曲剧的深情,吾辈将永远铭记。

宋喜元、王秀玲夫妇，1980 年代于北京

王秀玲、宋喜元自述

王秀玲：我父亲原籍是漯河郾城县（现郾城区）官庄镇，祖上在漯河做生意。我父亲在家排行第五，所以叫关老五。因为上面几个哥哥老欺负他，加上我父亲年轻时脾气也比较暴躁，一气之下就到武汉从军了，再后来把我母亲也接去了。我是在武汉出生的，上面还有一个哥哥一个姐姐，都死了，我是老三。父母对我很疼爱，给我取名关云娥，这是我的原名。

1937 年日本侵略中国，战事非常吃紧，当兵的要上前线打仗。我父亲含泪把我们母女俩送回河南。从分别直至现在，没有任何音信。我和母亲在解放前后曾多次寻找打听父亲的消息，但是均以失望告终。当时我的母亲才二十多岁，回到郾城以后，叔伯们也不给我们家产，生活很困难。后来朋友们看不惯了，给我妈找了活儿干，就是赁被子，另外给人家洗衣服，那时我还不到一岁呢。我母亲很苦，后来还给人家当保姆，做饭、做衣服，我母亲的针线活很好。

当时漯河的曲子戏比较盛行，我有个姨妈喜欢看曲剧，领着我母亲去曲剧团里看戏。那时候我的义父王俊卿正好在那儿演出，他还没有成家，我母亲年轻，长得又漂亮，团里人就热心帮忙撮合。我的义父十分愿意，很快他们就结婚了。义父对我很好,当时我模模糊糊不太记事,就记得他对我可亲,一出去就驮着我,就这样跟着他东奔西跑的。到我四五岁记事以后,我也学会唱了。义父看我有这方面的天赋,于是就开始教我唱戏。

记得大约五岁的时候,家乡遭了一次蝗害,地里到处都是蚂蚱,庄稼都没了,整天没饭吃,剧团也找不到地方唱戏了。加上战乱,于是我们只好到处逃荒。我饿得抱着妈妈哭,我妈没办法,把那豌豆秧抓了一把,用手揉揉,让我嚼嚼。好不容易到了漯河市里,我们就去投奔了李九常、陈万顺这些老艺人,和他们一起搭班,起码天天有饭吃,但还是吃不饱。

过去唱戏都是跑高台,唱一天卖的票不够大家吃饭的。有一次,李九常老师演了个《乱点鸳鸯谱》,后来一出牌,半天都卖不上票。他往台下一看,我和两个小女孩刚看了桑振君的《坐轿》,我们仨正在那儿学,她俩抬着我在那儿坐"轿"玩呢!后来李九常老师就有了想法,因为当时我们那儿还没坤角,他就想着让我们上台试试,也许会多卖点票。李九常老师问我敢不敢上台,我说敢。他就把我叫到跟前,教了我几句台词,很快就上场了,他就出了个戏牌,写着"今天有南北驰名小坤角,五岁登台献艺",把人家观众都诓过去了,人家也不知道是咋回事。那一天卖的票不少,等我演完,台下观众都上去抱着我,夸道:"这小妮这么能啊!"从那时开始,我就正式登台唱戏了。

当时因为年龄小,我演的都是小孩子,曲剧有《三娘教子》《丁生扫雪》《丁郎认父》《杀子报》《秦香莲》《卷席筒》等,戏报上写的"小坤角",当时没有女演员,我一个小姑娘上了台很受欢迎。我八九岁的时候开始学习小戏,我父亲教给我一出《七仙女下凡》,我演七仙女,给我配的小生是大人演的,个头很高。上场说完引子,要往凳子上坐,我因为个子矮坐

王秀玲,1956 年于北京

不上去,就专门有一个老艺人把我抱上去。就这样,这个戏一炮打响了,我因此得名"九岁红"。从此以后,我就陆续地排一些大戏、折子戏,就算是正儿八经地从事文艺了。当时义父家里人不同意我唱戏,可不唱戏没有钱吃饭,全家就得饿死,所以就一直演下去了。

宋喜元:总而言之,他们由于生活的逼迫,走上了戏曲道路,再加上秀玲有艺术天才,当时演《七仙女下凡》受到欢迎,越演越有兴趣了。接着,她又演了一个《丁郎认父》。《丁郎认父》中杨金成演丁郎的父亲杜文学,有一次,他到后台给我们讲述当年那些经过,说秀玲演得好,很入戏,哭得比较逼真,感动了观众,有观众冲上去狠打那个中军呢!秀玲吓得钻到拉弦子的凳子底下,趴到那儿不敢动。当时杨金成老师站出来说,观众同志们,你们不要打了,俺这是演戏呢!这说明秀玲演戏逼真,容易动感情。

过去的剧团,不管是河南豫剧、曲剧、越调,还是其他剧种,基本没有"正规军",都是个人办团。特别是曲剧,它是农闲了集中演员到一块儿来,唱唱曲子,农忙时各回各家种地,是一种松散团体。那个时候都兴"拜把子",就像《水浒传》里的换帖弟兄,所以他们有福同享、有难同当,都很团结。后来,经过发展,曲剧才逐渐步入正轨,成为国家的正式剧团了。

我当上了主演

王秀玲:新中国成立前,我们曲剧社就从豫西那一带慢慢移动。新中国成立后我们到了开封,后来就到了郑州,那时候我才十一二岁吧。当时团里主要有陈万顺、杨白菜、王中亚……还有几个

1949 年在西安演出《西厢记》,王秀玲(右)饰演张生

1956 年《花庭会》剧照　　　　　　　　　1950 年代《天河配》剧照

老艺人,以及我们一家三口,唱着唱着就来到了郑州,大概就在现在金博大那个位置落的脚。到郑州后,我们碰见了新生曲剧社(河南省曲剧团前身)。当时张团长和李金波看了我的演出,我很受鼓舞。有一次李金波在外地演出,就把我借过去救场,让我演了《铡西宫》,后来我就留在了新生曲剧社。

参加新生曲剧社以后,因为长期跟团演出,我学的戏就多了,凡是曲剧的折子戏我都演,如《花庭会》《风雪配》《蓝桥会》《听琴》《月下来迟》等,大戏如《铡西宫》《铡文通》等,渐渐地我就成了团里的小主演,后来我的待遇和李金波老师一样高了。即使这样,在郑州还是生存艰难,后来又跟着剧社全体人员到西安待了四年。

到西安以后,因为曲子戏很受欢迎,团里还专门请了两个京剧教练教我们练功,排了一些武戏,如《七侠五义》《呼延庆打擂》等,这些连台本戏在西安打得很响。那时候为了生存,大家团结起来拼命演出,日场、夜场都演。后来我们还试着演现代戏,《白毛女》中我演喜儿,又排的《小女婿》等也很受观众欢迎。有一段时间,我发现白天演出时总是有个女同志戴个口罩站台下看戏,后来听大家说才知道她是常香玉。常香玉当时也很年轻,她率领的香玉剧社正在西安演出;还有一

1978 年春,王秀玲(右三)和常香玉(左二)、魏云(左一)及《河南日报》摄影记者周淑丽(左三)等人相聚郑州中州宾馆

个狮吼豫剧团。我们也爱看常香玉的戏,他们也爱看我们的戏,有时候同台演出,有时候联合演出。常香玉同志很善于吸收,她的很多戏里都糅进了曲剧的唱腔,比如《红娘》中那段"耳听得谯楼上金鸡三唱",就是曲剧的阳调。

河南省曲剧团成立了

王秀玲:到了 1955 年,全国剧团进行登记,我们这个团通过郑州市做工作,正式调回郑州了,改成郑州市曲剧团。时任郑州市文化局局长徐继秋看了我们的戏很高兴,说我们这一代年轻人很有潜力可挖。当时国家还很困难,成团后工资定得都不高。刚开始票也卖不上去,徐继秋局长说要给剧团想办法,所以就有了《红楼梦》这个新戏,我演林黛玉。

宋喜元:河南是戏曲大省,豫剧的六大名旦,曲剧的秀玲、新芳,越调的申凤梅、毛爱莲,这些老艺术家都有着相同或相似的苦难经历,走到现在这一步,实在是不容易,可以说对咱河南戏曲的发展起到了推动作用,功不可没。

当时剧团登记以后,政府考虑得很周到,给我印象最深的就是每个剧团配备一个文化教师,除了演戏、练功,还要学文化;还配备了一个医生,这个医生不光看病,还要协助舞美搞一些杂务和其他行政工作。当时除了一个指导员外,都是工作人员,没有闲职。

王秀玲:上世纪 50 年代有个规矩,就是每个省里只要是有实力的剧团,都要到北京汇报演出一次,我们这个团得到了进京汇报演出的机会。《红楼梦》这个戏,我们加工提高了三次都没有成功,为啥?怕演出质量达不到。有一次剧团走到河北保定,又让回来了;还有一次走到邢台,领导说戏还不中,还得再加工;到第三次总算硬着头皮上了北京。在长安大剧院第一炮就是耿庚辰和万宝珠的《赶脚》,我们接演《风雪配》,结果一炮打响。本来定的是演十场,后来一下子演了五十场。人民大会堂、怀仁堂、政协礼堂,各个部委都请我们去演,茅盾、老舍、马少波等这些大家都写了剧评。后来中央宣传部说,这么好的一个剧种,省里为啥没有个曲剧团呢?当时省文化局副局长冯纪汉听到以后,赶快给郑州打电话,我们剧团还没有回来,调令就已经到了,等我们回到郑州,就正式宣布成立了河南省曲剧团。

宋喜元:1960 年 3 月,河南省曲剧团挂牌,以郑州市曲剧团为班底。为了加强河南省曲剧团的演出阵容,当时领导又把洛阳的马太山、高桂枝、谢禄,南阳的徐庆生,开封的张新芳、刘道德、任天翔等这些同志,都调到了河南省曲剧团。

王秀玲:重新整合的河南省曲剧团行当也齐全了,生、旦、净、末、丑都有了。自从阵容行当充实了之后,我就专攻闺门旦和花旦了,青衣行当由张新芳专攻。接着又排了几个新戏,就开始到外地演出。

宋喜元:把这些同志陆续调上来以后,省曲剧团实力增强了,可以走出去,到广州、上海这一带巡回演出了。到每个地方演出都很受欢迎,曲剧的影响进一步扩大了。

"舞台美人"王秀玲

王秀玲：河南省曲剧团很快就站稳了脚跟，但没多久，"文革"的信号已经放出来了，停止演传统戏，只能排现代戏，当时我们就排了一个现代小戏《游乡》。

宋喜元：《游乡》最初源自河南项城一个小学生写的日记，意思是他家里谁谁投机倒把，做法不好。日记被老师读到后就写到黑板上，并在学校的刊物上发表了。后来时任省委宣传部副部长于大申发现了这篇日记。就这样，剧作家们把它加工改编成了一个小戏，就是今天大家看到的曲剧《游乡》，当时是于副部长亲临现场监督排练的。

王秀玲：因为时代的原因，现代戏我演了十几年。《游乡》这个戏还参加了中南五省小戏调演。这个戏虽然不长，但是融歌舞于一体，很有特色。戏中女主角有担挑子的表演，刚开始我不会，后来就下去体验生活了。

宋喜元：那时候，一年一般有一个月的时间要深入基层体验生活，要么给你送到连队，要么给你送到工厂，要么给你送到生产队。去生产队要和老百姓同吃同住同劳动，也同样记工分。

王秀玲：我过去演出《蓝桥会》，也有担水桶的表演，但是时隔多年，我在《游乡》中一挑又挑不成了，挑子老碰脚后腿。后来领导说，下去体验生活吧，就叫我到郊区和群众一块儿挑粪，挑了将近一个月，回来以后再挑挑子，慢慢锻炼。光这个挑子我练了半年，肩膀都练出茧子来了，衣服磨

《游乡》剧照，1964年摄

烂了好几件。功夫不负有心人,练了一段时间再排戏,于副部长一看就说不错,就去参加了调演。《游乡》《打铜锣》《补锅》这三个小戏是比较出名的,这是原中南局第一书记陶铸看中的,后来就筹备拍电影。

王秀玲,1965 年于广州

宋喜元:当时在北京演出还赶上了1965 年国庆节大游行,《游乡》是河南的剧目第一个上游行彩车的,后来中央首长在人民大会堂接见了剧组。可以说,《游乡》这个现代小戏又把河南曲剧往前推进了一步。

王秀玲:《游乡》在北京演出很轰动,有两句词还是周总理亲自改的,当时合影照相的时候,我就挨着毛主席坐那一排椅子后面,很激动。

宋喜元:周总理当时给改的词是,"在阶级社会里头,无不打上各种阶级烙印"。总理说要把这一句加上。

在广州中南区转广州会演的时候,有一天晚上,陶铸书记、河南省省长吴芝圃去了后台,陶铸问,《游乡》那个小姑娘呢?领导赶紧叫秀玲往前站。陶铸书记就问,你今年多大了啊?秀玲回答,我今年二十九了。又问,那你演几年戏了?她说从小就演戏。陶铸书记说,那你还是个小老艺人呢!后来陶铸书记又看了一场秀玲演出的《风雪配》,接见秀玲时夸她是"舞台美人"。

《红楼梦》《风雪配》《游乡》等都是秀玲的代表作。她在北京参加文化部讲习班之前,没有固定行当,花旦也演,青衣也演,生角也演,甚至小老包也演。《风雪配》当时由河南电影制片厂拍摄,导演是路振隆。《游乡》是 1965 年广州珠江电影制片厂拍的电影。遗憾的是,《红楼梦》当时没有拍成电影保存下来,但是这个戏录音了。李金波男扮女装演的贾母,那时他快八十岁的人了,嗓音失润了,几乎无法演唱。当时省电台的李金翠老师就说,必须得抢救啊,唱不出来也要录,虽然录

《风雪配》剧照，1980 年代摄

得很不理想，但不管怎么着，还是留下了录音。

王秀玲：半个多世纪以来，曲剧这一地方剧种的发展与传承可以说很坎坷，通过我们全体曲剧人的不懈努力，才走到了今天。

宋喜元：过去的人事业心都很强，都着重练功。省曲剧团刚成立时，秀玲是剧团演员队的队长，她这个队长我认为不太够格，她啥事都不管，每天就知道练功和演戏。

王秀玲：你一天不练功自己知道，两天不练功同行知道，三天不练功观众都知道。同志们当时都非常敬业，可以说就是以团为家，把曲剧当成了自己一生追求的事业，团结一心把剧团搞好，没有尔虞我诈、争名夺利。对我来说遗憾的是，当我艺术正在爬坡的时候，"文革"来了，那时我刚三十岁出头，一下子耽搁了十年，粉碎"四人帮"以后，我就四十岁了，又抓紧时间排了几个戏，也到北京演出了一场，但元气好像恢复不过来了。

1981 年，上级领导指示要把《风雪配》拍成电影，那时我已近四十八岁了，扮相也不好看了，但是为了抢救这个遗产，还是拍了电影。我是很遗憾的，感觉没有当年在舞台上演得好。

宋喜元：我始终认为，只要能本着出精品、出人才的精神，戏曲还是很有希望的。我和秀玲虽然退休了，但是还一心牵挂着河南戏曲特别是曲剧的发展，尽量多培养一些学生，多做传承，发挥点余热。有时候学生找我们，有时候我们主动找他们。但时代发展到今天，似乎没有过去那种气氛了，要求年轻人像我们当年那样如饥似渴、一心一意地学习也很难，怎么办？还是要慢慢启发他们。前天，我还给刘艳丽、李卫红，包括张付中等同志说，你们一定要虚心学习，踏进文艺这个门，你就要当一辈子学生，因为艺无止境。今天排个节目，演员得学吧，乐队也得学吧；明天再排个节目，还是有新问题，你还得学。所以说干一辈子文艺，就要当一辈子学生。

恰似当年王秀玲

王秀玲：现在我已经七十多岁了，退休以后还出了一次车祸，腿摔伤了，身体受到影响，想再去做点事也做不动了，只有靠学生。我的十几个徒弟都很不错，做人低调、刻苦用功。我退休以后，艳丽她们也都接着我的戏了，参加几次省里比赛，还得了不错的成绩。艳丽声音很甜，从表演到唱腔有点像我年轻的时候，后来还有人写文章，题目就是《恰似当年王秀玲》。艳丽除了个子比我稍微矮一点，表演方面我觉得有些地方已经超过我了。我的舞台艺术生涯六十年晚会，又给她排了一个《黛玉葬花》，她很入戏，也很聪明，悟

1980 年代，宋喜元（右）和马进贵（左）、马牧（中）一起研究《风雪配》唱腔

性不错,继续提高的空间很大。

郑州市曲剧团的孙玉香,是我最早的一个学生,从戏校出来就拜我为师了,她也几次参加了省市戏曲青年会演,凭借《风雪配》得了大奖。卫红这个孩子也努力上进,平常不断练功,身段、表演非常好,功底比较扎实。杏娥和芳欣她们都是以唱为主,唱功比较好。她们几个现在都是国家一级演员了。这次在汝州市办曲剧节,她们都参赛了。我的学生有七个进入了"十大名旦",也有的获提名奖,表现都不错。现在有人说剧团要推向市场,推向市场也没啥可怕的,我们过去都是民营剧团,都是自己挣钱来养活自己,只要你有技术,只要你唱得好,那都没问题,不要怕。

不仅是我的学生,我希望曲剧的所有年轻演员都要苦学苦练,通过自己的不懈努力与追求,把曲剧艺术一代一代传承下去。我也希望广大听众和戏迷同志们,多多支持曲剧,让曲剧更好地发扬光大。

宋喜元:感谢省电台戏曲广播,感谢月阳给我们这个机会,能够和广大听众、戏迷进行沟通,彼此交流。希望从事戏曲艺术的年轻人,能够从我们这些老同志身上得到一些启迪,学习过去老艺人那种艰苦奋斗、刻苦学习的精神,把这种精神发扬光大。

王秀玲:我们做不到的事情,希望年轻一代能够接过接力棒,努力拼搏,如果你们懈怠的话,曲剧的未来就没有希望了。最后,我和老宋还是希望广大戏迷和观众多多支持曲剧!谢谢大家!

2007 年

月阳录音整理

海连池·《卷席筒》

请扫码收听海连池原声音频

海连池(左)和月阳,2007 年于郑州

苍娃大义
菊坛有道

　　海先生的大名是我孩童时期就熟悉的,记忆中,大荧幕上、收音机里的"小苍娃我离了登封小县"的美妙旋律曾是童年难忘美好的记忆。但我做梦也没有想到,多年以后,我阴差阳错地成为一名戏曲栏目主持人,竟然能有机会和电影里、收音机里、连环画中的"小苍娃"成了忘年交。

　　在我近二十年的戏曲节目播音主持生涯中,曾和海先生同台多次,其中印象最深的一次就是去豫北农村,由于当天演出时间推迟,我得以有机会和海先生攀谈起来,了解他的童年以及后来从艺和成名的经历。

　　海连池先生 1941 年出生在河南禹县(今禹州市)刘庄,但海家祖上不是当地人,而是从郑州刁沟村迁过去的。海家除了二亩薄地、两间土坯房外,其他一无所有。父亲是个鞋匠,在海连池八岁那年,有一天他趁父亲不在场时,接了一份钉鞋的活儿,而且钉得干净棱正,得到主顾的赞扬。这让父亲大吃一惊,也让父亲刮目相看。从此以后鞋摊子旁边除了一个老海,又多出来个小海。

　　幼年的海连池,最大的乐趣就是听三伯拉越调弦,边听边往心里记。一首曲牌或一段唱段听过,三五遍就能烂熟于心。一心忙于生计的父亲对此很不屑,或者根本就没发现儿子这种偏好。

海连池还有一个八伯。这个八伯参加过冯玉祥的部队,是个开明的人,有着不一般的思想见地。八伯见年幼的侄儿有艺术细胞,就给他买了把弦子,鼓励他跟着三伯学。那时候买把弦子,差不多相当于现在买台钢琴。八伯也是个戏迷,一有空就带着侄儿去看夜戏。方圆四周只要有戏,叔侄俩常常奔波几十里去看,一场不落。对戏曲萌芽的海连池来说,这真是莫大的支持和"怂恿",也是幸运。

看戏过程中,他常常用心记那曲、那调、那腔,回来就温习,用八伯给他买的那把弦子练。有一年夏天,一家业余曲剧团巡回演出来到了十里铺,唱的是《大祭桩》和《柳公子投亲》。小小年纪的海连池虽然还没听过曲剧,但只要是戏,不就有拉弦的嘛,只要有拉弦的,就非去听不可,于是,他就钻到最前边的舞台角看。一看就迷上了,从此,曲剧在年仅五岁的海连池心里落下了根。

说来也怪,自打海连池留心曲剧,来庄上演曲剧的就多起来了,隔三差五就会有一台两台。每当这时候,他便会早早地干完父母交代的活儿,就直奔演出场子去了,不错过任何一场戏。戏看完了,能美上好几天。那戏、那演员、那曲子、那招式,在他脑海里一遍遍地过,挡也挡不住。小连池就哼哼呀呀地模仿,一招一式

海连池(左三)和王秀玲(右三)、孙炳新(右一)及剧作家孟华(右四)等人,1980年代于郑州黄河迎宾馆

地比画,兴趣十足地琢磨。他不但琢磨大弦、曲调,还琢磨唱腔、表演,不管有人没人,就在那儿比画着学呀练呀,慢慢地有模有样了。

中年海连池

八岁那年,海连池登上了业余舞台,这事在村上轰动了好一阵。终于有一天,不知道是听见村里哪个人无意中说了句谁谁报考剧团的话,一句话点醒了怀揣着戏曲梦想的海连池,说去就去。这一试,他还真考上了当地一个剧团——禹县工人豫剧团。也就是在这里,他找到了自己的终身归宿。

撰写此文时,海先生已经仙逝七年有余。海先生生前,我曾多次提出为他录制艺术人生回忆录的请求,先生首先表示感谢,认为我这个年轻人做了一件有利于戏曲传承的功德之事,但先生做事认真,生怕自己回忆不够全面,说等自己身体好了,好好准备之后再录制。但是,海先生最终还是没有完成我给他布置的"任务",2012年10月4日,他带着对曲剧艺术的不舍走了。我也为自己当初没有再次向先生发出邀请而倍感遗憾和自责。

特以此文,怀念曲剧大家海连池先生,缅怀他为曲剧艺术的传承与发展所做出的重大贡献。

海连池,于 1980 年代

海
连
池
人
生
录

初进剧团

1941 年,海连池出生在河南禹县刘庄。少年海连池,贫穷是生活的主调,为此,小小年纪的他便下决心学手艺长本事,要养活一大家子!

生活的艰辛没有阻挡住海连池对艺术的喜爱,他四处看戏,跟着三伯拉弦,八岁那年还登上了业余舞台。后来,他又瞒着家人独自去禹县工人豫剧团应试,考上的他满心欢喜,却因父亲的反对,只得作罢。

1954 年,一场天灾和由此引发的疾病让本就穷得叮当响的家里雪上加霜,无奈,海连池父亲把赊来的一点保命口粮留给四个儿子——老大、老三、老四、老五,自己则带着妻子和海连池、老六,出去漂泊谋生。从此,一家人被迫分开。海连池不仅能帮助父亲钉鞋,而且会利用自己的一技之长——拉弦以招徕顾客。就这样,他们沿路钉鞋拉弦,艰难度日。有一次,他们来到登封地界,已经学会了父亲手艺的海连池,背起父亲给他做的箱子,单独出去,掌鞋拉弦。

不久，海连池到一个工地掌鞋，恰逢郑州市曲剧团来演出，他的弦子声吸引来不少顾客，当然还有三三两两曲剧团的人。有一天，又来了两个剧团的人，他们钉完鞋并不走，要听海连池拉弦。他们充满兴趣听了两段，其中一人对海连池说："拉得不错，瞅你小子挺有意思，想不想去剧团哪？"一句话，又勾起了海连池心中的梦想。

第二天，海连池背着他的掌鞋箱，来到剧团大院。昨天在工地上遇见的那个人已经在等他了，原来他是剧团的音乐设计，名叫王培英，在他的带领下海连池来到剧团领导面前应试。听完他拉的几段，团领导脸上露出了笑容，和蔼地说："明天带着你的行李来团里上班吧。"海连池有些不敢相信。

当他回去忐忑地把事情告诉父亲，等着再次挨骂的时候，父亲却报以沉默。就这样，1955年海连池参加了剧团，开始了他一生为之奋斗、为之迷恋、倾注毕生心血的艺术生涯。

然而，海连池的艺术生涯可不是从舞台上开始的，而是在幕后。剧团的人们最初谁也没发现他有表演方面的才能，光知道新来这个小孩黑黑的皮肤、圆圆的脸庞、愣愣的表情，不多与人说话，就是拉一手好弦子。乐感好，节奏好，音准也好，所以，剧团上下都瞄准把他往演奏乐手方向培养。

最初交给海连池的任务就是拉弦，行话叫伴奏。海连池很快便适应并胜任了这份工作，还不断得到领导的表扬。拉弦之余，海连池还喜欢看演员们练功，看着看着，就忍不住比比画画，自己也跟着练。有一次，一个招式耍过，恰被武功教练赵洪举老师看见。

"哎，你不是不会表演吗？"

海连池不好意思地笑笑："那时候还不会，来团里才学的。"

"中啊，你小子练得像那么回事，还挺有范儿，以后可以弄个王朝马汉上上。"

从此以后，海连池在团里除了拉弦伴奏，还做起了兼职演员。大半时间在幕后，又不断到前台，从打旗跑圆场的龙套、偶尔呐喊一句的士卒，到说上两句话的探子，再到有三两句台词的群众、来上四句唱词的角色……没多久，他就渐渐吸引了不少观众的眼球。

青年海连池

戏校深造

1956 年,海连池被剧团保送到郑州市戏曲学校,成为第一批学生。

上世纪六七十年代的郑州人,提起牛万里、张北辰,没有不知道的。他们一个是市委书记,一个是市长,两个人都十分关心剧团。而市长张北辰,当时就兼任郑州市戏曲学校的校长,市委书记牛万里也和郑州市戏曲学校联系非常密切,隔三差五总要来学校看看。由于这些市领导对戏曲学校非常重视,使得刚建立的戏曲学校一开始便集中了力量雄厚的师资队伍。

由于学校起点高,名声远,对学生的录取也非常严格。人们不知道从哪里打听到的消息,反正那年报名应考的竟然有三千多人,后来刷到三百人,最后包括演员、乐队在内录取了一百五十人。

刚成立的郑州市戏曲学校,设有曲剧、越调和豫剧三大剧种的专业班,学制四年,两年学习,两年实习。从此,海连池开始了他人生中最珍贵、最美好的学生生活,也由此迎来了他艺术生涯新的转折点。

那段日子多开心啊!海连池学着自己喜欢的戏曲,每月还补助十块钱。海连池每月只拿出三块钱紧打紧地花,其余的七块钱全寄给家里。一直反对海连池参加剧团的父亲,看到儿子不断送回来的实惠,也渐渐地消除了抱怨,转变了态度。母亲和兄弟们都为此欢喜不尽,为他骄傲。

生活的贫困,让海连池更加珍惜这仿佛上天赐给他的难得的学习机会。这是非常正规的四年,是心无杂念、争分夺秒的四年。反正只要是海连池觉得按照老师的要求还没有达到尽善尽美的课程,他都要补上。

在学校,海连池专攻花脸。学校要求每个学生全面培养,各行当的知识都要有。因此，花脸、须生、胡子、小生、武生、武丑等行当的基本知识海连池都掌握了，这也为他以后的全面发展奠定了扎实的基础。

当时，省会有三大剧团——郑州市豫剧团、郑州市曲剧团、郑州市越调剧团，每个剧团都和郑州市戏曲学校直接挂钩，列着计划，下着订单，等着人才出笼。每个团每个月还各拿出五百元给郑州市戏曲学校，贴补教育经费，改善学生生活，也是为他们各自剧团的人才建设进行预投资。

艺术人才的培养，市委书记过问，市长亲自抓，各级领导重视，政府投资，剧团贴补经费……那真是戏曲发展的黄金时代，新中国渴望人才、培育人才、呼唤人才的急切性可见一斑。

从龙套到主演

1959 年 12 月，就在海连池戏校两年学习结束、开始实习期间，他遇到了河南曲剧宣传与普及的一次极为重要的演出。当时，郑州市曲剧团带着《陈三两爬堂》《风雪配》《赶脚》等剧目到北京汇报演出，一演就是三十多场，受到了毛主席、周总理和董必武、朱德总司令的亲切接见；首都几家报刊也纷纷发表了老舍、田汉、冰心、马少波等大家的评论文章。由此，河南曲剧得到了一次极大张扬，誉满首都，蜚声全国。从那个时候起，海连池就坚定了为戏曲艺术、为曲剧事业奋斗终生的信念。

因为这次进京演出的轰动和影响，所以剧团回到河南之后不久，经省委批准，于 1960 年 3 月成立了河南省曲剧团，郑州市曲剧团的大部分人员都划归省曲剧团。由此造成郑州市曲剧团人才紧缺，海连池这一届学生毕业了，就几乎被全部收进了郑州市曲剧团。

在戏校，海连池学的专业是花脸，新组建起来的郑州市曲剧团演出倒也不少，上演的剧目也很多，但是花脸戏少得可怜，确切说是几乎没有。所以，这一阶段海连池只能还像以前当乐手时期搞反串一样，在各个戏中跑个龙套。这一跑就没个头，几十出戏里的龙套都跑过来完了，就是碰不到演自己专业行当的机会。

这可不行！想来想去只有一条路可走，就是偷学戏。从此，上场门和下场门成了海连池偷学戏的课堂。只要台上有演出，只要没任务，他就站在那儿，巴巴地看，细心地比，牢牢地记，比在学校上课时还用心，还刻苦。

功夫不负有心人。二十二岁那年，团里给部队演出一场《风雪配》，这个戏正在海连池偷学最多的范围之内。那天，部队官兵们在台下坐得整整齐齐，热切地等待着演出开始。后台各部门也基本准备就绪，团长却意外地发现饰演严俊的演员不见了，那可是男一号，这还得了！而这时，离演出开始仅仅剩下十分钟了，团长等啊，急啊，找啊，喊啊……就是不见人影。团长突然意识到，这是演员故意的，闹情绪啦，撂挑子啦！那么，宣布停演吗？这是部队啊！军事日程，半个月前就安排好要看这场演出了，能随便推掉吗?！急得要死不得活的团长就剩最后一招了，就是问问老演员中有没有人以前演过这个角色，现在还能不能演，敢不敢演。团长的眼神从在场的每一个人脸上扫过，可人群中鸦雀无声。

突然，团长惊讶地发现，海连池站在了他的面前，定定地看着他。"海连池，那你就给我上吧！"团长斩钉截铁地说了一句，拍了拍海连池的肩膀，把他推向化装台。团长感激之余又十分担心，他知道海连池自入团以来，基本就没演过大角色，他会把严俊这个文丑男一号角色演成个什么样？要是演砸了，不但自己受处分，连剧团的声誉也要赔进去了。

在化装、服装老师们一阵手忙脚乱后，海连池像模像样地站到了台上，一霎时，杂念、担忧、不自信……什么都没有了，脑海里留下的都是剧中人物的思、想、盼、念、喜、怒、哀、乐。道白流利，台词准确，台下的掌声、叫好声此起彼伏。演出一结束，兴奋、激动的团长顾不上召开班子会议研究，当即召开全团大会，当场宣布：从此以后海连池就是扮演严俊的 A 角！

没多久，在信阳市确山县的一次演出中，同样的事再次发生，又是一个演员突然失踪。这一次，大家的心里都有了底似的，第一反应就是把目光投向了海连池。海连池依然没有让团长和大家失望。这一次演出剧目是《卷席筒》，饰演曹保山，文生加须生。不多的几句唱腔，唱得有板有眼，字正腔圆，连音色也变得哀婉苍凉，行当特色毕现。

两次成功救场,震惊了全团上下。演艺场上就是这样,有能耐,要要看;没能耐,靠边站。从此,团里便开始大量地专门为海连池排戏,诸如《郑思成》《薛刚反唐》《阎家滩》《赶脚》《山村姐妹》《社长的女儿》《下乡》《红石钟声》《春风化雨》《飞犬奇案》《杜鹃山》《沙家浜》等传统戏和现代戏,无一例外地海连池都是男一号。几年时间里,足足有十几个戏压在了海连池的身上。

魅力"小苍娃"

"文革"浩劫过后,剧团开始商量排新戏了。但是,文艺的春天刚刚来临,政治气候还在一阵暖一阵寒,人们心中还有余悸,因此,商量选择剧目的时候,大半的提议还是从"革命内容"上考虑,从"三突出""高大全"方面考虑,提出的剧目多是革命戏、现代戏、保险戏。但是,海连池却提出了排演古装戏,建议把他儿时最喜欢看、最念念不忘的《卷席筒》重新加工。决策者们犹豫、观察了很长时间,看到确实处处在解冻,又听到北京、上海好多地方陆续有恢复传统戏的消息,最终采纳了海连池的意见。

这是郑州市曲剧团"文革"结束后的第一仗。为了打好这一仗,曲剧团领导班子决定扩充阵容,他们去市戏校借调了一批人。乐队不齐,扩招乐手。就连剧中"苍娃"这个一号角色,一开始也不是海连池,一下子排了 A、B、C 三个演员来担任,谁好谁演。

当初,海连池主动提议排演《卷席筒》,了解的人都推荐他演苍娃,他自己也主动要求演苍娃。团领导为了尊重大家的建议和照顾海连池的积极性,才把他排进了苍娃名单,但还是不确定他能否把苍娃演好,会不会把丑角演成大花脸,所以,最初的苍娃演员名单列了一大堆。但海连池心中有数,而且自己还有一套对《卷席筒》的独特理解,对小苍娃的独特把握,对这个人物的独特设计。所以,不管有几个演员竞争这个角色,他觉得自己就是小苍娃,自己的出身、生活经历就像小苍娃,阅历相近,感受相同,对人物感情的体验深度没有人赶得上自己。他给自己确立"以情感人、以清定人(吐字清晰)、以曲招人"的表演原则,丑角正演。他整

戏曲电影《卷席筒》剧照

天泡在小孩子堆里,观察他们的一颦一笑、一举一动。另外,他在造型化装上也动了一番心思。

一分付出,一分收获。终于,一个善良纯朴、活泼可爱的小苍娃鲜活地在舞台上立了起来,这部掩埋在传统戏堆里不显山不露水、平平淡淡演出了上百年的寻常剧目,竟然产生了从未有过的轰动效应。为了买戏票,有的观众拉着席子,挟着被子,睡到售票处门口,等候买第二天的戏票。剧院每天演两场,一演就是四个多月。眼看东方红剧场满足不了人们看戏的需求,于是,文化局和剧团领导决定换大场子。当时的人民公园有一座宽敞的露天剧场,可以容纳上万人。而且人民公园四个大门处都装上了大喇叭,以便进不来的观众在外面也可以听到现场的演唱。为了满足观众看戏需求,政府也是鼎力支持,积极行动,不但在公园各个门口开辟拖拉机停车场,而且让公交公司开辟直通人民公园的新线路,并且延长公共汽车收车时间。

曲剧《卷席筒》的轰动惊动了电影界。三家电影厂闻风而起,争相投拍这个戏,西影、北影、长影一齐把目标锁定郑州,锁定曲剧。最终,西影厂拿下了拍摄权。《卷席筒》果然不负众望,影片在全国放映后,反响强烈,上座率极高,1980年荣获大众电影"百花奖"戏曲片大奖。

1983 年，《卷席筒》续集正式推出，再度由西安电影制片厂拍摄成戏曲片，1985 年放映后效果依然不减，电影拷贝远销我国港、澳、台地区和东南亚各国，创下当年戏曲片发行的最高纪录。1986 年 5 月，在由文化部召开的全国叫座剧目会议上，《卷席筒》荣获三个第一：叫座剧目第一，全国盒式戏曲录音磁带发行量第一，百花奖选票第一。民间的评价就没那么高深正经了，而是活泼又形象，叫作"一张破席卷遍东南亚"，另外奉送一个外号"卷钱筒"。

从此，海连池的形象也定格在了人们心中，只要一提"小苍娃"，就是那支冲天小辫，那份朴实娇憨，那种让人心酸着笑的可爱模样。海连池成了"小苍娃"，"小苍娃"也成了海连池。

练绝活儿演人物

多年来，海连池有一个自始至终都不变的习惯，就是进入化装室就不再说话，开始进入人物。这时候他的心里只装着人物，变身剧中人了。不用说，上台之

1985 年 5 月，《卷席筒》续集由西影厂拍摄完成，剧组杀青留念，第一排左二为海连池

后的他就更是忘我了。而且每每演出结束半小时之内，他往往还沉在戏里出不来。

戏曲就讲究绝活儿，老艺术家们最讲究练绝活儿。在这个方面，海连池曾经也下了不少功夫。

排演《徐九经升官记》的时候，有段唱腔要一口气唱三十二个字。刚开始练唱的时候，海连池不适应，就对音乐设计潘永长说："老潘哪，你这三十二个字不让我换气，诚心要把我憋死。"潘永长笑了，说："你不是喜欢绝活儿？这地方真练出来了，就是绝活儿。"海连池也明白这是老潘按照人物设计的，便开始琢磨窍门，下功夫苦练，直到把这"一口气儿"练得炉火纯青，轻松拿下三十二个字。人物出来了，效果也出奇的好，赢得满场掌声。

再说《薛刚反朝》这出戏，排演了一个星期就对外演出了。虽然时间略显仓促，但是海连池在戏中的表现却可圈可点，尤其是里边还有不少绝活儿，除了有"五大功"——帽翅功、髯口功、跪步、水袖、蹉步外，还有个笑声。这个笑声是海连池自己创造的，憋着一口气，"哈哈哈哈哈哈……"能连续笑两分钟不换气，而且有韵律，有节奏，有起伏，有高潮。每场演出，一口气笑下去，是雷打不动的"死好"。这个绝活儿，被海连池当成传家宝贝传下去了。

海连池因《卷席筒》而声名鹊起后，被上级任命为剧团业务副团长，并且没有事先谈话，文化局直接下了红头文件。但是，海连池不干，怕耽误业务，耽误演戏。好不容易在艺术上踢腾出个场面来，一当个头头脑脑就又完了。上级领导找他谈话八次，他愣是没松口，坚决推辞。可是，上级领导这一回似乎也是铁了心，就是不退缩，不着恼。你海连池不是把下

《薛刚反朝》剧照，海连池（前排中）饰演薛刚

的文件都撕了吗？领导就又拿份新的出来,而且不声不响地把业务副团长换成了团长。海连池这下犯难了。看来,上级领导也铁了心,看清了更改后的红头文件,海连池这一次没有再拒绝,而是想了很久。后来想通了,团长就干上了。从此以后他调整心态,开始领着剧团一步一个脚印地干,直到五十八岁退休。

传承与希望

从上世纪 70 年代中期到本世纪初,既是中国人的繁荣盛世,也是海连池的繁荣盛世,他一共主演了七十多部大戏,诸如《红楼梦》中的贾政,《风雪配》中的严俊,《薛刚反唐》中的徐策,《甲午海战》中的邓世昌,《社长的女儿》中的社长,《杜鹃山》中的雷刚,《焦裕禄》中的焦裕禄,《酸枣岭》中的刘子贵,《谁来当新娘》中的石二能,《徐九经升官记》中的徐九经,《赵氏孤儿》中的程婴,《卷席筒》中的曹张苍等,也因此形成了特色独具的曲剧"海派"艺术。

流派艺术需要传承。海连池也收过一些徒弟,但是他带徒弟的方法和其他人不大一样。很多流派传人讲究传授流派的原汁原味,讲究毕肖,讲究酷似。海连池却不这样,他经常对徒弟们说:"著名画家齐白石老人说过,学我者生,似我者死。演戏同样,你们把我海连池模仿得难辨真假,也顶多是个模仿秀,不能叫表演艺术家。跟老师学艺要学神,不要拘泥于形。抓住了神,再加上自己的演绎,形成自己的风格,才不枉拜了我这个师傅。"

在海连池的弟子中,有一个最为特殊的,就是他的儿子海波。大家都说海波演出的《卷席筒》,那扮相,那唱腔,活脱脱一个三十年前的海连池。看到儿子在艺术上越来越上道,越走越顺当,承

海连池下基层演出,1980 年代摄

左:海连池(中)及弟子表演《卷席筒》选段
右:海连池(左)和儿子海波同台演出

接起自己的代表剧目,演得有声有色,做得活灵活现,海连池颇感欣慰。

回首六十多年的风雨历程,海连池颇为感慨。他说:"只要能让我重新站在十三块板上,只要能让观众开心地笑,使观众为'小苍娃'哭哭乐乐,一切我都可以忽略不计。我演了三十多年的'苍娃',观众仍是一听说我要来,就欢呼着奔走相告。这是最珍贵的荣誉,也是最隆重的封赏。我心里清楚,百姓喜欢我海连池不假,但从骨子里爱的是'小苍娃'这个人物形象中透出的善良与美好。我由衷地感谢最初创造这个人物形象的艺人和剧作家,感谢苍娃与自己的血脉相连,感谢百姓对苍娃的喜爱。所以,老百姓放不下苍娃,苍娃更放不下老百姓。只要老百姓喜欢我,即使再病再难我也会去赴这个约。"

2010 年

月阳整理

(本文源于孟丛笑撰写的《海连池艺术评传》,在此鸣谢。)

牛长鑫·《武家坡》

请扫码收听牛长鑫原声音频

牛长鑫(右)和月阳,2019年4月于南阳

『南牛』长鑫
曲意 情深

　　在河南戏曲界素有"南牛北马"之说,"北马"即被誉为"活寇准"的马骐先生,"南牛"即著名曲剧表演艺术家牛长鑫先生。

　　牛长鑫先生是我所仰慕的一位大家,我对牛先生的仰慕绝不仅仅是因为他高深的艺术造诣和他所塑造的一个个血肉丰满、性格迥异的舞台形象,更令我心生敬意的是他高风亮节、低调内敛的人格品性。牛长鑫先生所独创的河南曲剧牛派艺术独树一帜,被众多的戏迷观众追捧与喜爱,而了解熟悉牛长鑫的人都知道,牛先生不仅是一位艺术上集大成的艺术大家,更是一位为人谦和、与人为善、虚怀若谷的谦谦君子。

　　"皇陵太庙痛伤情,太白醉酒戏奸佞;武家坡前夫妻会,巧设阴司审潘洪。谦逊淡泊周宛地,德艺双馨大师风;豫南一声洪声起,曲坛谁比牛派生!"一位戏迷赠送给牛长鑫先生的这首诗,以简短的五十六个字概括了他的艺术成就和大家风范。

　　牛长鑫先生于1942年出生于河南方城,在他的记忆里,父亲牛润之是他艺术路上的启蒙老师。受父亲的熏陶,他从小对戏曲艺术就有浓厚的兴趣,因为有一副天生的好嗓音,十岁那年,他凭借着优异的成绩考入了当时的方城县曲剧团,从此走上了戏曲之路。进团不久,父亲便给他讲了许多历史故事以及人物的性格及心理矛盾,由于聪明好学、天资聪慧,父亲很快就教会了他《空城计》中诸葛亮这一典型人物的塑造。虽然年幼,但他勤奋好学,遇事总爱打破砂锅问到底,戏曲中的许多角色人物,他总是很快就心领神会,所以他一登台就得到了观众的满堂彩。父亲时常教导他:一个戏曲演员应该是个"杂家",应唱念做打俱全。牛长鑫谨遵父亲教导,同时也为自己开启了一条生命不止、修行不息的自律之路。七十余载的花开花谢,七十余载的暑去寒来,他从不间断地苦练基本功,用自己的言行为我们书写了一个大写的"人"字。

在艺术创作中,他从不墨守成规,而是在遵循艺术发展规律的基础上改革创新。半个多世纪以来,由他塑造的众多艺术形象,均有着自己独特的见解和鲜明的个人气质,尤其是他大气洒脱的身段表演和大腔大口且独具韵味的唱腔风格更是独树一帜,因而被广大观众誉为曲剧"牛派"艺术。

谈到牛长鑫先生所主演的剧目,其看家戏《困皇陵》不能不提。在剧中"哭庙"一折中,有一段核心唱段,一百多句的唱词,时长达十四分钟半。这大段唱腔要想

《困皇陵》剧照

《状元媒》剧照

抓住观众,把观众带入剧情,耐心听完是很难做到的,而牛长鑫先生凭借强大的气场和艺术感染力,不仅能吸引观众,还能让观众连连喝彩、掌声雷动,这完全归于他的勤奋和博学。在剧团工作的几十年,每当有新的任务,接手新的角色,他总是查阅大量历史资料,首先吃透剧中人物所处的时代背景,从理解人物性格和处境入手,采取"先声夺人"的演唱技巧,然后运用极具感染力的大段道白,先缓后急,待一段唱腔尾声时,

2008 年在香玉大舞台演出《武家坡》,牛长鑫(右)饰演薛平贵,史雪沛饰演王宝钏

一改以往大拖腔的方法特点,剑走偏锋,反其道而行之,让声音戛然而止,使观众回味无穷、欲罢不能。演绎每一出戏,他总能稳稳抓住观众的内心世界,从而达到"此时无声胜有声"的艺术境地。几十年的艺术生涯,牛长鑫先生对曲剧唱腔进行了大胆的探索与改革,经过大量的艺术实践与不断印证,得到观众认可,也使他的艺术特色与风格逐步走向成熟。比如,为演好牛派经典剧目《夜审潘洪》中的寇准,他大量广泛地搜集史料,从而了解到当时的寇准还是一个年轻的七品官员,可谓官微言轻,若要提审官大权威的潘洪,必须与潘洪斗智斗勇。通过不断研究,他最终用细腻的心理刻画并结合细致入微的表情,以及巧妙的身段动作,为我们塑造了一个刚正不阿、机智灵活、一心保卫大宋社稷的清官寇准的艺术形象。

多年来,牛长鑫先生博采众长,潜心学习,不断历练自己。由他所独创的曲剧牛派唱腔在行腔上尤其注重鼻腔共鸣和尾音的拖腔,极具浓郁的南阳音韵和地方色彩,从而形成了其唱腔浑厚洪亮、韵味醇厚,表演朴实无华、刚健洒脱的艺术风格,成功地塑造了一系列颇具个性的舞台艺术形象。如传统戏《困皇陵》中的宋太宗、《夜审潘洪》中的寇准、《武家坡》中的薛平贵,现代曲剧《沙家浜》中的郭建光、《平原作战》中的赵永刚、《惊蛰》中的父亲等。如今,曲剧牛派艺术已得到专家和观众的充分认可,众多脍炙人口的经典唱段更是被广大戏迷观众广为传唱,牛

导演杨兰春(左)给牛长鑫说戏,1980 年代
于南阳

长鑫先生自然也成为河南曲剧生角行当中杰出的代表性人物之一。

上世纪 80 年代末,改革开放为中国经济发展带来了前所未有的机遇,但与此同时,传统戏曲艺术也遭受了空前的冷遇与滑坡。作为一方名角的牛长鑫也迎来了人生与事业的重大转折。1988 年,他被推选为南阳地区曲剧团团长兼支部书记,而此前一直没有担任过任何职务的他唯恐自己无法胜任,为了躲避任职,他独自一人跑出去半个月,可是"跑了和尚跑不了庙",由于演出需要,他只好回到剧团,文化局和剧团领导跟他轮番谈话,希望他听从上级安排。全团大会上,当他看到大家殷切渴望的目光时,他再也没有推托,当场下定决心要和大家同甘共苦,并肩前行。就在他正式任职几天后,当联系好演出台口准备出发时,他才发现剧团账面上毫无分文,而演出迫在眉睫,作为一团之长的他只好到处化缘,从而完成了剧团的正常演出任务。"莫道前路多磨难,此刻正在修行时",身为一团之长的牛长鑫先生对待工作和事业始终有着火一样的热情,在他的不懈努力与正确带领下,在全团干部职工的精诚团结、共同努力下,南阳曲剧团这朵扎根在豫西南的艺术之花终于绽放出了绚丽夺目的光彩,南阳市曲剧团也当之无愧地成了河南众多戏曲院团中的佼佼者。就在牛长鑫先生卸任团长一职的时候,他还为剧团新建了排练厅,将剧团破旧的平房建为楼房,并为剧团留下了一百多万的资金,为全团演员职工提供了安居乐业的生活环境,解除了部分职工的后顾之忧,为剧团的事业发展打下了坚实的经济基础。

牛长鑫,2016 年于郑州

牛长鑫自述

　　我是南阳曲剧团的演员牛长鑫,1942 年生,属马,今年七十七岁。我自幼跟随父亲学戏,在我五岁之前,家庭虽不算富裕,也还可以。

　　我父亲是旧国民政府里的一个小职员,1945 年抗日战争结束后,他不想看到打内战,所以就辞职了。他辞职以后,我的家庭就此败落,生活就困难了。由于我爷爷在清末的衙门里干差,我父亲幼时读过私塾,工作以后又到河南大学进修,所以他有些文化。他非常喜爱大调曲,会弹会唱,会自己写词。因为我兄弟姊妹多——共六个,大哥、大姐、二姐、二哥,我在男孩里排行老三,还有一个兄弟,家里人多,又没家产和土地,所以生活就很艰苦了。我的老家方城县 1948 年就解放了,但生活依旧非常困难,每天吃饭都成了问题。而我父亲是肩不能挑、手不能提;我大哥十七岁那年去开封上河大,一去就再没消息了;家里剩下的孩子年龄小,家庭维持很难。于是,我六七岁的时候,父亲就开始教我们唱大调曲,一是苦中作乐,二是以后好有个一技之长。新中国成立后,需要宣传党的政策,宣传《婚姻法》等,就成立了各种宣传队,演出一些小节目、小唱段,有时候我父亲自己写,我跟着学唱。

1950 年,我八岁时,方城县曲剧团在政府的主持下要招收学员,由于我父亲会唱大调,会弹三弦,会写剧本,方城县曲剧团就把我父亲请去当教员,参加演出,平时有些剧本他修修改改,有时候还会写个故事。后来剧团招生的时候,我就去考了,正式入了戏曲这一行。

登台

1951 年底的时候,我算正式上了舞台。那时候方城的曲剧团有不少,能够经常演出的有五六个,但都不是职业剧团,只有我参加的这个团算正规剧团。父亲这时候有残疾,走路得拄拐,我们父子俩就跟着剧团常年在外跑,一直待到 1955 年。

过去的一些曲剧团一般不练基本功,因为大多不是职业团,农忙还得回家种地。方城县曲剧团因为是政府主持招生的,比较正规一点。当时有一个从外地回来的唱京剧花脸的老师,叫郭继芬(音),在京剧科班里待过两年,他家就在方城,在老师们的挽留下,他就留在方城教我们练功。那时候我们小,身单力薄,营养又不行,没少吃苦受罪。天不亮,郭老师就叫我们起来喊嗓、练功,不管刮风下雨。他三十多岁正是年富力强的时候,脾气比较暴躁,压腿的时候,他就想我们一次都压到他所想象的那个程度,做不到位,就会狠狠训我们。

可能因为我学唱得早一点,又显得机灵些,所以我到剧团大概一个多月,郭老师就找了一个本子《五台山会兄》,讲的是杨六郎探谷回来,到五台山碰见杨五郎的故事,我演杨六郎。那时候我个子小,但嗓子好,老师和观众都觉得我还不错,武功教练好像也喜欢我,在练功上对我要求格外严,想让我进步快点。记得进团三个月,我腱子还不好的时候,他就逼我翻蹄筋,他负责抽,就是把我扔出去,等我快落地时再来扶我,可是有一次,时间和高度没有把握好,等他来扶的时候我已经落地了,那时候的舞台板不平,到处是疙瘩,质量也不好,一块硬,一块软,我没想到他把我扔那么高,加之害怕,落下时脚一下子夹到那个板缝里,老师就使劲往外拽,结果脚脖脱臼了,肿得比小腿还粗,当时没钱治,就买了白酒用火点着,我父亲每天给我洗洗,有时候夜里能把我疼醒。后来好一点后父亲还经常给我揉捏这个脚。这样延续了几个月,其间还得演戏,记得那时候剧团到外地演出,天冷得厉害,还下着雪,从方城跑到叶县,两天一夜。那时候没有汽车,都是用架子车,把东西装上,我的脚有伤,父亲还挂着拐,有时候拉车师傅心疼我们父子俩,就让俺俩坐一会儿,坐在架子车行李和箱子上头。可是我父亲想着人家拉车的也辛苦,多数时候都是自己挂着拐跟车走。

父亲,我的良师益友

由于我嗓子好,加之我父亲有文化,所以我比别的学生接受的戏曲教育要多些。我父亲还不时让我学一些大调曲的段子,像鼓头、鼓尾、小桃红、二簧平、坡儿下等等,学完后还要跟着三弦考我,这样我学的内容就比较丰富一些。

记得我十三岁时,父亲开始教我唱《王佐断臂》。为了打实我的唱腔,父亲专门把大调曲《空城计》按照我学的路子重新写了一遍,主要写的是"诗篇",把"诗篇"的多种唱法都写在《空城计》里,他把这个段子扩大,几乎涵盖了诸葛亮的一生。那时候不知道父亲为什么成天叫我唱、成天让我学,不理解,少了玩的时间,当时也不敢反抗,后来当我渐渐长大有了一定名气,就慢慢理解了父亲为什么对我要求那么严格。

1961年家人合影,前排左起:夫人张秀芝、父亲牛润之、四弟牛长森,后排左起:牛长鑫、二哥牛长旭

《夜审潘洪》剧照

《两狼山》剧照

　　我这一生唱戏，父亲没有表扬过我一回，越是别人表扬我的时候，父亲越是严格指出我的不足。

　　举个例子，上世纪80年代的时候，我已经是南阳曲剧团的主要演员了，记得演出《困皇陵》中"哭庙"一折，从开唱到结束掌声不断，大概演了半月的时候，那些人见到我父亲，都夸奖我，说长鑫进步真大。有一次，我下装回来后，刚进大门口，父亲就对我说，来来来，你看这伯们、叔们都在夸奖你、表扬你，都说你唱得好，你觉得唱得好不好？我只笑了一下，没敢回答。我父亲说，你可别听大家都说你唱得好，就真认为你唱得好，都没板没眼了。这时候，这些朋友都说，你怎么这样说孩子，长鑫很不错。我父亲说，你们的心意我都理解，但是他确实还有很不到位的地方。说完，他让我唱《困皇陵》中的一句，我张嘴就唱。我唱的是四一拍，行话里叫混板，我父亲说你再唱我打拍，他跟我打四二拍，叫清板唱，结果唱到有三个字的时候，我翻不过来，没有板。我父亲说，记住孩子，无论清板还是混板，都要归到清板上来，你清板唱着有板，才算你有板有眼，你把眼唱混里头了。他就是这样要求我，唱腔上不允许有任何马虎的地方。

后来我大一点，慢慢演戏多了，尤其是历史剧演多了，父亲就跟我讲，一定要弄清楚故事所处的历史时期、人物出身和性格。排宋代的戏，为了让我做到心中有底，他就让我看《宋史演义》，把书本给我预备好，帮我找到其中的故事情节，从历史记载中寻找人物。演《越王负荆》，他让我看《东周列国志》，并且给我找了一套有关越王的单册子，书中对越王描写得非常细致，对我后来演越王在扮相、坐姿、动作、眼神方面有很大帮助。还有一次演《李白戏奸》，我小学二年级的文化水平，让我演"诗仙"，真难住了，怎么办？父亲就帮我查资料、学唐诗，我当时给自己规定，每天学一首唐诗，必须背会，还得写出来，从这个学习当中加深理解。你看，"黄河之水天上来"的想象力，"千里江陵一日还"的豪放，"天生我材必有用，千金散尽还复来"的豪气、自信，就让诗人的性情显示出来了。通过学这些诗，我多少对人物个性有了了解，表演的时候心中就不虚了。不过，由于文化修养所限，我不可能把李白的整个人格、人品、学识给展示出来，怎么办？那我用自己的所学、所知，想办法用各种手段来刻画"诗仙"放荡不羁的个性和对权贵的蔑视。

举个例子。当杨国忠去搜查太白府的时候，李白说你拿来，杨国忠说啥？圣旨。杨国忠说圣旨没有。那你再拿来——什么？搜府凭证。杨国忠说要什么凭证？没有凭证，我只有娘娘的口谕。他想仗着杨贵妃的势力，一句话就可以压住李白。结果，李白一个字也没有说，先是轻轻一笑，但不笑出来，后来逐渐放开，哈哈大笑，从表情到形体，最后连四肢都用上了，整个舞台都是他的表演区。我就用了一个和平时舞台笑声大不一样的哈哈大笑，来释放李白这种豪放不羁的个性，把杨国忠盛气凌人、仗势欺人的气焰给压下去了，演出了人物个性，也演出了剧本上文字无法表达的东西。所以说，演员一定要在充分理解人物的

《李白戏奸》剧照

基础上,运用能表现人物的有代表性的语言、形体、声腔,把人物的个性揭示出来。

"哭"是一门艺术

我唱戏几十年,哭戏没少演。上世纪50年代,我就演过《安安送米》中的安安,《丁郎认父》中的丁郎;青年时期还演过《十五贯》里的熊友兰。这些人物从头到尾几乎看不到笑脸。那时候年轻,还没有经验,只知道扯着嗓子喊,哭得黑天昏地眼泪成串,认为哭戏就得这样演才能引起观众共鸣。随着年龄增长,多了些经验,加上师长们的教诲,我才懂得了演戏演人物不能想当然,掌握"四功五法"固然重要,但演人物更要形神兼备、出神入化,只有弄明白人物的历史和眼前,人物行动的原因、目的,演出来的人物才有个性,才不会千人一面。虽说曲子戏善演哭戏,但若不弄清前因后果,不顾情感的一味哭喊,哪会有美感,哪会有感染力!

我之所以说"笑不易,哭更难",是我在艺术实践中反复实践,亲身体验,真真切切感受到的。比如,笑声持续的时间短,连笑三声就不多见(个别情况除外),当然笑声包含的意义也很丰富,笑法也不同,从中可见出人物的个性。哈哈大笑是个性豪爽,人心敞亮不藏奸;若是一声长、两声短,嘿嘿哈哈声连成串,是有试探,或有发现,是面和心不和又不宜当面揭穿,各有各的打算,藏在心里,面上还得转圜。

"哭"就不一样,哭声太短不易表达情感,曲子戏的唱腔优势更不能表现。一句"小汉江"就可以哭一长串,什么悲从中来,悲情难掩,撕心裂肺。但是调门是共性,演唱者还必须认真分析人物,做一番体验,才能把人物的"哭"表达到位。若是不分人物,不分时间地点,只是一味哭,既不符合生活真实,也违背常理,何来艺术之美?一样的"小汉江",那丁郎与安安又有何区别,有何个性?通过认真分析、观察生活,你会发现各种各样的哭——悲悲切切,凄凄惨惨,隐忍抽泣,低声呜咽,号啕大哭,悲声大放。不同人物,不同情境,表现方法因人而异。因此,我们不可把哭简单化,更不能随心所欲,不然艺术的感染力势必大减。

《困皇陵》剧照　　　　　　　　　　《王佐断臂》剧照

哭是人物心灵的外化，与一个人的修养、品格有关，为了提高艺术感染力，更好地突出人物内心的世界，就要分析人物为什么要哭，在什么情况和环境中哭，用什么方法体现，同时，还应掌握好分寸、节奏。这都是对一个演员功力的考验。

常怀感恩之心

这些年来，我对自己从来没有满足过，我深知自己的差距所在，也想用自己的一生边学边请教，来提高我的表演能力。一是努力不让自己的人生留遗憾；二是报答党的培养之恩和乡亲们的关怀热爱；三是不能愧对父亲；四是尽己所能，帮助同事、学生和戏迷朋友们。几十年来，我一直谨记父亲教诲，不敢放松我的事业，并时时回忆琢磨自己走过的道路，想想艺术上有哪里还需要提高，跟戏迷朋友们交流，办讲习，到学校里讲讲课，给年轻人说说戏，想把自己的教训和经验说给大家，让他们少走弯路、少犯错误，能够帮他们明白进步，我就觉得没有虚度年华，也想借此让河南曲剧传承好，发展好，进一步扩大影响。

牛长鑫和夫人，2016 年摄

现在人们的生活条件好了，可是年轻人也不比从前了，有些浮躁，吃不了过去那些人的苦了。我想告诉周围那些从事戏曲的年轻人，唤起他们的自觉性，努力做个好演员。想吃好戏曲这碗饭太难了，必须经过千辛万苦的磨炼。因为我太爱这个事业了，也可以说有点痴了，所以才能全身心地投入。另外，我还有一个好的家庭氛围，特别是与我老伴儿的支持分不开。即便我病着，只要有人来求教学戏，我都欢迎，我爱人也从来没有说过不中，而且端茶倒水，热情招待。子女们也是一样，虽然他们都不从事戏曲事业，但是都很支持我，我很满足。

我自己有时也在想，到了我这个年纪，名利早已是身外之物了，为啥对戏曲还这样痴迷？就是因为我喜欢，就是出于一个演员对中国传统文化的热爱和责任心。作为一个老演员，我愿意为中国传统戏曲的发展奉献一切，不遗余力。

中国戏曲我觉得太深奥了，太美妙了，太值得研究了，太值得传承了。一个戏曲演员，只有对自己从事的事业有足够的认识和热爱，才愿意下大功夫学好它。我这个人也有一个毛病，就是不会表扬人，因为我认为艺无止境，山外青山楼外楼，作为旁观者，作为师长，必须多挑剔多鼓励，不可轻易满足夸奖，所以，在此给戏友们、朋友们道声抱歉，我有时候可能过于严苛了，希望他们能理解我的苦心。

2019 年 4 月

月阳录音整理

胡希华·《李豁子离婚》

请扫码收听胡希华原声音频

胡希华、张明瑞夫妇和月阳(中),2020 年夏于郑州

胡韵光华
情动梨苑

　　人称"艺苑奇才"的胡希华先生,在河南可谓是家喻户晓的梨园名家,无论是在城市剧院还是基层乡村,我曾多次和胡希华先生同台参加活动。记得每到一处,总会有很多爱戏的观众一眼将他认出,纷纷围着他嘘寒问暖、合影照相,每当这时,他总是乐呵呵地配合着,耐心让每一位粉丝如愿。常听胡老师说:"咱只不过是一名演员而已。天底下三百六十行,哪一行不是为人民服务?只要老百姓听了咱的戏高兴,我就开心幸福。"

　　胡希华先生是河南曲剧胡派艺术的创始人,他博采众长,六十年如一日,苦心经营着自己所从事的曲剧事业。通过长期的艺术实践,形成了幽默诙谐、丑中见美的艺术风格。尤其值得一提的是,胡希华先生还是一位创作型的艺术家,由他亲自担纲创腔、作曲并改编的曲剧《李豁子离婚》就是一部久演不衰、深受百姓喜爱的优秀剧目,这部戏曾被众多剧团移植搬演,成为很多院团的看家戏、吃饭戏,其中的许多经典唱段至今依然脍炙人口、耳熟能详,令众多戏迷爱好者津津乐道。

　　如今的胡希华先生虽然已经年过古稀,但并没有淡出人们的视线。在忙于参加各种公益戏曲演出活动的同时,他把更多的精力转移到艺术传承上。在他的精心呵护与培育下,一大批曲剧舞台的后起之秀如白军选、张晓英、田冠军、刘俊卿、姚军良、徐小国、胡锡安、陈奇等脱颖而出,他们都在各自岗位上为弘扬曲剧艺术尽心尽力,有的已经开始收徒,继续传承着曲剧胡派艺术。

众所周知,胡希华老师收徒是很严谨的。每收一个徒弟,他都要多方考察,他曾说:"我谨记赵峥老师送我的六个字'艺求精,人唯诚',我也以这六个字要求弟子们,必须品德好,对艺术执着。经过多方考察、相互了解后,我觉得自己能在艺术道路上给予他更多的帮助和提高,才会收为弟子。"

河南省文史馆馆员、著名作家李铁城为人刚正不阿、铮铮铁骨,从不轻易夸人,但对胡希华却给予了极高的评价:"有人说胡希华有两个不像。不像是个演员,那老实本分的样子更像一个工人或基层干部;不像个丑角演员,那正派的样子更像是位须生。但他又的的确确是个演员,又是个地地道道的丑角演员,而且是位名丑。他在丑行的出名源于《屠夫状元》和《李豁子离婚》这两出戏。他在《屠夫状元》一剧中塑造的胡山这个人物,能大胆革新,突破传统的表演模式,从人物内心出发,使人物显得丰满亲切。由他设计唱腔并主唱的《李豁子离婚》,仅盒带就发行近百万盒,波及我国港台地区和东南亚一带。这两个戏都成了曲剧剧种的优秀保留剧目。此前,他塑造了一系列性格迥异的艺术形象,如《芦荡火种》中的刁德一、《箭杆河边》中的二赖子、《红色娘子军》中的南霸天、《林海雪原》中的栾平等,曾数次在国家和省级大赛中获奖。胡希华的艺术成就源于他深厚

《屠夫状元》剧照,胡希华(右)饰演胡山,孙炳新饰演党凤英,1980年代摄

的生活积淀和对艺术的苦心求索,尤其着意于戏曲音乐的修养,旁收博蓄,方取得可喜的成就。"

　　国家一级编剧、著名剧作家王明山和胡希华相处近二十年,他说:"胡希华先生德艺双馨,是人品最好的艺术家之一,艺术独具特色,作为河南曲剧领军人物当之无愧。同时,他还是一位充满文人情怀的艺术家,这是从他做人、做事自然流露出来的一种气质。我觉得'舍得'两个字在他身上是最好的诠释,无论谁请他演出,从没有架子,更不计较金钱,在他看来,人家请他就是看得起他,他用质朴的品质赢得了同行的赞许和观众的喜欢,这是他最好的收获。他身上没有那么多奖杯光环,但他用美妙的声腔艺术塑造的《屠夫状元》里的胡山、《李豁子离婚》中的李豁子,余音绕梁,早已融入了广大群众的生活,赢得了大家的交口称赞。胡先生能作词,能修改剧本,且往往改得恰如其分。他还能谱曲,能吹笛子、拉曲胡、弹三弦,是一位不得了的艺术家。在收徒这件事上,他必选良才,极其慎重,跟他学习者,那必须得是真学,还要有真才,绝无扯虎皮之嫌。他的二十四位弟子必将为曲剧振兴,为曲剧更好地走进群众生活,发挥更好的作用!"

　　胡希华先生的弟子们提起恩师,不约而同说出"好人"两个字,他们怀着一份

2006年河南首届曲剧艺术节,牛长鑫、胡希华、马骐、张晓凤、海连池(右起)相聚

仰慕和敬意走近胡希华，与他情同父子。特别是身在郑州的弟子，更蒙受了胡希华父亲一般无微不至的关怀和照顾。学生们说，老师从不让他们死学胡派唱腔，要他们理解透人物，演绎好剧情。对于安徽、山西等距离较远的弟子，胡老师则经常通过网络传授艺术。

在学生们看来，胡希华老师对他们师娘的挚爱也是他们学习的榜样。为了给师娘治病，胡老师曾经卖了房子；每次去医院，胡老师都把牛奶揣怀里，就为了随时让老伴儿喝上温乎乎的奶；外出演出，他也带上老伴儿，让她跟着散散心。

用徒弟们的话说，"胡家军"就是一个有朝气、团结友爱的大家庭，他们必将全力弘扬曲剧艺术，为振兴曲剧艺术不断做出更大的贡献！

生活中的胡希华先生极其低调，不爱言辞，虽然时常以"笨嘴拙舌"而自嘲，但相信熟悉和热爱他的朋友一定印象深刻，即使在他慢悠悠的谈吐之中，也会冷不防地蹦出几句冷幽默的话，令人忍俊不禁。

纵观胡希华先生六十年舞台艺术生涯，他塑造了一系列鲜活的人物形象，无论是《屠夫状元》中的胡山、《闫家滩》中的闫二，还是《李豁子离婚》中的李豁子等，都别具风格。因为工作性质，我有幸和胡希华先生交往接触频繁，曾多次参与策划和主持他的收徒仪式以及个人专场演出活动。其中最令我难忘的是 2016 年 10 月 9 日，由胡希华老师及其弟子们发起的"希光华彩映金秋"曲剧胡派演唱会。记得演唱会之前，我冒昧地向胡老师提出，能否教我几句《屠夫状元》中胡山"小茅屋赛过金銮殿"的唱腔，让我在主持过程中清唱，胡老师一听便满口答应，并一字一句、极其耐心地给我讲解演唱中的情绪和要领，使我备受感动。事后我才知道，这段唱腔原本已经安排给了胡派弟子邵林艺演唱，但胡老师为了满足我的"猎奇"心理，竟然当时就决定由我这个半路出家、充其量称为业余戏迷的门外汉班门弄斧，现在回忆起来依然惴惴不安、诚惶诚恐。

胡希华,于 1990 年代

胡希华自述

　　我 1946 年出生在南阳社旗,今年已经七十四岁了,从艺也将近六十年了。今天应月阳的邀请,到月阳工作室和大家谈谈心。我的家庭条件不是太好,弟兄又多,一共七个,家里没有其他收入,生活很苦。但是我从小就酷爱戏曲,小时候只要附近哪里演戏,都要去看。家里穷,买不起票,就生办法,翻墙头,有时候就充当别人的孩子,拉着人家的衣服角往里蹭,反正就是千方百计去看戏。

　　我二哥胡希敏很早就参加了南阳县豫剧团,所以我也受了他的影响。一开始,家里大人都不是太赞成我去当演员,但是由于家庭困难,供不起,所以我小学刚毕业,听说南阳戏校要招生,就做起了父母的工作。当时我才十三四岁,从社旗徒步九十里到南阳去应试。很庆幸,我唱完以后,这些监考老师都被震住了,说我嗓子的确不错,所以最后全票通过了。这也算是梦想成真了,因为我从小就想参加剧团。

　　虽然有幸进了戏校,但我丝毫不敢放松,每天坚持练功,不然随时可能因为成绩不好而被刷掉。当时学校收了有二百多学生,大概是两个月以后,就刷掉了一批,只剩下百十个学生。半年以后,又做了一次考试,最终只留下了五十个学

少年胡希华

生。那是 1960 年，正值三年困难时期，全省都砍掉了不少中专学校，当时的南阳戏校也未能幸免。尽管如此，我还是觉得自己很幸运，因为当时就留下包括我在内的九个学生，直接进入了南阳专区曲剧团。

虽然当时留了下来，但我没有懈怠，因为家里生活困难，如果自己不努力，有可能很快就被淘汰。于是，我每天早上五点多钟就起床，到河边去喊嗓。有时候就在附近弄个坑，在里面撒泡尿，就着尿的热气喊嗓子。

后来有学生问我的艺术成就是怎样得来的，有什么诀窍。我说，要想成为一名优秀的戏曲演员，首先要有天赋。天赋是什么呢？就是首先要有一副好嗓子。如果你天生五音不全，破喉咙哑嗓子，那就别干戏曲演员这行。除了天赋之外，还得勤奋。单凭自身条件好，不去努力，不去锻炼，那也是白搭。再一条就是机遇。我很幸运，人生路上遇到了很多机遇和贵人。在戏校的时候，老师们对我特别关照，不光在课堂上，课后还给我开小灶，对我寄托很大的希望。

刚进戏校的时候，我如饥似渴地学习。老师们最初想让我往黑头上发展，因为我有嗓子。但是后来，我慢慢喜欢上了丑角，我感觉丑角行当更有挑战性，更有意思，虽然丑角的外貌看着丑，但很多都是心地善良的好人。

我和"胡山"的缘分

生旦净末丑，行行都得有。一般来说，丑角大多诙谐、滑稽、幽默、风趣，但是，演戏首先是演人物，绝不能游离于人物之外，哗众取宠，抓哏逗笑，去追求廉价的剧场效果。我的艺术原则是：一、注重生活体验；二、崇尚自然真挚的表演风格；

三、创造提炼性格化、个性化的演唱特点。每排一个戏,我首先要熟读剧本,认真体会角色,紧紧把握人物的性格特征,运用戏曲的唱、念、做、表等多种手段,根据剧情,逐步地、有层次地揭示人物的内心世界,使人物形象有血有肉,鲜明生动。

《屠夫状元》这个戏,可以说是我的代表作。

说起《屠夫状元》,就不得不说说杨兰春老师。杨兰春老师是我一辈子感激不尽的大恩人。1960 年,杨老师被下放到南阳方城劳动锻炼,正好在这个时候,南阳专区曲剧团接到上级指示,重新加工曲剧传统戏《闫家滩》,准备进中南海给中央领导演出。因此,就邀请杨老师对剧本进行修改并担任该戏的导演。那次进京演出取得圆满成功,从此,南阳曲剧团就和杨兰春老师结下了深厚友情。

1979 年 10 月,南阳曲剧团去西安演出,正赶上陕西省戏曲会演,恰逢杨老师作为外省专家担任评委。听说南阳团到了西安,他专门去看望我们,并把《屠夫状元》这个戏推荐给我们团,还提名道姓让我演胡山。我非常激动,感觉自己遇上了伯乐,因为在这之前,我从来没有演过像胡山这样的一号人物。第二天,我们全团都投入到《屠夫状元》的创作中。首先是剧本移植,然后是唱腔设计,写出来一场导演排一场。剧团离开西安后,一边演出一边排戏,到宜阳彩排演出后,现场简直炸了窝。本来演出合同已经到期,剧院经理不让走,又续了一个星期,回到南阳又连演上百场,接着在全省各地巡回演出,后来一直演到深圳、台湾、北京,演进了中南海,得到了领导的一致好评。

胡希华(左)认真地听杨兰春说戏,1980 年代于南阳

《屠夫状元》艺术心得

"胡山"这个人物纯朴善良、憨厚爽直、助人为乐,又疾恶如仇、爱憎分明、侠肝义胆,是一个可敬、可爱、可信的艺术典型。从胡山认干兄、认干妈、认干妹三个情节中,就充分展现了胡山的高尚品德。当他看到党金龙穷困潦倒时,便毫不犹豫地拿出自己的干粮给他充饥,脱下自己的羊皮褂子给他御寒,并慷慨解囊,送银子给党金龙作盘缠。在这些表演中,我都以真实的情感、真诚的态度着力表现胡山助人为乐的美德。党母的不幸遭遇使他不由得流下了同情的泪水,为解人之忧,他又提出认党母做干妈。演出中,我用朴素的语言、发自肺腑的挚情自然表达。"认干妹"一节表现了胡山的古道热肠,我采取了朴实的表演手法,避免了哗众取宠的廉价效果。"许婚"一折中,自幼父母双亡、孤苦伶仃、无依无靠、看尽了人世间眉高眼低的胡山,如今享受到了一家人相帮相依的温暖,感到无比幸福。所以,只有把人物在每个情境中的思想感情分析透彻,才能演好。

我是 1960 年考入南阳戏校的,算是首届。与此同时,南阳戏校还举办了一期短训班,当时参加培训的演员都是从全省各地曲剧团选拔出的优秀青年骨干,杨兰春导演给他们排戏、讲课,我们也可以旁听。我印象最深的是,杨导演讲课中要求演员排戏、演戏必须是先"体验"后"体现",也就是首先要弄明白你所演的人物是什么样的性格特征,然后运用相应的艺术手段在舞台上体现出来。

刚开始排《屠夫状元》时,我就遵照杨老师的教导,首先熟读剧本,然后分析人物,体验角色,观察生活,捕捉胡山这个人物的影子。我发现,农村一到吃饭的时候都习惯聚在一起,蹲在地上一边吃饭一边聊天,所以表演胡山吃面条的情节时,我就蹲在椅子上先吹吹热气慢慢吃,稍后再狼吞虎咽,吃完了又舔舔碗边儿,嗍嗍筷子,这一连串的动作很好地刻画出了人物的身份和个性,几乎每次演到这儿,观众都报以热烈掌声。因为这些动作是从生活中提炼出来的,让观众感到真实自然又贴近人物。再如,经过一段时间相处,妹妹党凤英觉得胡山心地善良、人品好,有意以身相许,一再表示爱意,胡山却浑然不觉,并诚心诚意要给妹妹找一个称心如意的好女婿。经党母点破，才明白了对方的意思，一时手足无措。此刻，我采用了忸怩羞怯、一趄一蹭的挪步，笨嘴拙舌的语调，似笑非笑的窘态，恰如其分地表现了这个憨态十足的杀猪汉害羞的心理和神态。

"夸官"一场，当胡山被封为献宝状元，被迫穿上官衣时，我表现得浑身不自在，手脚无处放，继而又机械地模仿侍从的动作，整冠、抖袖、撩袍、端带，学得似是而非，令观众捧腹大笑，较好地刻画了人物，渲染了舞台气氛。再如"灞桥除奸"一场，我着力表现了胡山性格中疾恶如仇、爱憎分明的一面。胡山对受苦人同情怜悯，对权奸则仇恨蔑视，对党金龙和奸臣杨猎，我采取傲然的态度，显示出一身正气，在争辩中有理有节、寸步不让，节奏逐渐加快，一气呵成，给人以痛快淋漓之感。在一刀捅死杨猎时，我用抽刀、衔刀、挽袖、掀袍、擒拿、捅刀、蹭刀、入鞘等一系列干净利索的动作，来表现人物的性格特征。

另外，我还在前边提到的"创造提炼性格化、个性化的演唱特点"上做了一些尝试。在《屠夫状元》之前，我已经参与过不少戏的唱腔设计，每排一个有我角色的新戏，大都是我自己先写稿，然后交给唱腔设计老师，整体把握后进行取舍、修改、润色。但这次因为时间紧、任务重，一开始就进入了紧张的排练，没能参与唱腔设计。不过，南阳团多年来形成了一种好习惯，不管谁设计唱腔，都要由艺委会

《屠夫状元》剧照，胡希华饰演胡山，孙炳新饰演党凤英，陈佳贵饰演党母，1980 年代摄

胡希华、张明瑞夫妇和儿子胡永乐，1975 年于南阳

组织主要演员试唱才能定稿。这次担任《屠夫状元》唱腔设计的是经验丰富的郭建梅老师，当时大家一听都拍手称赞，既符合人物，韵律又美，真是太棒了。经过舞台实践，效果的确很好。不过我这个人爱琢磨，还是忍不住把原来已经很不错的唱腔做了一些小的改动，比如"杀猪的赛过状元郎"和"木梳镜子表心田"，加了个带花舌技巧的花腔腔弯，将胡山此时此刻的心情表现得更充分，使人物的音乐形象更鲜明、更丰满。我追求的是旋律首先要美，要符合人物和情感的表达，同时还要尽可能地出点新，因为艺术除了继承，还需要发展创新。

《屠夫状元》可以算是我的成名作，但给大家留下深刻印象的却是《李豁子离婚》。

我前面说了，一个演员成名，除了天赋、勤奋和悟性，还有一个因素是机遇。1987 年，也是一个偶然的机会，郑州音像社的社长赵老师专门跑到南阳去找我，他说中国唱片公司的陶主任特别推荐了《李豁子离婚》这个戏，说胡希华现在已经是小有名气，盒带出来以后一定会有很好的市场前景。

经过团领导同意，我很快进入录制准备工作。大调曲子《李豁子离婚》是民间传唱的故事，唱词中有很多糟粕必须删改。我立刻找到冯洪亮老师，一起搜集了四五个版本，对剧本重新整理加工，唱腔就由我自己先写。如今回忆起来，那段经历也挺艰苦。因为我本身不是专门搞唱腔设计的，肯定有很多困难。我把三弦、曲胡都拿上，亲自弹弹拉拉，哼一句就记一句，把自己关进一栋楼里进行创作。

张明瑞：我是胡希华的爱人，我说两句吧。当时他快走火入魔了。每天我做好饭给他送去，他就从楼上用绳子放下来一个篮子，我把饭菜往篮里一放，他拉上去,吃完饭再把碗筷给我放下来。大概将近半个月,都是这样过来的。

关于这件事,范军后来曾经说过:"半个月憋出个'李豁子',的确是难弄。"我这人做事很认真,光稿纸就用了好多本,改改修修,拉拉唱唱,不过好在出来后大家都很喜欢,发行量特别好,可以说是风靡一时。那时候,大街小巷、城市乡村,到处都传唱着"李豁子"。那时候特别流行"燕舞"双卡收录机,我就听到不少卖收录机的个体老板说,因为要听"李豁子"这个戏,他们的收录机供不应求。

张明瑞:后来人家都说,胡希华这一次可发了,光那盒带发行都有上百万,其实他一分钱也没有得到。

当时我还在南阳曲剧团。南阳地区税务征收处把我叫去,问我《李豁子离婚》这个盒带你得了多少钱,说有人举报有四五十万。我就拿出一份协议,协议上写的是录一分钟十五块,一共是四十四分钟,有六百六十块钱。这笔钱寄来后,我拿着这个汇票给团长汇报,这笔钱就给团里添置乐器了。所以,《李豁子离婚》这个戏我个人没有得到一分钱。税务工作人员听说后哈哈大笑,此事才作罢了。

其实,《屠夫状元》也是我的一个代表作,但是由于磁带的发行没有《李豁子离婚》影响大,以至于后来我到很多地方演出,横幅上都是打着醒目的"豁子哥来了",听着很亲切。无论到哪儿了,戏迷说:"豁子哥,照个相中不中?"我就说:"中!"——现在不是"豁子哥"了,已经是"豁子大叔"了。作为一个演员,能得到观众喜爱,我很知足。

1993年,我调到省曲剧团以后,王正青书记提议,把《李豁子离婚》这个大调曲写成一部大戏搬上舞台。当时也有不少作者,包括杨华一老师,导演是李杰,后来把杨林、何中兴也请过来了,当时陈涌泉也在团里,一下子弄了一个创作组。后来就写成了《李豁子离婚记》并搬

胡希华(右)在义马煤矿慰问演出,和矿工兄弟表演《李豁子离婚》选段

《情系青山》剧照,胡希华(左一)、孙炳新(左二)、牛长鑫(后)等演员同台表演,1980年代摄

上了舞台,还得了一等奖。不过我还不太满足,就想,什么时候能把这个戏搬上银幕,得以永久记录和流传。这些年,我一直没有忘记这个事情。后来,我就找到了著名剧作家王明山先生,请他在此故事基础上重新创作,唱腔设计由耿玉卿、杨华一老师担纲。在大家的齐心协力下,戏曲电影《李祥和的婚事》2012年10月开拍,2013年12月28日在河南人民会堂举办了首映专场演出。

张明瑞:提起拍电影,我真的特别感动。通过这次电影的拍摄,我感受最深的是,胡希华的人缘还真是行,一听说胡希华要拍这个电影,河南省三大剧种的知名艺术家几乎都来了,像马金凤、马骐、王善朴、王秀玲、张宝英、任宏恩、王希玲、刘忠河、汤玉英等这些老艺术家,都十分热情地参与进来,不计分文。

我的代表作除了《屠夫状元》《李豁子离婚》之外,还有《闫家滩》,这个戏1998年就拍成了电影。如今,我也退休了,年龄也大了,余生就想把我当年演的这些戏传给我的徒弟和学生们,希望他们传承下去。

2019年

月阳录音整理

第三章

汴京三王　德艺楷模

王秀兰·《贩马记》

请扫码收听王秀兰原声音频

王秀兰,1951 年于武汉

寂寞幽兰在
王者之香永

对于河南戏曲界来说,王秀兰这个名字,年轻的观众也许有点陌生,年龄稍长的观众,则如雷贯耳、肃然起敬。王秀兰是一代祥符调大家,豫剧"汴京三王"之首,上世纪 40 年代就名扬剧坛,蜚声陕甘豫地区,是当之无愧的中州菊坛领军人物,其高尚持重的艺德人品深深镌刻在一代人的心中。

王秀兰在舞台上活跃了半个多世纪,是豫剧界难得的一位正工青衣演员。豫剧史学家冯纪汉先生曾在其论著《豫剧源流初探》中,把她和陈素真、常香玉、司凤英、马双枝、史彩云、崔兰田、马金凤、阎立品、姚淑芳、李景萼、桑振君列为豫剧十二大名旦。

1925 年,王秀兰出生于河南省民权县秦大门村的一个贫苦农民家庭。她的启蒙老师是民国初年开封义成班著名武生、艺名叫"羊羔"的杨吉祥。杨先生会戏二百余出,拿手戏有《七星庙》《反五关》《甘露寺》《草船借箭》等。一次在杞县唱高台,演出《大登殿》,王秀兰得到老艺人王兰亭先生的赏识。王兰亭见她嗓音宽厚洪亮,扮戏端庄秀丽,做戏朴实大方,十分喜爱,将其收于门下,又收为义女,加强言传身教,奠定了王秀兰祥符调的深厚根基。

1938 年开封沦陷，王秀兰随王兰亭逃难到了西安。在西安豫秦戏院，她与常香玉常常双挂头牌，有时还同台演出，配合默契。西安的戏曲史学家杨志烈在其论著《豫剧流入西北五十年》中有这样的描述："常香玉、王秀兰、姚淑芳是豫秦剧院的三大台柱，其中大部分剧目是以常香玉挂头牌，三人同时挂头牌者亦有，如《蓝桥会》《洛阳桥》。另外，还有少数剧目是由王秀兰挂头牌的，如《中华庭》《三上轿》《打金枝》《双马头》《凤仪亭》《三上关》等。"

1945 年，王秀兰回到开封，以六部《西厢》一炮而红，她将低回委婉的豫西调下五音糅进高亢激越的祥符调，使唱腔刚柔相济，起伏跌宕，形成了质朴无华、高雅大气、深沉含蓄的艺术风格。

新中国成立后，王秀兰相继演出了大量古装戏与现代戏，留下资料的有《秦香莲》《西厢记》《三哭殿》《小二黑结婚》《贩马记》《彩楼配》《对花枪》《传枪》《红灯

1951 年 11 月，河南代表团参加中南六省区第一届文代会，前排右四为王秀兰、右五为常香玉、左三为诗人苏金伞

左:1956年河南省首届戏曲观摩会演,王秀兰(前排右)和常香玉(前排中)、马金凤(前排左)相聚

右:在戏曲观摩会演上,王秀兰演出《王金豆借粮》

记》等,深受观众拥戴,被亲切地称为"我们的大宝贝儿"。1951年11月,中南局在武汉召开第一届文学艺术工作者会议,王秀兰和常香玉是戏曲界仅有的两位代表。1952年8月,王秀兰又和陈素真、王敬先、宋桂玲、唐喜成等组成河南代表团参加了中南区第一届戏曲观摩会演,荣获演员一等奖。同年10月,以王秀兰为副领队的河南代表团一行数十人还赴京参加了全国第一届戏曲观摩会演。

在1956年的河南省首届戏曲观摩会演上,王秀兰与王素君、王敬先合作演出的《王金豆借粮》一举荣获多项一等奖。1961年,王秀兰率团到昆明慰问边防部队,大将陈赓特意点了她主演的《秦雪梅》。五十多年的舞台艺术实践,王秀兰一共上演了近两百部戏,塑造出许多栩栩如生的艺术形象,形成了自己独特的艺术风格。

王秀兰老师淡泊名利,与世无争,除了演戏外,很少参加社会活动,以至于上世纪80年代出磁带的热潮兴起时,仍然没想到自己要留名于世,所以很少见到她的音像资料。她的名字对现在的年轻戏迷来说显得颇为生疏,尽管她也有大师级的水平。身体发福后的王秀兰以工青衣为主,主演了《陈妙常》中的陈妙常,《孔雀东南飞》中的刘兰芝,《对花枪》中的姜桂枝,《红灯记》中的奶奶,《李双双》中的李双双。

2005年盛夏,我有幸在王素君先生和戏剧家石磊先生引见下,专程赴开封采访了这位历经沧桑且充满传奇色彩的老人。当时王秀兰先生虽已年逾八旬,但依然谈笑风生、思维敏捷,言语之间颇具大家风范。

月阳:王老师您好!您跟常香玉大师合作多年,您吸收了她的豫西调,她也同样吸收了您的祥符调,在艺术上你们互相学习交流,而且当年在西安您老和常香玉大师双挂头牌,堪称黄金搭档。

王秀兰:我和香玉同志合作了六年之久,我们有着深厚的姐妹情谊。后来,香玉同志离开西安去了兰州,我就回了开封。

月阳:您和常香玉大师的合作在河南梨园界已传为佳话,记得常香玉大师去世不久,中央电视台还专程来开封采访您。

王秀兰:香玉同志去世的消息我是在电视上看到的,尽管每个人都会有这一天,但我心里还是很难过。就在那段时间,我时常回忆起我们一起合作的往事,几个晚上都没睡着。我永远怀念香玉同志,更感谢她为豫剧发展所做出的重大贡献。

月阳:王老师,记得当时是常大师的小女儿常如玉陪同记者专程来家中对您做的专访,而且您还特意哼唱了几段常先生的唱腔,是吗?

左:王秀兰(右)和常香玉,1980年代摄
右:1939年,常香玉和王秀兰在西安豫秦剧院演出戏单

王秀兰：是的，我虽然脱离舞台很多年了，但我对豫剧的发展以及流派的传承一直很关心。近些年，大家都说常香玉的唱腔被一些演员唱得变味了，所以，五毛（常如玉）来了给我说，她妈病重的时候跟她说，你要想了解我真正的唱腔，就到开封找你王姨。她说，王姨，你能唱几句我妈过去演的戏吗？那时候我因为生病嘴也歪了，唱得也不中了。

马双枝，1935 年于开封

月阳：王老师，我想您老虽然身患疾病，但是您唱出来一定还能听出那个韵味。

王秀兰：谢谢你的抬爱。我给你讲个故事。过去演出《桃花庵》，常香玉唱窦氏，我唱陈妙善，马双枝唱苏太太。因为这个还闹出过笑话。常香玉演的窦氏，她说："你看咱俩光顾着说话呢，把我二亲母好比那青石板上的灯又把她冷清那儿了，你跟她说说，我去给她见个礼。"苏太太去了："二亲母，你看俺大亲母操心寡欲，可是你一不操心二不寡欲，三不当家四不理事，小脸吃得跟屁股墩儿一样。"平常没有"墩儿"，她这里一加个"墩儿"，常香玉笑场了，同台唱戏就怕一个人笑，她一笑我也笑，马双枝也笑了。我们一笑，打鼓的、拉弦的都笑了，笑了将近五分钟，台底下的人都跟炸了一样。唱的日场戏，回来后，常香玉她爹打她，我叔打我，一个人挨了几马鞭。马双枝年龄大，没挨打，我俩都挨打了。

马双枝最好逗人了，有一次我们唱《刘连征东》，我演二皇姑，她演大皇姑。我有句道白："我一会儿没有在官院，俺皇姐给你啥吃了，你那么向她。"她说："我给她个樱桃。"根本没有"樱桃"这样的词，她好添词。这一加词就又笑开了，这一笑回去又得挨打。

月阳：马双枝都是老师辈的了，据说您原来也跟她学过，她是杨金玉的夫人，好像学过《皮袄记》，她比陈素真大师还大。

王秀兰：姚淑芳是筱火鞭的徒弟，那时候也跟我们在一块儿。常香玉同志好

"汴京三王"王秀兰、王敬先、王素君(右起),1957 年于青岛

笑场,她笑一回她爹打一回,就这也不改。唱《破洪州》的时候,筱火鞭给她配戏,有这样几句词:"他重打我四十棍还叫出营,我要是打败仗倒还罢了,打胜仗回来给你算账不轻。"筱火鞭把其中一句唱成了"我要是打胜仗倒还罢了",常香玉在一边看他咋往下唱,筱火鞭接着唱"我要是打败仗",想不起来词,在台上转了个圈,还想不起来词,就唱成了"我要是打败仗咱俩回来再说",这一下常香玉笑得就控制不住了。

香玉同志在生活当中非常开朗,跟谁说话都很爽朗。我们同事六年,合作演出《贩马记》,平时基本上都是她唱旦角,我唱小生。有时候她唱小生,我唱旦角。每年到封箱的时候,我们演反串戏,比如《黄鹤楼》,她演周都督,我演赵云,姚淑芳演陆子敬,汤兰香演刘备。

月阳:您好像还跟台湾"豫剧皇太后"张岫云有过合作,对此她一直念念不忘。您唱红的时候她还年轻,她说王秀兰老师都大红大紫了,咋想起来和我演《贩马记》,叫我配小生。她觉得跟您合作很骄傲。

王秀兰：是的,我俩演过《贩马记》,还是演义务戏。跟常香玉同志在宝鸡也演过义务戏,演了一个礼拜。所谓义务戏就是现在的募捐演出,也就是演员不得分文报酬,捐献给难民,有的捐给学校,是义演。

月阳：王老师,说到义务戏,过去在梨园行是不是还有"义地"一说?

王秀兰：过去艺人不能入老坟,演员死了就埋到"义地"。"义地"都是大伙儿捐的。我记得有一年在人民会场演了三天戏,买了一块地。过去老艺人和家属死了,没地方埋,都埋到那个地方。

月阳：听说戏剧家石磊先生是您最忠实的粉丝,也是您的忘年交。他曾说过,他无论排戏还是学唱戏,台风受您的影响最大。

王秀兰：不敢当。我始终对"戏德"非常重视,舞台上该是你的表演你表演,人家表演的时候,你绝对不能夺人家的戏,这是一个戏德问题。

月阳：据说过去的老艺人特别注意这一方面,王老师您做出了表率。另外,梨园行里"汴京三王"一直被传为佳话,所以特别想请您谈谈"汴京三王"的合作。

王秀兰：我们在舞台上没有分歧,在生活中也跟亲姊妹一样,不管谁在前面垫戏,无论谁唱折子戏,我们都互相帮衬。一个戏里面三个角,排谁谁演,从没有争过谁的戏多谁的戏少,从没有计较过。

月阳：在剧团团结协作方面,王秀兰老师为后辈树立了榜样。听说当年在您的同辈的人中流传着这样一句话:"人家说一棵树上拴不住俩叫驴,那人家开封的'三王'仨叫驴在一块儿都可好。"这句话听来虽然有点糙,但理不糙,实际上反映出的是一种美德。

王老师,当年有这么多人喜欢您爱戴您,用现在流行的话说,您的拥趸粉丝特别多。当年您的名望那么大,不知道您本人对"名演员"这个概念是如何解读的?

1962 年,王秀兰(右)和孙映雪演出《传枪》

王秀兰：我觉得自己还是不够格，那是大家抬举我。艺术上我永远是个小学生，艺无止境啊！

月阳：王老师，其实我很想请您跟现在的年轻演员说两句话。现在有很多年轻演员条件也不错，嗓子、表演各方面都不错，但是总感觉很浮躁。民族最古老的艺术形式要传承下去，需要年轻人来一代一代传。请您寄语一下戏曲的年轻一代好吗？

王秀兰：要说起来，现在他们的条件比我们那时候真是好得太多了。我们那时候练功都是在外边，下大雪，拿个扫帚一扫，就开始练了。手上没有一个好地方，都被冻烂了。十三块板搭一个舞台，台上的缝隙又宽，走不好了就掉下去了。冬天往脸上贴鬓的时候，拿到手里都冻成了硬棍，只好在嘴上哈口气，在手上暖暖，等稍微软一点赶快糊到脸上。你看现在有暖气、有空调，条件多好啊。有些演员条件的确不错，长相、嗓子、个头都好，可为什么在舞台上演戏总觉得有些肤浅，欠一点呢？

月阳：老艺人们过去常说："是骡子是马，拉出来遛遛，十三块板儿上见。"王老师，是不是因为很多演员很少练功了，吃不了那个苦？

王秀兰：对。再一个，过去说能领千军不领一戏；三年能出一个秀才，十年出不来一个好演员。所以演戏难，你要是心浮躁，就进不到角色里面，你就演不好戏。想做一个真正的演员，必须下一番决心和苦功。我们那时候是为了糊口、为了活命，不唱，你就没饭吃。为了喊嗓子，我十年都没睡过一个天明觉。开封开城门多早啊，我们都没有走过城门，都是爬到城墙上面，往城墙上面一站，喊嗓子。老师过去讲，刮南风把你的脸朝南，刮北风把你的脸朝北。尤其是冬天，你站到城墙上，老师在你跟前竖个棍，叫你直挺挺站那儿喊嗓子，在一边监督。演戏就更不用说了，不管大小角色，都要认真对

1984 年王秀兰剧照（王信军摄）

待,演不好就没有出路。

月阳:"没有小角色,只有小演员",舞台上角色无大小。

王秀兰:我觉得现在一些年轻人应该多吃点苦,既然做演员了,就要努力做一个名副其实的好演员,认真练功,虚心学习,不要稍微会唱几句,就骄傲得不得了了。

月阳:王老师,在您心目当中艺术家是一个什么样的概念?

王秀兰:在我心目中,真正的艺术家,在艺术上要让人服气,还要拿得起、放得下。

月阳:王老师说得太朴实了。您说能"拿得起、放得下",其实我理解就是说不要觉得自己很了不起,高高在上,是不是艺术家,舞台上一站,观众就知道了。据我了解,包括"汴京三王"以及常香玉、陈素真等,她们唱的戏都在三百出以上。她们就是这样一边学、一边积累,广学博取,才不断有新的创造,最后才成大家。而且刚才我问老师当艺术家啥感想,您很直白地说"我觉得我不够格",这就给当下会几出戏就自称艺术家的个别演员深思的机会了。

王秀兰:我过去一个字也不识,连自己的名字都不认识。新中国成立后,我们上扫盲班,专门有老师教,平常兜里装着铅笔、小本,没本了就装几张纸,只要有一点空就练习写字,学了之后才会看戏词。文化对于一个演员塑造人物、把握角色应该是至关重要的,有文化了,对表演、对理解人物是很有帮助的。

老年的王秀兰老师得了腮腺癌,因为手术不成功,以致说话、演戏都困难,只好无奈地告别了舞台,也很少外出了。我想每一个听过王秀兰唱腔的人,都不会忘记这样一位杰出的艺术家。2010 年 5 月 13 日上午 9 点 15 分,这位低调、平和的祥符调大家悄无声息地离开了人世。她的庄重、她的沉默、她的精湛技艺、她的优美唱腔,永远留在了一个时代的记忆深处,令人久久不能忘怀。

王秀兰,于 1956 年

王秀兰自述

　　我 1925 年出生于河南省民权县一个贫苦的农民家庭,自从我记事起,家里就时常揭不开锅。我姊妹五个,上面有两个哥哥和一个姐姐,下面还有个弟弟,姐姐十岁的时候被送去做了童养媳。后来家里的日子实在没法过了, 我就跟着父母、哥哥、弟弟逃荒来到开封。没有地方住,我父亲就在天地台的操场里头,挖了一个地窨子,做了我们全家人的安身之地。我和哥哥弟弟白天去要饭,有时候运气好了能要来,有的时候要不来。晚上一家人就住到那个地窨子里,地窨子虽然不大,但也能住得下,互相挤着,凑合着住。

　　我父亲由于积劳成疾,最后病倒了。屋漏偏遇连阴雨,后来我弟弟也病了。正在全家一筹莫展的时候,邻居家有一个好心的大娘得知情况后,说我们长期住在这阴暗潮湿的地方对身体不好,也不是办法,就让我们一家人临时搬到了她家的厨房里住,说住在厨房里总能暖和点。直到现在,每当想起这位好心的大娘,我都非常感动,非常感激。

　　父亲有病却没钱医治,就去世了。没钱安葬,后来俺妈就跟俺哥商量,说把我给了人家吧,换个钱,救救急,给我父亲买个席卷住,剩下的钱也能给俺弟看病。

结果，经人介绍，就把我介绍给了一家姓马的，他家当时就在开封南关的菜市上卖菜。经过商议，马家就给了我家十块大洋，说也叫童养媳，马家的儿子还没有我大，我那时六岁，他们家儿子四岁。

办完父亲的丧事后，家里生活依然没有着落，由于挨饿受冻，过了没多久，我弟弟也死了。弟弟死后，我妈就领着我的两个哥回到了老家民权，给人家打长工。再后来家里的事情我就不知道了。

我六岁到马家当童养媳之后，就一直在马家生活了。记得那个父亲挺好，但是妈很厉害，反正在马家就是天天扫地、抹桌子、和煤、捡煤渣……俺这个妈有一个爱好，好看戏，她天天都从南关来城里看戏。记得俺院里的左邻右舍都说她：马大胆，你恁好看戏，你叫这个小妮儿学戏呗。起初我妈还有点犹豫，后来也就同意了。

我起初学戏在开封城里的艺成班，没有经过科班。艺成班里有一个杨吉祥（音），外号叫"羊羔"，唱武生，我开始就跟着他学戏，一个月两块钱。我学戏的时候还不到八岁，那时就天天喊嗓子、学打把子。后来南关那儿好唱"板凳头"，啥叫"板凳头"呢？就是有个人摆张桌子，端上茶，拿点烟，摆几条长板凳，一些好唱好玩的票友在一起唱唱，如同现在的戏迷组织，在公园里自娱自乐。当时开封有个叫王兰亭的老艺人，是男旦。有一天，王兰亭也在这儿唱"板凳头"，大家都知道我学戏了，很多人起哄，让我也唱几句。当时我年纪小，不敢唱，在众人的鼓励下我唱了一段，王兰亭很是喜欢。戏毕，王兰亭就跟俺妈说："今天我唱戏不要恁的钱，你叫恁妮跟我学戏吧。"就这样，我开始正式跟着王兰亭师傅学戏了，这也是我的第二个师傅了。起初登台唱的是《王

《小二黑结婚》剧照，1951年摄

宝钏》《坐楼杀惜》《反西唐》等，开始跟人家跑高台，三天一换台口。我就这样跟着戏班边演出边学戏。

那时候，我们经常住在庙里头，晚上打个地铺，被褥都是互相拼凑的，你拿个被子，我带个褥子，俩小妮搁一块儿就睡觉了。有时睡着觉自己往脸上一摸一抓，都是虱子。由于居住环境阴暗潮湿，浑身上下长满了疥疮，没钱医治，就发展成了脓包。每逢夜晚，屋里漆黑一片，如再遇上阴天下雨、电闪雷鸣，那种害怕、紧张，对于一个不满十岁的孩子是可想而知的。

冬天演出特别受罪，化装的时候，老师给我们打水鬓，那榆树皮用水泡好，往脸上贴鬓的时候，还没贴上就成冰了，硬得没法贴。于是用嘴哈气，然后再用手暖暖，就糊到脸上了。就那十三块板子搭一个台子，台子底下的风呼呼叫。观众欢迎，大家抬举，吃苦受累也高兴。

老师教我们，戏曲服装"宁穿破不穿错"，要根据人物和行当来定，不能随心所欲，表演上就更是如此了。老师对我们要求相当严格。你演的是青衣还是闺门旦，出来时该怎样亮相，手势该怎样做，都是有讲究的。比如演小家碧玉的姑娘，这手应该怎样指，演大家闺秀应该怎么样指，都有一套程式化的规定动作。再一个不能夺人家的戏，该你唱了你唱，该你表演了你表演。但是如果该人家表演了，你还在那儿又看又比画的，那是戏德不好。老师们经常教育我们，想做一个真正的好演员，戏德一定要好。演唱方面，一定要注重吐字归韵，你要是咬字不清，观众听不清你唱的啥，就等于钝刀杀人。

另外，老师经常教育我们，舞台上演戏应当欠一点，不能过。我对自己也有要求。记得王兰亭老

1962 年 11 月，在河南省豫剧各流派名老艺人座谈会上，王秀兰清唱选段

师在西安经常说我：你这个小妮儿啊就没出息，一辈子也难喂一个带毛的小鸡儿，难吃个大盘荆芥。我心里想，俺老师经常说我练功刻苦，为啥还说我难喂一个带毛的小鸡儿，我能喂个小鸡儿连毛都掉了吗？后来随着年龄的增长，我越来越懂得老师说这番话的含义，其实老师不是打击我，而是爱护我，鞭策我好好做人、认真演戏，将来能够出人头地，唱出名气。

听到老师这样说，我就越发刻苦地练功，练台步啊，练眼神啊，练唱腔啊。比如，豫剧《西厢记》里的红娘和莺莺，人物身份不一样，个性也不同，你就要把握好，不能雷同，演成一道汤。我与香玉同志在一块儿演出，第一、二部她演莺莺，我演红娘；第三、四、五、六部她演红娘，我演莺莺。角色不同了，你上台就得演啥像啥。有一次，她让我陪她唱红娘，当时我在开封相国寺剧场，都是老搭档了，配就配呗。我演的红娘虽然只有两句唱，但还是得到了观众的认可与欢迎。

我这一生给自己总结的是，做人一定要本分。在旧社会，我们这些艺人被称为"下九流"，没有地位，新中国成立后真的是翻身了，又是省、市人大代表，又是

《西厢记》剧照，王秀兰(右)饰演崔莺莺，王敬先(中)饰演红娘，王素君(左)饰演张君瑞，1960年代摄

《彩楼记》剧照,王秀兰(右)饰演翠萍,王素君饰演吕蒙正,1970年代摄

省政协委员,作为从旧社会走过来的艺人,我真切地感受到了党的温暖。

我对自己现在的生活很满意。我马上就八十五岁了,直到今天,还有那么多喜欢豫剧的朋友没有忘了我,还想着开封有个王秀兰,我觉得很荣耀,很踏实,很满足,非常感谢他们对我的爱戴。

感谢党对我的培养,没有党也没有我的今天;感谢观众对我的厚爱,没有人民的支持,我也就没有今天的名望。

2009 年

陈鹏录音,月阳整理

王敬先·《打焦赞》

王敬先(左)和月阳,于2006年夏

武旦开先河
惊艳满台飞

　　作为中国五大地方剧种之一的河南豫剧,经历两百多年的发展与演变,至今延绵不绝、生生不息,显示了其强劲的艺术生命力。当然,这与几代戏曲人的辛勤耕耘、继承传扬密不可分。今天,月阳要带大家一起认识的这位艺术家,就是在河南豫剧界被誉为"河南关肃霜",凭借"踢枪"绝技赢得"满台飞"雅号,在豫剧舞台上开了武旦先河的著名豫剧表演艺术家、"汴京三王"之一的王敬先先生。

　　王敬先,原名李水仙,1933年出生于河南开封,自幼父母双亡,由姑姑抚养,后逃荒到了陕西西安。由于生计所迫,1942年,年仅九岁的王敬先去投考由樊粹庭先生创办的狮吼儿童剧团。由于她身材瘦小,并没有受到考官的青睐。可是她并没有气馁,几乎天天跑到剧团,在一边偷偷学习,她的努力和坚持最终感动了主教武工的韩盛岫先生,经韩先生从中说情,樊粹庭先生终于接收了她,从此跟随韩盛岫先生重点学习武工戏。

　　功夫不负有心人,不到三个月的时间,王敬先就学会了好几出戏。在韩盛岫移植的《红桃山》一剧中,王敬先饰演张月娥,而且韩先生完全按京剧的路子来要求,就是这出戏使她奠定了坚实的武旦基础。随着这出戏的公演,西安的戏迷们都知道狮吼剧团里出了一个小武旦。此后,作为武工主教的韩盛岫先生开始教她更多的戏曲绝活儿。樊粹庭先生看她是个武旦的料儿,专门为她编写了《水漫金山》《雷峰塔》《红珠女》等,其中设计了"耍火旗""打出手""跷功""钢鞭出手"等高难度表演动作,这些在豫剧舞台上从未出现过的玩意儿、绝活儿,着实让西安观众大开眼界。由此,十四岁的王敬先在西安城名声大噪。

上世纪 40 年代末,在西安红极一时的王敬先从狮吼剧团辗转到甘肃平凉,搭班"新道剧团"。1949 年,为配合解放区方针及各项政策的宣传工作,她又到宝鸡挑班成立"先乐剧团",先后排演了多部现代戏和新编历史剧。1950 年,王敬先正式返回老家河南开封,以《楚红玉》《涤耻血》《三拂袖》三部戏轰动了古都开封。观众无不为王敬先的精彩武打技艺所倾倒,纷纷赞誉,"狮吼"来的武旦手脚真厉害,枪踢得满台飞!"满台飞"的绰号便由此而来。

1956 年河南省第一届戏曲观摩会演,正是王敬先艺术生涯的闪光点。这一年,开封市豫剧一团排演的豫剧传统剧目《王金豆借粮》,作为参赛剧目大放异彩。

《打焦赞》剧照,王敬先饰演杨排风,1958 年摄

豫剧《王金豆借粮》主要讲述的是贫生金豆自幼与张爱姐订婚,不料王家遭火灾而家败。除夕,王金豆前往岳父家借粮,不敢走正门,越墙至爱姐绣房。爱姐除暖酒款待,还以父之皮袄相赠。其嫂刘氏从帐中拉出王金豆,戏谑后,答应其早日成全他们二人的婚事。

这出传统小戏虽然讲述的是家长里短,但剧情幽默诙谐,加上三位主演功底深厚,着实红极一时,并在此届戏曲观摩会演上斩获了多项大奖,剧中刘氏、爱姐、王金豆的扮演者王秀兰、王敬先、王素君三人均获得了表演一等奖,由此,豫剧界"汴京三王"的雅号也迅速流传开来。

1955 年,文化部举办了第一届戏曲演员训练班,王敬先和常香玉、魏云等一起被送去北京学习。1958 年,王敬先先后在河南省军区礼堂和开封相国寺剧场为毛泽东主席、陈毅老总演出了《王金豆借粮》和《打焦赞》等传统剧目。

戎马舞台,快意人生。王敬先还于 1960 年、1962 年、1965 年随团多次参加全国性巡回演出,走了大半个中国。她先后去过陕、甘、鲁、冀、云、贵、川、湘、鄂、皖、苏、浙、沪等省、市,所到之处,其精彩表演受到各界好评。

改革开放以后,古装戏恢复演出,王敬先也重登舞台。她回到剧团后的首场武戏排练,舞台上下围满了观众,大家无不被她炉火纯青的武打表演所震撼和吸引,更为她那不减当年的戏曲武功所深深折服。1981 年,王敬先主演的《刘金定下南唐》大获成功,再次轰动开封。这位饱经沧桑、年近五旬的艺

《王金豆借粮》剧照,王敬先饰演张爱姐,1956 年摄(刘仪清供图)

术家再次向世人展示了非凡的艺术功力,"河南关肃霜"又回到观众中间。

1986 年,心系戏曲教育的王敬先和老伴儿李振亮商议,卖房、筹款,倾尽积蓄创建开封市芳华戏曲艺术学校,培养戏曲接班人。这对生活格外节俭的夫妇,节衣缩食,全力办校,即使晚年的王敬先患有糖尿病,也只选择最廉价的药物维持……

2013 年 11 月 10 日 11 点 20 分,著名豫剧表演艺术家王敬先因病医治无效在开封去世,享年八十一岁。作为豫剧界杰出的武旦、刀马旦、花旦等文武双全的代表人物,她的逝去,也意味着豫剧刀马武旦一个辉煌时代的结束。

王敬先，1957年于郑州

王敬先自述

从郑州到西安

我叫王敬先，回族，1933年正月初九出生在郑州。现在我已经退休二十多年了，加上身体不太好，因为糖尿病，眼睛也不太好，所以很少参加活动，自然和大家交往得少，和观众见面谈心的机会也少了。

我五岁就记事了，母亲在大华纱厂，就是郑州现在的国棉二厂工作，父亲也在纱厂工作。母亲生下我一个多月就上班了，从小就是姑母照顾我。后来，日本侵华战争开始了。那时候郑州只有一个德化街、一个大同路，被炸得面目全非，街上的灯杆、电线也都没有了，房子也倒塌了，成为一堆废墟。母亲的纱厂也被炸了，从此以后父母就失业了。后来，我们一家逃到了郑州十里铺的一个清真寺，在那儿躲了两个多月，这期间又添了我的弟弟。那时候就是在寺里面吃一点舍饭什么的，艰难地活过来了。

当时纱厂的很多工人得有痨病，就是现在的肺结核，后来母亲也得了。特别是有了弟弟以后,因为家穷,没吃没喝,母亲没有奶水,弟弟就哭闹不止,加上身体又有病,经常发烧,母亲觉得日子简直没法过,不久就投井自杀了。就这样撇下我们年幼的姐弟两个,和同样得了这种不治之症的父亲。没办法,父亲就上街做了个小生意,卖点瓜子什么的,也挣不了几个钱,连俺姐弟两个都养活不了。后来,父亲就把我寄养在姥姥家里,跟舅舅生活在一起。可舅舅家里也有几个孩子,有时候小孩子们喜欢打闹,有病的舅母听着不耐烦,就往外撵:你们都滚蛋吧,都走吧! 她说我姥姥:你看你那眼珠子都没有了,还要眼眶干什么! 意思是说我是姥姥闺女的孩子,闺女是眼珠子,闺女都没有了,还要外孙干什么! 她不想养活我。我虽然只有五岁,但性格倔强得很,听到舅母说这种话,我就悄悄离开姥姥家。我走投无路,只好去大街上要饭,夜里就睡到街上的角落里。

我流浪在街头,天气渐渐冷了,快到冬天的时候,我姑母的大女儿在街上看到我了,我小名叫水仙,她就说:"水仙,你在街上干什么?"我一下子搂住表姐就

狮吼儿童剧团第一批出科女演员,后排左起:关灵凤、乔景兰、王敬先、宋解英、杨淑香,前排左起:花含蕊、萧淑琴,由樊粹庭先生拍摄于 1940 年代

257

哭了，我说俺舅他们不要我了，我没有地方去。表姐一听，赶紧给逃到西安的姑姑写信，让姑母把我领走，否则我可能活不过冬天了。姑母接到信，偷偷地从西安来到郑州，姑母一来，我就抱着姑母哭了，说：你收留我吧，我妈没了……那时候，我父亲在街上给弟弟找了一个奶娘养活他，但是又交不上孩子的保姆钱，无奈把弟弟卖给了人家，父亲也不知到什么地方流浪去了。

从那以后，姑母就把我收留了，领着我逃到西安。从此我就在西安落脚了，我和姑母、二表姐三个人，靠二表姐在纱厂挣钱养活。

现在回头想想，我在西安那个阶段，真的是什么苦都吃了。因为表姐一个人挣钱养不了三口人，家里常常吃了上顿没下顿，有时候我还得到街上要饭。因为姑母家在西安市北边的北关一带住，离火车站很近，我常常挎上篮子，一边要饭一边拾煤核。那时候拾煤的小孩可多，拉煤的火车来了以后，大家就争先恐后地用小抓钩往下搂煤。刚开始我没有小抓钩，就用手扒，结果手上烧的都是泡。后来一个司机叔叔看见了，问我："小妹妹，你怎么不拿个抓钩搂，你这样不把手烧坏了？"我说："我没有小抓钩。"他看我可怜，又问："你怎么出来扒火车呀，你都不怕危险吗？"我说："因为俺家没有吃的，也没有烧的。"司机叔叔看我实在可怜，想了想说："你到东站等着，等火车开到外头以后，我给你搞点煤。你拿个布袋，再挎个篮子，在那儿等我。"我就听他的话到了东站。等火车到了，看到那叔叔就在火车头上面。他让我把布袋撂上去，装了满布袋煤。从那以后，我依靠叔叔的帮助，总算让家里有烧的了。

后来，日本人又把西安给炸了，飞机整天在头顶飞，天天拉警报。西安豫丰纱厂也被炸了，我和姑母还以为我二表姐被炸死在纱厂了，赶忙去厂里的废墟里头找，还好，她跑到郊外的一个窑洞里，总算保住了命。表姐失业后，家里头更没有着落了，我就跟着表姐到处找工作，最后有人把我们介绍到了被服厂，表姐学做军衣，我就钉扣子、锁扣眼儿。就这样，我们娘儿仨总算没有饿死。

考狮吼儿童剧团,被拒之门外

没活儿干的时候,我还是挎上篮子跑出去要饭。被服厂离西安的国棉市场很近,那里有个戏园子,像陈素真、赵义庭、常香玉、田岫玲、筱火鞭等都在那里演戏。我在街上要罢饭,就跳墙钻进戏园偷偷看戏,一看就看上瘾了。特别是演出完,他们开饭的时候,看到他们吃的是白馍,还有菜,很是羡慕。他们看我可怜,这个给我半个馍,那个给我分点菜,就这样,我在那儿混熟了。

回想起来,战争时期国棉市场的戏园子生意也不太好,挣不了多少钱,也挺苦的。后来陈素真于1941年秋离开了狮吼剧团,樊粹庭先生就让老师打着小旗,在西安招收河南籍小孩。我因为跟剧场的人打得热火,很熟悉,他们都说,小妮儿,你别在这儿看了,现在樊先生收学生,你去报名呗。于是,我抱着希望跑去报名了。樊先生一开始就问我是哪儿的,我说我是郑州的,逃难到西安来了。他说:中,河南话说得怪标准。他又问:小妮儿,你多大了?我说八岁了。他摇摇头说:那

1943年冬,樊粹庭(坐藤椅者)和韩盛岫(中间立者)正在给学生排戏

在狮吼儿童剧团时期，王敬先不忘学文化（李建民供图）

不行，八岁太小了，顾不住你自己。我说我不小了，我喜欢这里！可是樊先生嫌我又黑又瘦，长得丑，不是唱戏的料，还是把我打发走了。我心里不服气，还是天天去磨，天天去戏园子看戏。

演员每天演出结束以后，还会在那里练一会儿功，有的拿大顶，有的下腰、跑圆场、打马车轱辘，我回家后就照着人家的样子练，摔了一次又一次，但我是不怕摔的。很快，有些身段我就会了，虽然走得不标准，但是基本的样子我能比画出来，甚至比他们学得还快。后来樊先生被我感动了，就把我收下了。留下以后，老师有教唱的，有教武功的，我学得不亦乐乎。我们这一帮子学生，老师也下功夫教，大家每天除了吃饭，就是不停歇地练功、学唱、吊嗓子。我很快学会了《断桥》《吵宫》《小双韵私访》，还有《杨英买母》等，这些都是小垫戏。

那时候，樊先生领我们这帮学生真是艰苦，因为小孩子还不能演戏挣钱，但还要吃饭穿衣，所以老师也常常吃不饱。每顿饭就发一个小窝窝，一碗稀饭或者小米饭，就这样将就着过了三个月，后来挪到西安城北关去住了。那个地方有一块空地，有几间房，樊先生带着老师们在那里又教了我们好多戏，都是小节目。我有一个大师姐叫王景云，属于大一点的学生了，能演好多戏。给她排戏的时候，我们就跑龙套，练了几个月后，我们就能上舞台了。能演出以后，有了些收入，我们的生活就稍微好一点了，但是住的地方是茅草屋，一下雨房子就漏，外边不下了，屋里头还滴答滴答地漏雨。后来慢慢又演了几个月戏，樊先生就在城西门那一片租了一个地方，从此我们不受雨淋了。

那时候，我们一天到晚练功，也容易饿，能吃八成饱我们都很知足。每天早上五点钟，老师就会叫我们起来喊嗓子，有一次老师看错表了，把我们叫起来后去城墙上喊嗓，喊了好长时间天还不明，又喊了好长时间，天还不明，老师一看表，连忙说"叫错了！叫错了！"原来他把三点看成了五点。但是已经起来练了，那就继续吧，累了就趴到那儿再睡一会儿，等天明了，老师把我们都叫起来，回到住地接着练功。我们早上不吃饭，一直练到十点钟才开饭，肚子饿得咕咕乱叫，但是只要一练功、一提劲，就把饥饿忘了。

我们的武功老师都是京剧老师，有负责教身段和武靶子的，也有负责排戏的。我是九岁进狮吼儿童剧团的，不久我的父亲去世了，他临死之前再三嘱咐我姑母，不要让我学戏，说学戏的将来不能入祖坟，但我对父亲的遗嘱没有理会，我太喜欢演戏了。进团后，老师说我的嗓子不是太好，看我是个学武功的料，什么身段都敢走，什么架势都敢扎，性格大大咧咧的，所以老师就在武功这方面培养我，给我分到男生练功行里头，跟他们练一样的功，男生走什么我走什么，这些东西后来我都练成了。

那个时候还轮不到我演主要角色，大多是丫鬟、穿兵、打旗的，经常出去唱垫戏《断桥》《吵宫》《小双韵私访》等，后来团里头排了个大戏《桃花庵》，给我的最大

左:《金山寺》剧照，王敬先饰演小青，时年十二岁(樊爱众供图)
右:《水漫金山》剧照，王敬先饰演白娘子，1980年代摄

角色是诰命夫人，是个"摇婆旦"。后来，功夫练得差不多了就开始排戏，男生演以武生为主的短打戏，如《白水滩》《盘肠战》《三岔口》之类的；我是女生中培养的刀马旦和小武旦，第一个戏给我排了《红桃山》，讲的是梁山好汉的故事，这是个刀马戏，要扎大靠，我演的女主角名叫李玉娥，其中有"三战"都是为了收复李玉娥的，最后李玉娥被打败了，收归梁山。

苦学武功戏，"打"红西安城

我在狮吼儿童剧团学了八年戏，其中七年身上都是青一块紫一块的，只要有动作身段稍微没走好，老师就拿着藤子棍抽上来了。过跟头的时候过不去，老师抽你一棍，若是还过不去就抽两棍，所以自己也是又怕又急，只得使劲翻。后来，只要有什么东西走不好，老师一打就走好了。在狮吼剧团的几年，我的武功基础打得比较好，小翻、前空翻我可以一口气翻几十个。那时候没有那么多练功的工具，地上也没有地毯，练功条件非常艰苦，也没什么保护措施，全靠自己。

继《红桃山》之后，樊先生又给我排了《水淹泗州》《孙悟空闹花灯》等武戏，学的都是京剧那一套东西。我练的都是扎马靠以及带翎子的那一套功夫，《天门阵》《穆桂英》《红桃山》《杨门女将》《杨七娘》等，这都是扎大靠的戏，称为刀马武旦。武旦戏就是《泗州城》《杨排风》等。这些戏演了之后，我就算在西安有点小名气了。那时候，狮吼儿童剧团在西安就是以武戏出名的，文戏上也有几个不错的演员，但还是以武戏为主。后来樊粹庭先生看我有这个本领，而且团里也有唱功演员，就又排了《水漫金山》。《水漫金山》大多是武打，除了前面的"游湖""借伞"，从"盗草"开始就进入了武功戏。刚开始我还演不了白蛇，白蛇由我大师姐王景云演，我演青儿，当时老师安排的武打戏份相当重，我算是开了豫剧武旦、刀马武旦之先河。《金山寺》里的青儿"打出手"，从前豫剧没有，这是从京剧里头学过来的，是韩盛岫老师教的。演完这个戏后，我在西安就非常红了。樊先生接着又写了个《雷峰塔》剧本，还是以青儿为主，白娘子被压到塔底下，她回山重新修炼。这个武戏比《水漫金山》更吃功，打得更多。当时只要一演出这个戏，观众都是满场，也算是为剧团争了光,樊先生非常高兴。

在我十五岁的时候,就是我学戏的第六个年头,才算是演个正武旦的角色。后来樊先生又给我量身打造写了《红珠女》。他真是一个具有写作天才的人,剧本一个星期就写好了,是根据寓言"鹬蚌相争,渔翁得利"编写的故事,演出后一下子轰动了。每到春节,我们就演《闹花灯》,八月十五演《嫦娥奔月》,七月七演《牛郎织女》,基本都是按着季节来搞戏,非常应景。樊先生不单是剧作家,在培养学生方面很讲究因材施教,是个优秀的教育家,有很独到的经验。对我们,他就像个老父亲一样,总是恨铁不成钢。

《雷峰塔》剧照,王敬先饰演小青,时年十四岁

轰动汴京,赢得"满台飞"赞誉

七年学戏期满后,加上一年效劳,一共八年。当时我觉得姑母养我不容易,成了才总要报答她,便跟樊先生请假,于1948年离开了狮吼剧团。我走后,我的那些戏也没有人能接下来。1950年,我随姑母到郑州探亲,当时有个大众剧团(河南豫剧院二团前身)不错,我有两个师弟在这里,他们见到我就极力挽留:"敬先,你不能先回开封,先在郑州演三天。"就这样,我在德化街演了三场戏,轰动了郑州,大众剧团要留我,但我念着姑母回乡心切,还是回了开封。

到开封后,开封剧团的经理、主任都到家来请我,不约而同地说,听说你这个狮吼剧团的高才生回来了,想要你留下来演戏。我说,什么高才生,我不中,这次回来就是探亲,什么都没有带,不能演出。经理说,你缺什么、少什么我给你弄。后来服装、戏箱等都找全了,实在推辞不了,只好演了三天。第一场演的是《楚红

王敬先(左)和爱人李振亮(右)、儿子小龙(中),1950年代摄

玉》,第二场是《涤耻血》,第三场是《三拂袖》,在开封一炮打响。开封是戏曲之乡，戏曲氛围浓厚,对演员真好,宣传得真是让你想象不到,街道上、各个巷口、大南门都宣传到了,用了九张纸把"王敬先"三个字写得大大的,另外用红绸子扎齐门彩,大力宣传。我因为这三场戏,在开封站住了脚,还赢得了"满台飞"的美誉。所以这三场戏演罢以后,当时的河南省省长吴芝圃说什么也不让我走。我说,我留到这里算怎么回事,我那边怎么办? 他说,你别担心,那边的省长都是我的老战友,我打电话,一切都给你推了。省长都出面再三挽留了,我姑母回到老家也不想再外出奔波了,我就从此留在了开封。

婚礼没举行完,便上台演出

我和老伴儿结婚前谈了有一两年,可是我工作太忙了,演出任务太重了,有时候在家半个月、几天就又出去了,我们俩见面也很少。结婚那一天才有意思呢! 那天是苏联著名舞蹈家哈农来中国演出,第一站是北京,第二站是河南开封,在河大礼堂演出。那天非常冷,我们两个正在举行结婚仪式,团里派人找到我说:王老师,你看你结婚也不跟团里说一声,到处都找不到你。我说:你们找我什么事? 他们说:苏联红旗歌舞团来慰问,我们团参与联合演出,要演《水漫金山》。就这样,结婚仪式还没有举行完,我就跟着同事走了。

婚后没多久,省里就派我赴朝鲜慰问,先是到武汉集合参加集训,打算集训以后直接到朝鲜。谁知道集训时我有了早孕反应,一直呕吐,就这样,赴朝慰问没有去成,气得我直哭。怀孕以后演出也受影响,尤其我是武功演员。这一怀孩子,肚子显大了,但演出时我还是照样,该勒腰就勒腰,该翻打还翻打,结果第一个孩子生下来头很小,有些畸形,活了一岁多就死了。所以我就觉得,做演员不要结婚太早,会影响自己的事业。

演员经常在外演出,很难照顾到家。孩子生下来就往家一放,都是喝牛奶面汤喂大的,所以孩子们跟我的感情都不是太深。在孩子跟前,我心里一直非常内疚。

从科班到退休,我大概演了一百零四出戏,青衣、花旦、刀马旦、武旦,文武都有。我的行当为什么这么全呢? 因为在狮吼剧团功底扎得比较扎实。像给男生排的戏,我看了就能把它记下来,《拿花蝴蝶》《十一郎》《白水滩》《狮子楼》等好多武生戏都学了。出科以后,我不单演刀马、武旦这一类戏,武生戏也演。

学武戏很苦,我那会儿练功特别是"打出手"这方面的功夫,除了白天练,晚上只要没有我的演出,还要加班练习踢枪、耍鞭、撂鞭。比如踢枪,初学时候不像现在用棉垫把腿包住,没有任何保护措施,老师也没有讲怎么保护自己,很快就把腿踢烂,接着红肿发炎了。老师一看,忙说不中,让我歇歇再练。要练好"打出

"汴京三王"在开封工人剧团时期,前排右起:王秀兰、李耀卿、王敬先、陈慧秋、王素君,1951 年 10 月摄

手",关键是和对方卡好时间,他要在最好的时机,趁着枪的那个韧劲再踢回去,后踢也好,前踢也好,左右踢也好,都得掌握好窍门,这些全靠苦练。后来算演成角儿了,但我还是坚持练,每次演出完下了戏,我把头一抹、服装一脱,和配合我的人从头再打一遍。我们在一块儿练的时候还立了规矩,什么规矩呢?就是你的枪撂过来,我踢不过去,属于我的失误;但我踢过去,你接不住,这是你的失误。谁掉得多,失误多,谁请客。由于一直坚持精心练习,所以我在舞台上演"打出手"很少出差错。

我觉得,自从樊粹庭先生改革了豫剧以后,豫剧在各个方面进了一大步,吸收外来艺术也比较多。豫剧从前是以唱为主,表演、身段这些东西都是比较欠缺的,樊粹庭先生很注意吸收京剧的精华,文武同时发展。到现在豫剧还是以唱功为主,像京剧那样的文武全才不多。我感到咱们豫剧要发展,要继承先辈的东西,但是也不能停留不动,你得发展,这样才有观众。现在为什么武行这方面人才不多呢?就是因为武行太吃苦了。俗话说:"一天不练你自己知道,两天不练内行知道,三天不练观众都知道。"现在年轻人都觉得"一腔遮百丑",只要唱得好就行了。樊粹庭先生曾经说:"敬先,你光会武打可不中,你必须在文戏方面也能够拿得起、放得下,这样你才是个全面的演员,不然你是个半拉演员。"我一直谨记樊

左:《陈妙常》剧照,王敬先(右)饰演陈妙常,冯占顺饰演老艄公,1962年摄
右:《陈妙常》中"偷诗"一场,王敬先(右)饰演陈妙常,王素君饰潘必正,1960年代摄

先生的教诲。武功也要用心思考的，我追求不单要打得好、打得精、打准确，还要精益求精，所以，"打出手"这方面我都改了好几次。只要京剧有好的地方，我就学过来消化、吸收、改革。原来的"打出手"都是直来直去的，后来就旋转着，难度增大了，功夫不过硬根本就掌握不了。剧种要发展，不能老守着过去的老一套。希望年轻人也要大胆学习吸收姊妹艺术好的地方，然后动脑筋用到自己身上，只有这样，这个剧种才会保持活力，才会一直受观众的欢迎。

王敬先，1960 年代摄

"汴京三王"，姊妹情深

当时开封有两个剧团，一个是和平剧团，一个是工人剧团，我在和平剧团待了有半年，人家把我接到邯郸演了一段，后来工人剧团的经理和主任到邯郸去接我，我就到了工人剧团，从此直到退休。

秀兰姐、素君妹子和我被称为"汴京三王"。在工人剧团，我们姐妹长时间合作演出，吃穿在一起，睡觉也在一起，弄点干草地上一铺，我们仨挨着睡觉。因为我是回民，一改善生活，伙房都会给我炒鸡蛋，但我还不喜欢吃鸡蛋，秀兰姐高血压也不吃，都给素君吃。我们三个在生活上的亲近，全团同志都很羡慕。

在艺术上我们三个也是互补的，从来没有闹过矛盾。素君年龄最小，开始的时候演垫戏，跟秀兰姐在《洞庭英雄》里配丫鬟。那个时代男演员都不喜欢配小生，很多戏不能演，后来我就跟素君商量，我说素君，团里没有小生，你能不能改改行当？领导也同意这个意见，就给我们排了一个《陈妙常》，通过这一部戏，她就改了小生行，一下子红了。

我们那时候没有音乐设计，都是演员自己跟乐队结合，根据人物的思想和性格自由选择板式，按照老的唱法，往里头填补新东西。素君演过很多戏，不仅表演好而且身段也好，《陈妙常》演出很轰动，领导觉得我们在一块儿搭档演戏非常好，观众又喜爱，接着排了《梁山伯与祝英台》，这是移植越剧的本子。排戏的时候，我说："素君这次你演祝英台，我演梁山伯。"她说："姐，我演什么都中。"演出以后，观众给我们来信提意见，说敬先同志、素君同志，你们两个演的《陈妙常》非常好，我们非常喜爱，可是《梁山伯与祝英台》这个戏，还是王敬先演祝英台，王素君演梁山伯吧。文化局的领导说，既然群众有这个想法，你们两个换换吧。从那以后，还是我演祝英台，她演梁山伯。素君的形象、唱腔以及她对人物的刻画，观众是很认可的。

当时在开封还有和平剧团，李志贞、侯秀真等一大批女演员占领着那个阵地。我们工人剧团这边有秀兰姐、我和素君，团里人都管我们三个叫大团长、二团长、三团长，不叫我们的名字，团里的学员都管我们叫王老师，就这样，工人剧团

左:《打焦赞》剧照,1980 年代摄

右:《狮子楼》剧照,1980 年代摄

慢慢形成了以我们三个为中心的局面。

后来，我们又排了现代戏《小女婿》《小二黑结婚》，刚解放的时候演了《白毛女》《王贵与李香香》《放下你的鞭子》等。那时候人民群众主要是看戏，经常是一天三场戏。看电影的人很少，再不然是听书。样板戏《红灯记》中秀兰大姐演奶奶，我的学生孙映雪演铁梅，那时候映雪还小，十六七岁的年纪，演小铁梅正好，我演的是大嫂。

《桃花庵》剧照，1980 年代摄（刘仪清供图）

一心向党，团结合作

我和素君都是党员，受党的教育比较深，名利这些东西都不想，组织上需要我们干什么就干什么。那时候真是一心一意扑在工作上，我们三个都有一个想法，就是一心把团领好。剧团正式划归为国营剧团后，每月我们的收入还给国家交个上万块钱，我们搞了很多改革，尤其是舞台装置和灯光布景方面，吸收人家苏联戏剧一些好的东西。那时候，每星期我们还要上政治课，我们三个在团里又起着模范、顶梁柱的作用，大家的精神面貌也都改变了不少。从 1956 年一直到 60 年代，剧团在河南省来说都是很先进的，无论是剧目创排还是演出收入都是数一数二的。旧社会的时候，一个剧团里头一般不能有两个主演，因为还得考虑谁挂头牌的问题，还有主演之间的竞争，但我们三个人从来没有闹过矛盾。

我演的剧目武打方面的多，最出名的是《狮子楼》，我演武松；《义烈风》《霄壤恨》《花媚娘》是"樊戏"，都是属于正旦行里面的；《桃花庵》中我演窦氏，是正宫青衣；《陈妙常》中的陈妙常是一个闺门旦；《涤耻血》里的刘芳也是闺门旦，这个戏里面的行当很多，花脸、武生等，共六个行当。

回想几十年的艺术生涯，我几乎是什么都演过，只要舞台上面缺角了，我就上，算是个揽杂的人物了，也是个"戏补丁"。"文革"以后，我演小生、文生多了，《白罗衫》是小生，《胭脂》是小生，那时候素君已经调到省里了。说起来我最满意的作品，还是《水漫金山》，从"盗仙草"一直到"水漫金山"，既属于闺门旦，又有刀马旦的表演。我也喜欢《杨排风》这个戏，这个戏有"三打"——"打孟良""打焦赞""打韩昌"，演这个戏其实并不费什么力气，算是我的歇功戏了，很轻松就演了，大概是因为我的性格和杨排风接近吧。

说起来，我最怕演的是《陈妙常》，因为是个文戏，闺门旦的戏，我害怕唱，而且我的性格和陈妙常距离又太远。我是最不喜欢受拿捏的一个人了！陈妙常这个人物很含蓄，一直把她的爱埋藏在心里，无论潘必正怎样挑逗她，她都是以假的面目呈现，真实的感情隐藏在内心。但是，陈妙常喜欢不喜欢潘必正？喜欢，而且是一见钟情。陈妙常是大家闺秀，文学素养也相当高，她跟潘必正谈情说爱，都是用文人的含蓄、优雅互相传递爱情的。她要一直把感情埋藏在内心，不能爆发，所以这个戏演起来累得慌。

穷尽积蓄，创办戏校

我退休时五十来岁，虽然不能再唱戏了，但可以教戏，就和老伴儿商量办个戏校。当时戏曲正处于低谷，很多剧团都瘫痪着。我们办学跟从前的旧戏班是不一样的，有文化课，还请有声乐老师，各个行当的老师都有。当时招收过来的孩子很多来自农村，家庭比较困难。我把城里的房子卖了十五万块钱，盖了教学楼，一心想培养戏曲接班人。

我经常听收音机，几乎天天听，眼睛不好了，看电视看报纸不中，只能听广播。省电台让我做过几次节目，和电台的木子、月阳很熟，感情上都很近。虽然说退休了，但我心里跟戏曲从来没有分开过。

2006 年

王博录音，月阳整理

王素君·《必正与妙常》

请扫码收听王素君原声音频

王素君(左)和月阳,于 2019 年夏

在我心里,王素君先生就像一位邻家老妈妈一样亲切、随和。她是业界有口皆碑、当得起"德艺双馨"称号的艺术家,更是一位艺术造诣深厚、在豫剧女小生领域开创出一片新天地的开宗立派的艺术家。王素君老师的人缘非常好,记得2015 年她举办从艺七十周年专场晚会,我有幸和木子老师共同担当主持人,目睹了人山人海的盛况。当时我就在想,一位离休几十年的艺术家,还能引起老百姓这样的尊敬和爱戴,是多么不容易的事情,其艺品其人品由此可见。

在河南戏曲界,王素君老师是个很特别的存在,她的艺术造诣之深、品德操守之高、为人处世之谦逊、心态之淡泊随和,无不令人肃然起敬。时常听到朋友们讨论,能做到像王素君老师这样内外如一、始终保持初心的演员真是不多。

我家里至今还珍藏着一双彩鞋,这双新鞋牵系着我和王素君老师一段特别"情缘"。我刚走上戏曲广播岗位时,还十分青涩,也不认识艺术家们,想去采访他们都找不到门路。永远忘不了当时年迈的王素君老师蹬着她的三轮车,载着我,一家一家登门拜访河南的戏曲名家,为我的戏曲主持之路开启了大门。后来,我也曾向她学戏,这双彩鞋就是有一次要参加一个演出,王老师看到我穿着一双运

王素君,1963 年摄

动鞋彩排,二话不说,连夜为我定做了一双大码彩鞋,第二天清晨,当她把这双崭新的彩鞋送给我,我的眼眶一下子湿润了……

更难能可贵的是,王老师对人的好,是不分高低贵贱的,无论是政府机关的干部,还是拾荒清洁的老人,她都一视同仁,同样亲切、随和。所以,她的戏迷范围之广、人数之多,在河南戏曲界都是非常惊人的。如今,近九十高龄的她依然怀着对艺术的热情和献身精神,也常常鼓舞、激励着我,令我不断深思和领悟。

王素君先生积六十余载的舞台艺术经验,开豫剧小生挑梁主演之先河,并以其独特的艺术风格,创立了豫剧一个全新的小生声腔流派——王派艺术,被誉为"豫剧小生之帝",可谓名副其实、众望所归。早在上世纪 50 年代,她与著名豫剧表演艺术家王秀兰、王敬先同台联袂主演的《王金豆借粮》《陈妙常》《西厢记》《贩马记》《梁山伯与祝英台》《孔雀东南飞》《周仁献嫂》《杨乃武与小白菜》等,早已是脍炙人口的经典剧目,三人也被誉为"汴京三王",享誉中原,蜚声全国。

1956 年,年仅二十三岁的王素君在河南省首届戏曲观摩会演中,以一出独角戏《小二姐做梦》获演员旦行一等奖,又因主演《王金豆借粮》中的王金豆,荣获生行一等奖,成为大会荣获双料一等奖的年轻演员。1959 年,王素君调入河南豫剧院一团,长期与常香玉大师合作,成为剧团的台柱之一。在《花木兰》中,她与常香玉互为 A、B 角"花木兰";《拷红》中,她饰演的张君瑞与常香玉饰演的红娘相映生辉,"舍不了多情的莺莺贤妹"与"在绣楼我奉了小姐之命"的唱段同样在戏迷中传唱,被广大观众赞为"双璧鼎立,珠联璧合"。

王素君先生的唱腔圆润宽厚,清醇质朴,低回婉转,韵味绵长,往往一个幕后"闷廉"高唱,一个台前"叫板"低吟,均能赢来暴风骤雨般的掌声,不知唱痴了多少观众。1952 年,河南省广播电台第一代播音员、豫剧老一代著名编剧周则生将川剧《玉簪记》改编为豫剧《陈妙常》,将十六场改编为八场抒情喜剧,王敬先、王素君分别饰演陈妙常、潘必正。这是王素君第一次由旦行改演生角。为了演好此戏,她苦心孤诣、探索新腔,将"上五音"行腔的祥符调以"下五音"展韵,借鉴豫西调行腔,延宽女声腔调,糅合祥符调韵味,摸索出一条崭新的女小生声腔之路。因此,此剧一经演出,获得广泛好评,成为保留剧目,也从此开了生旦并重、领衔主演的先河。

1953 年, 时任中央宣传部副部长的周扬在开封看了王素君与王敬先主演的《陈妙常》后说:"这个戏演得可与越剧《梁祝》相媲美。"著名诗人徐玉诺赞扬她演的小生"一身书卷气";作家姚雪垠、李準分别题词"风流倜傥""雅而不俗"。1984

1956 年河南省首届戏曲观摩会演,"汴京三王"演出《王金豆借粮》,王秀兰(中)饰演刘氏,王素君(左)饰演王金豆,王敬先(右)饰演张爱姐

左:《拾玉镯》剧照,王素君(左)饰演傅朋,郭美金饰演孙玉娇,2007 年摄

右:《必正与妙常》剧照,王素君(左)饰演潘必正,王敬先饰演陈妙常,1984 年摄

年,该剧被拍摄成彩色戏曲艺术片。

　　1956 年 5 月,王素君荣获全国文化系统先进生产者,在中南海受到毛泽东等中央领导的接见;1957 年荣获全国"三八红旗手"称号;1958 年"汴京三王"应邀在河南省军区礼堂为毛泽东主席及其他中央领导演出。

　　如今,豫剧王派小生作为清雅、素净的戏曲名词,频频出现在广大戏迷和众多专家的赞许中,这里所蕴含的不仅是一个流派的发展史,更是豫剧百花齐放的佐证,河南戏高雅品格的一个代表。王(素君)派艺术作为河南豫剧百花园中的一朵奇葩,深深影响着豫剧生行中的几代演员,也势必成为河南戏曲文化遗产史中珍贵的一页。

王素君,于 1960 年代

王素君自述

　　我叫王素君,1933 年出生,祖籍河南省西华县逍遥镇小王庄。我家境贫苦,父亲是雇农,二十九岁就生病去世了。我姊妹三个,一个姐姐,一个哥哥,我排行老小。我两岁多的时候,母亲离开我们又成了家。奶奶带着我们艰难度日,灾荒岁月,实在无以为生,只好让我和姐姐跟着唱戏的堂叔讨生活。那一年冬天,堂叔带我们到扶沟县搭班卖艺,途中病饿交加,死在扶沟的一座大庙里。堂叔一死,我和姐姐没了依靠,流落街头,十分凄惨。

　　幸运的是,当时在扶沟的一对艺人夫妇收留了我们,他们就是我后来的养父母。养父叫王清书,原来在开封的剧团拉头把弦;养母叫毛莉贞,是唱坠子书的,和桑振君大姐的母亲是结拜姐妹。他们夫妇二人原本在开封从艺,1938 年开封沦陷,他们四处谋生,中途落脚扶沟,还收留了十几个无家可归的孤苦儿童。

　　在好心人的介绍下,养父母收留了我们,并安葬了我堂叔。因为当时养母自己的女儿病夭了,她看我年龄小,就把我当女儿来养,让我姐姐做学徒。那时候,养父母其实过得也很艰难,带着一帮孩子住在大庙里,经常没吃没喝的。他们演出的时候,我们就跟着看;他们排戏的时候,我们也跟着看,耳濡目染,接受熏陶。

十五岁的王素君

平常的日子，就让我们出去捡垃圾、拾瓜子、捡瓜皮、挖野菜，到了冬天就拾烟头、捡煤核，生活困苦，但总归能活下去。

大概五岁的时候，养母就让我正式学唱戏了。那时候有一位叫曹金垒的老艺人，是唱旦角的，在当地比较有名气，人送外号"曹狐狸"，他一辈子没成婚，无儿无女，晚年了也无依无靠。我妈就和他商量好，让他教我们这群孩子学唱戏，由我妈奉养他，将来给他养老送终。他年纪大了，我妈就叫他师傅，我们叫他师爷。曹师爷从此就是我的启蒙老师了。

曹师爷教戏是老艺人的教法——口传心授。每天早上，曹师爷带我们练基本功，有时候去旧城墙上，有时候在院子里。跷腿、拿顶、下腰、捏腰、翻跟头……什么都练，无论下雨下雪，没让我们停过。白天练基本功，晚上就教唱腔。夜里没有灯，他让我们摸黑围坐一圈听他教唱。我妈是个性子刚强的人，迫切期待我成才，对我的要求尤其严格。一个学不好就动手打我，那时候我真怕她！好在当时她的母亲——我的姥姥还健在，她对我很疼爱，每每把我护在怀里，还多次暗地里叮嘱师爷对我不要过于严苛，免得我多受皮肉之苦。

曹师爷教我的第一出戏就是《小二姐做梦》，他告诉我："乖乖，这个戏板路多，唱词又多，只要你能把这个戏完整地唱下来，以后遇到什么样的唱功戏就都不怕了。"七岁的时候，我就开始登台演出了，当时演小"娃娃生"，因为够不到凳子，都是大人把我抱上去。到十二岁的时候，我已经学会了几出完整的戏，像《坐桥》《游宫》《吵宫》《余宽爬堂》《反西唐》《老征东》《小二姐做梦》等，可以出去搭班当学员了。我爸就带我去了许昌的二油梆剧团。当时那个团里有一个叫王玉花的人，是我养父的熟人，她爸爸吹唢呐、弹三弦，我爸爸是拉弦的，相互很熟悉。王玉花和桑振君一样,都是团里的主演。当时一起搭班的还有唐喜成、李义然等人,唱红脸的小生、旦角等。我爸进团当乐师,拉弦;我当学员,没有工资。平时让我唱个小垫戏、"穿把子"。我那时候看到桑振君演戏,非常喜欢、羡慕。团里的几个主演也都有各自的拿手活,各有各的风格,我感觉很长见识,如饥似渴地学习,觉得怎么都学不够,精力不够使。团里的好戏,我看了也是喜欢得不得了,通通都学。桑大姐比较喜欢我,因为她妈是说坠子书的,跟我妈是干姊妹,所以她叫我爸"三叔",跟我也不见外,待我很亲近。

上世纪三四十年代,尽管战乱不断,但是剧团为了生计还得继续唱戏,有时候敌军刚在天上撂了炸弹,我们还得继续唱。1945 年日本一投降,我们就开始往北走,桑振君大姐也离开了许昌。我爸领着我到河北投奔杨金玉。他当时在封丘办了个团,我们去跑了一段时间高台。所谓"高台",就是旧班社演出时用的舞台,舞台的四个角是用四驾马车支起的,十三块木板搭建成一个简陋的舞台,演员就在上面演出。那时候老艺人要对谁有意见了,总爱说:"年轻人,别逞能,咱十三块板儿上见!"通过跑高台,我也见了很多当时的好演员,比如管玉田、杨凤书,都是河北的名演员,尤其是杨金玉,他是阎立品的老师,听我爸说他生旦不挡,花脸、黑头、旦角都会唱,旦角能唱《洛阳桥》《玉虎坠》,在《铡美案》中演包公,《花打朝》中演程咬金,可以说是全才演员。我觉得自己真是大开了眼界。

那时候练功是非常艰苦的。每天天不亮就起来喊嗓子,头顶一天星星,小孩子们都排着队走,有的走着路就犯困了,扑通摔倒在地,一下子摔醒了,赶紧爬起来继续跟着队伍走。

我童年的记忆中,从没有吃过

1956 年河南省首届戏曲观摩会演,王素君演出《小二姐做梦》

一顿饱饭，为了演出还经常赶夜场。马车拉戏箱、拉行李，演员无论老少都徒步行走。住的地方一般都是庙院，夜里看着龇牙咧嘴的小鬼塑像和墙上画的神神怪怪，真吓人！但有什么办法呢，我们从小就是这样过来的。我还亲眼见到团里有个叫牛宝静的名演员，上场前把刚出生两三个月的孩子放到后台，结果孩子给冻死了，十分凄惨；还有个怀孕的女演员，正唱戏呢要生了，赶紧闭了幕生孩子。这些事我小时候都亲眼见过，旧社会的艺人，真苦啊！

进入工人剧团

开封有个名演员王青云，是我养父的堂哥，我叫他大伯。阎立品叫他师伯，陈素真叫他三姨父。我们家后来去投奔他，他那时已经瘫痪，不能唱戏了。我们家起初到开封，就住在他家里。当时开封有几个老艺人赵清和、张子林、娄凤桐等，汇集到一起成立了工人剧团。我到工人剧团当学员，开始的时候没工资，就给口饭吃，反正只要一开戏，当兵的、跑龙套的都有我。对我来说，"穿把子"也是为了学戏，站那儿看戏，上台壮胆，台上跑得多了就不害怕了。有时候也很想上个角儿，

1950年代，王素君（前排右二）、王敬先（前排左一）和开封工人剧团同事

就和老师傅商量，能上个丫鬟我就高兴得不得了。在开封我见了好多名演员，如赵秀英、司凤英、刘秀真、侯秀真等。那时陈(素真)大师已经结过婚了，称"尹(晶天)夫人"了，戏报上写的是"陈素真(尹夫人)"。田岫玲、郑兰波、万复云、刘朝福、谢顺玉、谢顺明、牛宝静、陈义亭、张新田、王更保……这些都是开封的名演员。后来又从外边请过来很多好演员，李景萼、徐凤云等都是比较早的女小生，我对她们印象也可深，当时我还不演小生。后来工人剧团又请来了王秀兰、王敬先、聂美玲、王韵生等很多好演员；还有名丑高兴旺、刘把、李先彬等。赵清和唱老旦，朱庆喜唱老旦，行行出状元，都十分出彩。

有一天，师傅对我说"你唱个垫戏吧"，那天开演，我唱了《密建游宫》，我算是真正踏上工人剧团的舞台了。改演小生之后，演的第一个戏是和秀兰姐搭档的《牛郎织女》，我演牛郎；第二个戏是和敬先姐搭档的《陈妙常》；后来又和秀兰姐一块儿演了《司马相如》《彩楼记》等；与敬先姐一起演了《搜书院》《陈妙常》等，有时候她演《火焰山》，我演唐三藏。我记得我还跟敬先姐一起演过一个现代戏，叫《高山流水》。

新中国成立后，党和政府非常重视戏曲演员的学习与成长。上世纪50年代初，当时的文化部副部长周扬来河南视察，指示让当时的省工会把工人剧团收为编内。当时是计划经济时代，是供给制，一年发两身衣服，有伙房，管吃。1953年工人剧团改为开封实验剧团，后来又改成了开封市豫剧一团。当时上级给我定的工资是六十块钱，那时候六十块钱可不少了。我们也开始上夜校读书识字，如饥似渴地学习各种文化知识。

1950年代，王秀兰和王素君在郑州演出戏单

探索女小生的路子

　　说起小生戏，我一路走来都是在向别人学习。在唱腔上，我觉得小生唱腔若是用小嗓唱不像男人，就毅然扔掉了我的假嗓子，喊本腔。开始很艰难，甚至一度觉得举步维艰。改唱小生后加上任务重，平时说话也多，所以我的嗓子经常沙哑。有一次师爷听我喊嗓子，十分痛心地摇头说："乖乖，你咋弄成这样了。"但慢慢地，我的本腔还是喊出来了，观众认可了、喜欢了，也坚定了我走下去的信心。

　　为了保护嗓子，我平时很少说话，因此被人家称作"哑巴"。当时剧团的领导让导演周则生带我去北京看病，正好有机会看了梅兰芳先生和北昆白云生先生演出的《杜丽娘》，看了戏之后，又去后台拜访了他们。当时梅先生正在卸装，见到我们进去，很有礼貌地站起来说："您哪儿的？"我十分激动，回答说是开封的戏曲演员。梅先生说："久仰久仰……"没想到梅先生如此谦逊，让局促不安的我稍稍平静一些。这时候，白云生先生在一旁问："你是唱小生的？"我说是，我是旦角改唱小生的。他说："走两步让我看看。"我就走了几下台步，他看完说："你去演丑吧。"我心里猛一沉，他的意思是我的台步不规范。他接着说："唱小生，尤其是塑造儒雅小生，屁股不能来回摆，衣服不能来回摆，那些风流公子的除外。舞台上绝对不能故意卖那个俏……"接着，白先生又说我的腰功欠缺，一边纠正我的动作一边说："腰要往上拎着，颈椎往上拎着。没事就练习站姿，拔腰，拔颈，拔脚腕子，拔手腕子……这个地方离手一拳头，架起来一拳头，多了又不够了，少了又不中……"通过与梅先生、白先生的会面，我

《西厢记》剧照，王素君（右）饰演张君瑞，常小玉饰演红娘，1980 年摄

大长见识，回到开封以后就加紧练习。当时文化部要求四川的扇子功向全国推广，后来也来到河南，我学会了好几套。功夫不负有心人，就这样身段越练越好。

演戏要抓住人物的内在

创造角色，要抓人物的内心，抓灵魂。你若光耍身段，一点意思都没有。只有内外结合得恰到好处，才能打动人心。我常跟徒弟讲，舞台上刻画人物就好像是绣娘绣花一样，自己要有想法，抓住人物的心灵，用声腔、表演来充实这个人物。谁把人物内心抓得好，谁的艺术就有生命力。

另外，想当一个好演员，还要始终保持谦虚好学的品德。小时候我妈就教育我，知之为知之，不知为不知，不能不懂装懂，要不然就是自己害自己。她还告诉我"剜到篮里都是菜"，就是说不论谁有优点，只要学过来，就是自己的东西。所以至今我还有这个习惯，热衷向他人学习。三人行必有我师，即使是我的学生，也可能有我值得学习的地方。包括戏迷朋友，他们唱的也各有千秋、各具特色。

几十年来，每当我接到一个剧本，我首先考虑的是剧中人物的出身、年龄、性格等因素。他是穷是富，内秀还是风流，必须弄明白。我演的《王金豆借粮》中的王金豆就带点憨憨的、老实得发傻的那个劲儿。

《桃李梅》剧照，王素君(右)饰演袁玉梅，谢爱芳(中)饰演袁玉桃，韩二云(左)饰演袁玉李，1982 年摄

　　我唱的小生,基本都是文雅的书生,包括穷生都是读书人,有文化的人,你必须得"雅",无论做什么动作,先考虑它雅不雅。女人演小生,必须硬硬实实的,内刚外柔,根据情况来。最难演的是穷生,还得保持那个文雅劲,还得要演出落魄的样子。

　　我觉得我的学生普遍缺这一点"雅"。小生戏只有许仙是个硬线条,因为他是个卖药的,最后"断桥"都吓得傻了,张着嘴、瞪着眼,其他基本上都比较文雅、儒雅、温柔,唱腔也是有刚有柔。比如张君瑞,见到莺莺后害了相思病,他想到老夫人可恼,想到崔莺莺又笑了,你能一直苦楚个脸?老夫人昧婚恼死他了,你就一个情绪到底?那不行。戏是从生活中来的,要善于观察生活。

两位"师傅"姐姐

　　王秀兰那时候真是红得发紫,她也是大师级的演员,是大青衣、闺门旦;王敬先是刀马旦,我就是陪着她们演戏,开启了我的小生之路。我的成长过程也是她俩带我的过程, 是我向这两位姐姐学习的过程。我到现在还觉得她俩是我的老师,是我的师傅姐,我们的关系就是这样的。

《王金豆借粮》剧照,王秀兰(中)饰演刘氏,王素君(左)饰演王金豆,王敬先(右)饰演张爱姐,1980 年代摄

秀兰姐对我好,不仅艺术上帮助我,生活中也很关心我。她的孩子大,我的孩子小,家里小孩子用的东西她都给了我。1956 年,我被评为全国先进工作者去北京开会,得了四十块钱奖金,还有一个奖章和一个大日记本。这四十块钱我一下子都花完了,

给全团的人买衣裳、买礼物。

1956 年省文化局下了文件，让我们挖掘一下老剧目。于是我们就在一块儿酝酿讨论，排出了秀兰姐、敬先姐和我三个人合作的《王金豆借粮》、高兴旺的《推磨》、我的《小二姐做梦》，这三个戏在河南省首届戏曲观摩会演中都得了一等奖，让我觉得艺术上更有奔头了。

1980 年代末，"汴京三王"王素君、王秀兰、王敬先（右起）在王秀兰家相聚

随后，我们仨又排了《西厢记》，反响还是十分强烈。还有现代戏《红旗岗》《敌后武工队》《智取威虎山》《雷雨》《小二黑结婚》。说起现代戏，这里有一个小插曲。1952 年，为配合宣传《婚姻法》，我们排演了《小女婿》，这是开封豫剧团第一个现代戏，王秀兰演香草，我演的媒婆是个彩旦。因为我平时不爱说话，像个闷葫芦，一开始大家都担心我能不能演好这样一个人物，周则生导演说："试试吧，不中了再说。"演出来效果还不错，这个戏当时还受到了文联的嘉奖。

一个人的成长少不了大家的帮助。那时候秀兰姐二十九岁，敬先姐二十三岁，我二十二岁，大家习惯叫我们"大团长、二团长、三团长"。王秀兰管全面工作，还有个专职团长辅助；王敬先抓业务；我管行政。团里谁有困难，谁没钱了，我经常去救济，因为咱自己受过难，知道受难的滋味。有时候知道谁家没衣裳了，我的新棉袄正穿着，脱下来就给人家了。

在河南豫剧院一团锤炼与成长

进入一团后，赵义庭团长给我排了《擂鼓战金山》，我演梁红玉，是个帅旦。王景中老师的剧本，赵义庭老师演韩世忠，赵义庭老师的儿子赵春生演韩彦直，高兴旺演哈迷蚩，王在岭演奸臣，戏配得都挺好。这个戏以后，赵义庭团长又给我排了全本《秦香莲》,演了好长时间。起初我有些想不通,感觉我一个唱小生的,调到省里来却让我唱旦角。后来觉得不管什么戏,都是为人民服务。之后又排了《玉虎坠》《反徐州》《跑汴京》,再后来排了现代戏《杜鹃山》,常香玉大师的 A 角,我是 B 角,这个戏当时演了很多场。

"文革"期间,我不光演戏,还是剧团的"赤脚医生"。有人说咱演旧戏多了也算是有"罪",用啥弥补呢?我就当"赤脚医生"吧,为全团服务。我去门诊学了学,剧团一出发我就带着药箱,谁看病都找我。谁有病了,我就去给人家打针、抓药,想着赎赎咱的"罪"吧。那个时期几个团合并成第二剧组,我跟柳兰芳、马琳、王善朴、高洁等现代戏艺术家在一块儿合作,他们在现代戏上对我的启发很大,跟他们一块儿演戏使我进步不小。那个时候演了《李双双》,马琳的 A 角,我的 B 角,还有《杜鹃山》《小二黑结婚》等戏。

"文革"后,常香玉大师复排《花木兰》,让我演花木兰 B 角,我不敢接,为了这个事,我一个星期没去团里上班。后来常大师找到我,问我为啥不上班。我说怕让我演《花木兰》,怕把你的戏演砸了。常大师说:"你别那样认为,演演看看,你哪儿不会了我教你。"最后我提出个条件,我先试着排排,等彩排时感觉中了就演,不中就不演。常大师同意了。最后我们仨都演了,常大师先排,然后是常小玉,最后

《花木兰》剧照,王素君饰演花木兰,1970 年代摄

是我。排练了以后,常大师说可以演,开始常大师演后半场,我和常小玉一替两场演前半场。我演到打完突力子,巡营开始是常大师接着演。

我和戏迷的鱼水情

对我来说,戏迷就是我的第一知音。我从小就跟戏迷有感情,他们就像一杆秤一样,你有几斤几两,给你称得可准。戏迷不但是我们的上帝,还是良师益友,能及时给你总结、提醒。

我有许多交往多年的老戏迷,我从他们身上学到不少东西。我的戏迷中,有一个科学研究所的教授,他只要看了我的戏就给我写信,总结我哪儿唱得不错,哪儿唱得不好。我在开封还认识一个工人大姐,当初我在台上"穿把子",扒着场门目不转睛地看,那个大姐就说:"将来这个闺女非学出来不中,你看她那认真劲儿。"我叫她大姐,现在她也八十多岁了,只要我到开封参加活动,她都会去看我。这些可亲可敬的戏迷朋友捧王秀兰,捧王敬先,也捧我,"汴京三王"的称号是观众、戏迷给捧出来的。

我特别感激戏迷朋友们,尤其是在我的晚年,他们给了我幸福和乐趣,也给

王素君(前排左六)和家人、业界朋友及"王派"弟子欢聚一堂,2018 年 1 月于郑州

王素君近影（赵许生摄）

了我温暖。无论到哪儿，戏迷待我都很亲。还有的戏迷给我写诗鼓励我。戏迷朋友可不敢小看啊，他们当中可是藏龙卧虎，比咱水平高的多的是，咱有啥理由去傲视人家呢？咱不就是会唱两句戏嘛，没啥了不起的。

我晚年生活很充实，一是保持平常人的心态，没有什么企求，发财、出人头地、想压住谁——这些我就不想。我年轻时候不想，老了更不想，没有意思，也不需要那样。咱就是个平常人，过平常的生活，没事多看书看报，才有乐趣。

另外说说我的子女。我要求他们好好为党工作、为人民工作。他们姊妹四人工作岗位都很好，工作态度都很好，这一点我很放心。我的大外孙从英国回来，也很上进；二外孙在北京读研、工作；小孙子在留学，学了本事，回国效力。都挺好。

我很感激戏曲广播，你们在振兴豫剧特别是在振兴祥符调方面做了很多工作。戏曲广播这些年为很多大师级的人物举办纪念活动，我觉得真是好，体现了对老一辈艺术家的敬重和关心，也给后人以启发和鞭策。

2006 年 8 月

王博录音，月阳整理

第四章

戏唱现代　情系乡亲

王善朴、杨华瑞 · 《朝阳沟》

请扫码收听王善朴原声音频　　请扫码收听杨华瑞原声音频

王善朴、杨华瑞夫妇和月阳(中),于 2018 年 3 月

奠基现代戏

梨园一双人

　　六十多年前,一出豫剧《朝阳沟》在神州大地引燃了戏曲现代戏的火焰,并以燎原之势,绵延了一个甲子。透过这部戏曲电影,剧中拴保、银环、银环妈等人物形象深深嵌刻在了那一代人的心中。而令很多观众没想到的是剧中的拴保和银环妈竟然是中原戏曲界公认的模范夫妻。

　　事实上,两位艺术家经常在戏中饰演母子。《朝阳沟》中,王善朴饰演拴保,杨华瑞饰演银环妈;《小二黑结婚》中,王善朴饰演小二黑,杨华瑞饰演二黑妈……生活中相濡以沫的夫妻,舞台上或嗔或怒的母子,回想他们的艺术生涯,两位老师在舞台上从来没有在一个"辈分"上。

　　1929 年 11 月,王善朴出生于濮阳清丰县农村,家境贫寒,为养家糊口,年幼的他进入当地戏班学戏,十三岁登台演出。1947 年,他参加了人民解放军,被分配到部队文工团,进入了一片新的天地;1952 年调入河南省歌剧团(河南省豫剧三团前身)。

　　1932 年 5 月,杨华瑞出生于河南信阳一个普通市民家庭。1949 年 7 月,正读高中的她因出色的文艺才能被选拔进刘邓大军的一个部队文工团, 三年后调入

全家合影,前排右起:女儿王元杰、儿子王二杨、王杨,后排右起:王善朴、杨华瑞,1965 年于郑州

河南省歌剧团。

　　时间是最好的月老,王善朴、杨华瑞同时调到三团,从相识、相知到相爱,于 1956 年 10 月幸福地结合在了一起。1958 年排演《朝阳沟》时,他们的大儿子已经一岁了。

　　王善朴、杨华瑞少年做伴,因现代戏而结缘,夫妻同心半个多世纪,相亲相爱、互帮互助,成为梨园界的一段佳话。在豫剧现代戏的历史上,他们同是河南现代戏的第一代主要演员,为豫剧现代戏的发展贡献了自己的一份力量,尤其是王善朴老师,在豫剧男声唱腔的改革创新上取得了令人瞩目的成就,开创了豫剧的"善调",极大地丰富了现代戏的男声唱腔,成为豫剧男声唱腔的一个里程碑,影响了几代演员。

　　作为妻子,杨华瑞始终默默支持着丈夫的事业。知道他们的人都说,杨华瑞一辈子甘做绿叶,不仅在团里,而且在家里都是光彩照人的"绿叶"。她给人们印象最深刻的,就是《朝阳沟》中的银环娘了,当年为了塑造好这一人物,她走街串巷,仔细观察街头做小买卖的妇女。从她们身上,杨华瑞找到了角色的感觉,经过细心观察、精心揣摩,她将生意妇女的精明、泼辣甚至刁蛮模仿得惟妙惟肖。至今,人们对这个鲜明独特的艺术形象依旧过目难忘,津津乐道。

时光荏苒,曾经声名大噪的《朝阳沟》一度给王善朴带来了荣誉,但也带来了无法忘记的磨难。十年"文革"时期,随着

1978 年,王善朴、杨华瑞夫妇畅游渤海

《朝阳沟》被批,他经受了停职、隔离、批斗的厄运。直到"四人帮"被粉碎,他才得以重返舞台。1986 年,王善朴因病离休,回到家乡清丰县,出任当地戏校校长,亲自授课教徒,为豫剧培养了大批优秀学员。

尝过最底层的辛酸苦辣,也得到过来自高层的鲜花和荣誉。对于王善朴、杨华瑞夫妇来说,人生的阅历已经足够丰厚了。时光久远,更沉淀了这对夫妇乐观又达观的心态。如今,两人虽已是耄耋之年、步履蹒跚,但依然喜笑嫣然、坚强乐观。

看到他们脸上尽情绽放的笑,我总是想到"谁道人生无再少,门前流水尚能西"的诗句。祝福两位老人健康长寿,继续再唱五十年、一百年!

王善朴、杨华瑞自述

王善朴(右)和杨华瑞,1954 年于西安

　　王善朴:我儿时家境不好,生活无着,背着草篓子上过三年小学,可以说是一个文盲。我的家乡是盐碱地,生活很贫穷,糠菜半年粮,可以说每年都挨饿、讨饭。实在没办法了,为了糊口,为了父母,年幼的我就到科班学戏了。1939 年,县里成立了两个剧团:清丰抗战第一剧团、第二剧团,我参加了抗战第二剧团的科班,那年我十岁。科班学戏要签生死合同,学戏期间若有伤亡,人家不负责任。等于为了混口饭吃,把自己的命交给了人家。科班学习三年,效劳一年,这四年全是为科班服务。等到第四个年头上我能演戏了,日本鬼子第二次侵占清丰,侵占了我的家乡。剧团没有着落,就解散了,从此我流落到旧剧团里搭班演戏,挣钱养活父母。

　　那个旧剧团在旧城一个村里边,跟我从小一起学戏的何学增是那个团的头儿,我就找到他,跟着那个团演了几年戏。因为我之前演戏已经有了一定的影响,可以拿到戏班的头份身钱。但是好景不长,我那个时候开始变声,连话都说不出来,戏也唱不成了,待遇从天上掉到地下,一个钱也挣不到了。我就跟掌班的说,我家还有父母要养活,希望你能让我待下去,虽然我不能唱了,但还可以上个把子,翻翻跟头,打打旗,给大家好好服务,只要给我一碗饭吃就行。就这样,我才留下来了。

　　家乡解放后，我参军到了冀鲁豫军区第四分区，人家知道我以前是个唱戏的，直接把我送到了文工团，唱歌、跳舞、唱戏，做宣传工作。从此，我的父母有人养活、照顾了，家里的地也有人代耕了。这是毛主席、共产党给了我第二次生命。

　　杨华瑞：我出生在信阳固始县，我的祖籍是洛阳。记得我在外婆家一直生活到六七岁，我才到洛阳的家，十一岁又回到外婆家。那时候，日本人已经到了固始，我二舅当时是县政府的工作人员，被日本人从后心穿过来的刺刀给杀害了。听到这个消息，我母亲就带着我和妹妹又回固始了，从那之后就再没有回洛阳。

　　我念高中时，遇见一个教国文的老师，叫许金祥，他有革命头脑，就动员我参加工作。我说咋参加工作？他说你不用问，咱们一块儿先上街宣传。当时，他已经在学校认识了好几个解放军的工作人员。记得一个戴着八角帽的短发女同志教我们唱歌，第一首歌就是革命歌曲，"解放区的天是明朗的天，解放区的人民好喜欢，人民政府爱人民，共产党的恩情说不完"。这歌好听又好唱，我会唱歌，被选中单独出来试唱。后来又学会了《翻身道情》《南泥湾》等歌，最后我们组成了一个歌咏队。

　　1949 年初冬，我们开始排演歌剧《白毛女》，我演喜儿。那是我第一次接触歌剧，没经过学习，没经过训练，还是原生态的声音。通过演这个戏，我才觉得文艺工作的力量这么大，自己也受到了教育。就这样，我从一个普通的学生，变成了一个革命文艺工作者。之后就是一直排戏，一直下乡演出。

　　王善朴：我们两个生活背景相同，基本上都是那个时期参加的革命，文工团工作的经历也基本一样。我们参加了土改，剿匪反霸，分田地。当时我还当了民

杨华瑞，1950 年代初摄

兵,帮助八路军在地方上做一些事情,抬担架,送伤员。参加工作以后,那就完全投入到文工团的工作中了,就像你刚才说的,演戏、跳舞、唱歌。

开启艺术之路

王善朴:说起来学艺,还得从头说起。我当时参加的是清丰抗战第二剧团,第一剧团是演话剧、歌剧的,我们这个团演传统戏,也演一些现代戏,歌唱八路军,鼓舞抗战。我在科班师从陈玉财老师,他的外号叫"财快手",是唱青衣的,他开始非叫我学唱旦角,我死也不干,后来就叫我唱小生了。我的武功老师叫张富财,是山东成武人,外号叫"瘸手"。他跟头翻得很好,我学的武功都是他教的。后来转向文工团以后就又变了,唱歌、跳舞、演话剧。可以说,这个阶段是我锻炼成长的阶段,也是树立革命人生观的关键时期。

杨华瑞:那时候我们还做中心工作,发动群众交公粮。

王善朴:文工团确实是培养人的一个地方。我们团那时候还参加了淮海战役的全线慰问活动,运工粮,抬担架,救伤员,甚至给国民党的兵送吃的。这个阶段对我们年轻人是一个很大的锻炼,我们知道了怎样打仗,怎样对待敌人,也学习了一些革命理论。

潢川 1949 年

杨华瑞:1949 年 12 月,我们文工队接到通知,说是潢川专区要成立一个文工团,从我们这批人中挑选几个补充过

杨华瑞赴朝慰问演出归国,荣获模范,1954 年2 月摄

左:《人欢马叫》剧照,王善朴(左)饰演吴广兴,常香玉饰演吴大娘,1965 年摄

右:《谎祸》剧照,杨华瑞(中)饰演董奶奶,1980 年代摄

去,我是其中之一,还有在《白毛女》中饰演杨白劳和大婶的演员,还有一个拉提琴的,许金祥导演也跟着去了。那时候没车,我们就雇了一个拉架子车的,带着行李,从固始走了一百多里地,来到潢川。女同志累了,只能轮流到架子车上坐一段儿,这个下来,再叫那个上去。我们刚去的时候没地方住,暂时安排在一个高中学校院子的几间房里。紧接着就开始排戏,排的是《赤叶河》,我在里面演个新媳妇,出身穷苦,被一个地主给侮辱了,婆家也待不下去了,就跳进赤叶河自尽了。

在潢川那一段儿,也是经常下乡演出,还参加一些中心工作。后来,全省十几个文工团都集中到了当时的省会开封。

王善朴:十三个文工团。

杨华瑞:我们这些文工团集中到开封,开始学习延安文艺座谈会精神,也算是个小整风,提高我们文艺工作者的思想认识。

王善朴:说起来从艺、学艺,我得从头说起。我 1939 年开始学戏,今年九十一岁,从艺八十一年。这些年,我一共演了两百多出戏,有现代戏,有古装戏;还拍了四部电影:《朝阳沟》《人欢马叫》《玩猴的人》《青砖歌》。保留下来的剧目主要是到河南省豫剧三团以后演的十几部戏,像《朝阳沟》《人欢马叫》《冬去春来》《革命一家》《好队长》《耕耘记》等。曾经多次参加会演,1957 年河南省戏曲会演,我演《刘胡兰》里的王本固，得了三等奖；1958年全国现代戏座谈会，我演的《朝阳沟》被称为全国演现代戏的一面旗帜；1959年河南省现代戏会演，我得了优秀演员奖，还有奖章和奖状；1960年参加全国现代戏会演，演出《冬去春来》，这一次没设奖项，但我的演出得到了大家的肯定，被称为农村支部书记的典型形象；1955年参加了中南大区现代戏会演，我演《人欢马叫》中的吴广兴，这一次也没设奖项，吴广兴被评为模范饲养员，给了我一个优秀演员的称号；另外，还参加过全国第三、第四次全国文艺代表大会，参加了第四届全国戏剧代表大会，被评为享受国务院政府特殊津贴专家；曾经担任过三团多年的团长、支部书记，并给了我厅级待遇。我很感谢国家对我的培养，对我的关怀，对我的教育。

杨华瑞：我和王善朴一直在一个单位，台上是搭档，台下是家人。我俩的缘分源于我参加抗美援朝慰问团。

那时候我刚到省里，学习了延安文艺座谈会精神以后参加了一个会演，我演的是军嫂，观众是一句一个好。这时候，抗美援朝战争开始进行第三次板门店谈判，谈好就不打了，谈不好还要打。关键时候，通知我们赴朝慰问志愿军，那是中南六省组合起来的慰问演出团。

慰问回来以后，团里开始排《小二黑结婚》，王善朴演小二黑，柳兰芳演小芹，高洁演三仙姑，我因为去慰问演出，错过了学豫剧板式的机会，所以回来就叫我演二黑妈。王善朴从豫北文工团来的时候，我还不认识他。他那时候生活很贫困，就穿了一件破棉袄。剧中《小二黑结婚》上场打扮，他穿一个红兜兜，民兵服也很单薄。我当时跟他很生疏，杨兰春导演就说，你要从生活出发，把他当成儿子一样爱护，不要拘束，该怎么做戏就怎么做戏，另外生活当中你们多接近点。所以，我一看他冷得很，我的大衣比较长，也

《小二黑结婚》剧照，王善朴（左）饰演小二黑，柳兰芳饰演小芹，1962年摄

比较厚,下场后我就给他披上了。我想着他以后会给我,结果他没还我,我也没好意思要。我心想,就给他吧,他穿得太单了。

我是从固始来的,爱吃米,那时候大米价贵,都是定量供应。王善朴知道我爱吃米,打饭时总是多打点米给我,他吃馒头。就这样关系慢慢就近了些,但后来他突然提出来要跟我明确关系,刚开始我还不知道明确啥关系呢,他也不说是男女关系。我想也不可能,因为他已经是候补党员了,学戏早,演戏又那么好,是三团的五大主演之一,而我在三团一直是个"绿叶",两人根本不可能谈对象。但后来,他还是一心一意对我。

三团很多老同志入党都比较早,我一直到三十多年后,王善朴因病离休了我才入的党。因为他在工作岗位上,总是叫别人优先入党,这我理解。

大家都说王善朴艺术上成就高,唱腔很有特点,一些观众称之为"善调",尤其是他演的《三哭殿》,很有特色,很受大家欢迎。这些年来,跟王善朴学戏的人不少,也有一些弟子,像贾文龙、孟祥礼、盛红林、范军等,都已经形成师徒关系了。

这六十年他演了很多现代戏,《三哭殿》是在三团演出为数不多的传统戏,是学习传统戏最好的代表,1959年由中国唱片社录音,在全国发行。

王善朴:豫剧的《三哭殿》,三团是首演,在1959年。

杨华瑞:《梨园春》曾推出几期节目——《大戏看中国》,王善朴、贾廷聚、刘忠河他们仨一块儿唱《三哭殿》,三种不同特色的唱法,显示出艺术家各自不同的风格特点。很多人都说,王善朴老师在现代戏男声唱腔改革方面功不可没,具有里程碑意义,一

1959年,王善朴(左)和琴师鲁本修排演《三哭殿》

左：戏曲电影《朝阳沟》剧照，王善朴（左）饰演拴保，魏云饰演银环

右：王善朴，1963年摄

直把他的唱腔称为"善调"。我觉得"调"和"派"只是说法上的不同，大家对王善朴的艺术成就和影响力是充分认可的，完全可以称得上派，没必要等到盖棺才定论。

王善朴：当时，学生们唱了我在《人欢马叫》《三哭殿》《姑娘心里不平静》等戏中的唱段，他们争着唱，还开玩笑说，今天我们来一场"善派"大赛，看谁唱得好。有的唱段大家一起唱，还自称是为"善派"打擂。最后谈到关于"善调"的问题，大家都觉得这个"善调"不如改成"善派"，因为豫剧按地域来分有四大调——祥符调、沙河调、豫东调、豫西调。"善调"太大了，还不如改为"善派"，这样比较合适。在这个聚会上，大家都认同了，省人事厅原厅长杨胜道也说，改成"善派"比较好，王善朴老师完全够格。他还即兴写了几句诗。学生们都说，那既然叫"善派"了，老师也得给我们说几句话吧。说啥呢，人家都是说家训，我说咱不要家训，不好听，就叫家话吧，就是王善朴家里头的闲话。我临时想了想，最后定了几句：爱党爱国爱家，遵纪遵规守法；忠诚为人民服务，德重品高艺能佳。——我希望和学生们共勉！

永远的《朝阳沟》

杨华瑞：王善朴在担任三团领导职务期间，工作实在太累了，最后得病卧床不起。后来，杨兰春到家里去看他，说你得起来，给我上戏。他说，你看我这个样儿还能上戏吗？杨兰春当时说了一句土话。说的啥？

王善朴：他说，我就要你这个球样儿。

杨华瑞：他说，让你上这个戏，就是让你重拾信心，也让大家看看，这十年王善朴没有死，还能跟大家见面。这就是我的目的。

王善朴：他说，我要把他摔得站起来。

杨华瑞：我也劝他说，这是个机会，就像老杨说的，叫观众看见，王善朴受了这么多的磨难没有死，还能上台。最后他真的瘸腿上了台。排戏时，有一场是用"前腿弓，后腿蹬"那个曲调，银环强制拴保锻炼，"摔啊摔，抬啊抬"，让他边唱边摔。魏云心疼他，老想去扶他。老杨在底下说："停，不能扶，再排。"还对魏云说："你不要动，叫他自己起来。"所以到最后，王善朴有一个动作，魏云想去搀他，他恼了，一下把魏云给推走了，他站起来不排了。后来他跑到排练厅前面蹲那儿吸

杨华瑞，1963 年摄

戏曲电影《朝阳沟》剧照，杨华瑞饰演银环妈

《朝阳沟内传》剧照,王善朴饰演拴保,杨华瑞饰演银环妈,1982年摄

烟,他也伤心。那时候,魏云对杨兰春说:"老杨哥,我求求你,他是个病人,我下去练,叫他非得在舞台上这样摔了再站起来,不行啊……"魏云讲情都不行,她和我、王善朴三个人抱头痛哭一场,然后对王善朴说:"你摔吧,如果真的倒在了舞台上,我背也要给你背下来。"就是这样,把这个《朝阳沟内传》给演下来了。

王善朴:排戏的时候,我那一个动作摔了十次,当时,杨华瑞在幕条里面哭,魏云在台上搂着拴保哭,我是真哭。最后孩子都说,你的病摔犯了咋办?我就给孩子交代了,摔是工作,在舞台上我如果出了问题,那我死得其所,不准你追究任何人的责任。就是在这样的状况下,我把《朝阳沟内传》拴保这个角色排好,演下来了,在郑州连演了一百零六场。我自己也感到惊奇,我这个身体状况能坚持一百零六场,我自己也很受感动。所以,我非常感谢杨兰春同志对我艺术生命的第二次扶植。

杨华瑞:我演的银环妈有个兜,装洋烟盒的兜,里面揣着他的急救药,生怕他出问题。每当他出去,小孙子就说,爷爷你不要忘记带"宝葫芦"。

说到这里,我对魏云真的非常怀念。在《朝阳沟》演出六十周年的时候,叫我上台排"银环妈送苹果"那场戏,原来桌子上摆的是魏云跟我的合影,等我近前一看,是杨红霞跟小芬她俩的照片,杨红霞特别像魏云,所以从台上下来后,我就止不住掉泪。大家赶紧问我怎么了,抢着给我换衣服,给我擦眼泪。这些年轻人不知道我那时候想什么,我们以前走的路很艰难,很不容易,他们现在比我们幸福。

知恩当报

王善朴:回想自己的一生,我有四句感恩的话:共产党是我的再生父母,老百姓是我的衣食爹娘,杨兰春是我的良师益友,朝阳沟是我的第二故乡。知恩当报,天经地义。

杨华瑞:2019年,为迎接党的十九大召开,省委老干部局叫大家写写体会和收获,王善朴写的这几句话获得了一等奖,还有个证书。我这辈子虽然大多数是个绿叶,但我觉得自己的职责尽到了,绿叶的作用也起到了。我记得,毛主席当时看完《朝阳沟》,还给了银环妈一个趣评,央视《东方之子》节目还专门叫我把毛主席趣评银环妈的事情说了说。我说这么大一个戏,毛主席还能清楚记得我这个角色,非常幽默地说:城里的那个老太太不要蹦那么高嘛,因为它是人民内部矛盾。不过这不是政治问题,可改可不改。

王善朴:是艺术问题。

杨华瑞:我曾跟杨兰春说,咱们不能蹦。可是杨兰春非叫蹦,那一天我还蹦得特别高,因为那天演出肯定有大人物看,如果达不到效果,那就是政治问题了,回来就要开会挨批评。所以上场时,我就从后台开始跑,像运动员助跑一样,一下蹦那么高,比在省里演出的效果还强,下面的观众哈哈大笑。

2002年,三团带着《香魂女》《朝阳沟》进京演出,我是唯一一个参加演出的老演员,那一年六十九岁,《东方之子》还做了采访。

"拴保"王善朴(右)和"银环"魏云清唱《朝阳沟》选段,1964年摄

一片绿叶一片情

杨华瑞：我演的配角银环妈还有几个小故事,让我很欣慰。山东曹县和河南商丘距离很近,有两个年轻人要结婚了,男的是山东曹县农村的,女的是商丘的,听说男方家条件后,女孩妈反对,并说,你结婚我们家里一个人也不去。结婚没娘家人咋办? 所以她就托小擂主郝小亮的妈,想请我去,说《朝阳沟》的银环妈反对闺女下乡,最后她都转变了,我就不信我妈不能转变;我还要拍成片子给俺妈看看,叫她向银环妈学习。小亮他妈给我打电话,说杨老师你去不去? 我说去,我就当她的妈。我和王善朴一起去了,还给这个姑娘送了红包。

我的艺术路程,虽不像王善朴他们这些人风光,但我觉得这绿叶衬得不错。我觉得对得起自己的事业,对得起三团,没有白吃饭。我也希望年轻人不要只争主角。如果你有当主角的条件,那领导一定会培养你的。即便是演配角,你也要充分发挥出自己的作用。只要努力,就能取得成就,也会被大家认可喜欢。功到自然成。

王善朴：作为演员来说,一定要自信,不要自满;要勤奋,不要偷懒;一步一个脚印,才能经得起实践检验。得意不忘形,受挫不气馁;人穷不丧志,时光不轻废。这是我对自己的要求,也是对年轻人的期望。

那次父亲节和学生们聚会,我最后还提出来,国家正在为全面实现小康、为中华民族伟大复兴而奋勇前进,作为演员,一定要牢记使命,演好现代戏,唱响主旋律,歌颂新时代,舞动复兴旗。

2020 年 6 月

月阳录音整理

高洁·《朝阳沟》

请扫码收听高洁原声音频

高洁(左)和月阳,于 2016 年 9 月

艺海峰无限
高洁玉无瑕

　　大多数人熟知著名豫剧表演艺术家高洁老师,是因为她在豫剧电影《朝阳沟》中成功塑造的"拴保娘"一角。其实早在 1952 年初,由河南省歌剧团排演的豫剧《罗汉钱》中,高洁就因扮演"小飞蛾"而崭露头角了,也由此奠定了高洁艺术生涯辉煌的根基。从此,高洁便与"老太太"结下了不解之缘。无论是《新条件》《小二黑结婚》,还是《刘胡兰》,她几乎成了演老太太的专业户,尤其是《朝阳沟》中塑造的拴保娘这一人物,可谓家喻户晓,已成为几代人心中挥之不去的经典形象。

　　高洁老师艺术上取得的辉煌成就,固然与其艺术天赋以及后天努力密不可分,当然更和她的终身伴侣尹涛先生几十年如一日、无微不至的悉心照顾和关爱息息相关。他们可是河南梨园界出了名的模范夫妻。

　　我与高洁、尹涛夫妇相识于新世纪之交,由于工作关系,时至今日依然保持着密切的联系。这种忘年交的友情,似乎超出了一个戏曲媒体从业者与艺术工作者之间的关系,很多时候,我感觉两位老人更像是自己的长辈。因为在过去的二十年中,和他们的每一次接触,我总能感受到家人般的温暖。

　　记得有一年父亲来郑州,他知道我做戏曲节目多年,和众多艺术家都有联

录播节目前,月阳(右)给高洁老师化妆

系,就提出能否见一见高洁老师。于是,我打电话给高洁老师说明来意后,就带着父亲前去登门拜访。高洁、尹涛老师非常热情,就像对待自己的亲人一样,端茶倒水、嘘寒问暖,顿时让有点拘束的父亲放松了许多。我不禁感叹,曾经享誉全国的表演艺术家、素有"中原第一老太太"的高洁老师竟然如此平易近人,没有一点架子。

和高洁、尹涛老师交往的几十年中,有许多难忘的故事,其中最令我难忘甚至有些愧疚的是 2016 年仲夏,在由月阳工作室策划推出的"百位艺术家声像采集工程"录制现场,因为采录过程要视频直播,这就要求主持人和嘉宾带妆出镜。距离开拍还有不足半小时,高洁老师找到我,要我帮她化妆。没有任何化妆经验的我也顾不了这么多了,凭着经验忐忑地给她化妆,高洁老师还不住地夸奖说:"孩儿啊,你咋恁能哩!不仅节目主持得好,而且还会化妆。"这夸奖让我非常愧疚,因为我把高洁老师的眉毛画得一个高一个低。至今回忆起来,还觉得很对不起她老人家。

如今,已经进入耄耋之年的高洁、尹涛老师过着幸福而平静的生活,平时除了参加一些有意义的公益活动外,其他活动几乎很少参加。两位老人相敬如宾,夫唱妇随,至今已携手度过了七十多个春夏秋冬。在此,衷心祝愿高洁、尹涛老师健康长寿,安度晚年。

高洁，1959 年于上海

高洁自述

我父亲是一名医生，其实他真正的身份是地下党员，但这是我很久以后才知道的。后来，他被国民党杀害了。小时候，父亲一心要把我培养成一个医生，我的志愿也是将来做一名医生，但是我又喜欢唱歌，我在学校演过《兄妹开荒》《白毛女》，特别是《白毛女》演出以后反响很大，差不多全县都知道了我。由于一直排戏、下农村宣传，所以我的功课落下了很多，有点赶不上了，这个时候，学校动员我出来工作，就在 1950 年 3 月，我被分配到银行学会计。就我的个性和爱好来说，让我跟数字打交道，我的兴趣真不大，但也不得不服从组织上的安排。

到 1951 年的时候，河南省淮阳地委文工团到沈丘去搞土改，我中学的一位同学向文工团介绍了我，文工团的队长高家林同志就到临泉来找我，看我底子不错，就把我挖到文工团了。到了文工团以后，我很受重视，很快就分配了角色，后来团里又单独给我排了一个戏。每次地委专署在大广场开会的时候，我总要上台唱两段京剧，很受大家欢迎。我到淮阳没多长时间，就小有名气了。我到文工团的第二年，到省里来集训，当时中央的精神是取消文工团，要走正规的剧院化，所以全省十几个地市级的文工团都撤销了，一起到省里来集训。之后就成立了一个省

高洁的父母

十一岁的高洁

话剧团(就是现在的话剧院),一个省歌剧团,就是我所在的那个团。当时上级的精神是要在地方戏曲的基础上发展新歌剧,那么第一个任务就是要学唱豫剧。那时候我们的思想障碍大得很,因为解放以前的旧思想作怪,大家都觉得唱戏的是"下九流",当一个文工团员很光荣,现在要让我当一个"戏子",思想压力太大了。当时我和一些人就提出来上话剧团去,组织上就给我们做工作,说一个革命的文艺工作者,首先要服从组织,组织安排你到歌剧团去,说明你在这方面有优势。领导这么一说,我们就答应去歌剧团了。

当时歌剧团既排豫剧,还排一些小歌剧,比方我就排过《好军属》。后来我排的第一个豫剧,是配合当时宣传《婚姻法》而创作的《新条件》,因为马琳长得高大,反串演春生,魏云演秀莲。排演期间,团领导还不失时机地组织我们学习了《在延安文艺座谈会上的讲话》,要求我们要以群众喜闻乐见的形式反映我们的现实生活。通过学习,大家思想上、认识上都有了提高,我当时就想,我是河南省歌剧团的演员,我的服务对象主要是河南省的观众,河南那么多观众喜欢豫剧,我就该学好豫剧,为我服务的对象唱好戏。

《罗汉钱》红了

紧接着就是排演《罗汉钱》，结果又一炮打响，观众非常喜欢。我记得，我们晚上演完戏卸了装走出剧场的时候，剧场门口那个售票窗口竟然排起了长龙，那些远地方来的观众带着棉被，搬着小凳子，开始占地方排队，购买第二天的戏票。观众的这份热情对我们是个很大的鼓舞，所以，这时候的学习就比较自觉了。我记得当时练唱，嗓子都练哑了发不出声，我就用手在腿上拍着板，在脑子里唱《新条件》和《罗汉钱》。后来，我们又排了反映抗美援朝的《志愿军的未婚妻》，配合农业合作化的《人往高处走》《两兄弟》，革命传统教育题材的《刘胡兰》。

1953 年，高洁在河南省歌剧团

1956 年，河南豫剧院成立了，有人提出来要把歌剧团撤销。这时候，省委、省政府还有省文化局就响亮地提出来，我们轰轰烈烈地搞社会主义建设，不能没有一个专业剧团专门去反映它，所以歌剧团不能撤销。就这样，在领导的支持下，歌剧团编入豫剧院，成立了河南豫剧院三团。

再提《朝阳沟》

我印象最深的是《朝阳沟》，当时演出很轰动，杨兰春给我哼的"看见了新被子我实在难过"那段唱，每次演出，观众席里都有好几处叫好，并报以热烈的掌声。当时，中央有个文艺团体来郑州演出反映二七大罢工的《二七风暴》，听说三团在北下街演出，就到我们那个剧场去观摩《朝阳沟》。他们看后非常兴奋，觉得一股浓郁的生活气息扑面而来，非常朴实，后来在座谈会上也给予了我们很高的

左：1957 年，高洁在河南豫剧院三团

右：1956 年 10 月，高洁在瑞典首都斯德哥尔摩公园

评价。接着我们就下乡演出了，记得在林县(今林州市)演出时，突然接到上级电话通知，让我们赶快回郑州，说是要马上进京演出。回到郑州后，我们把《朝阳沟》《刘胡兰》《能不够》这三个戏整理了一下，就去北京了。

这次进京演出，参加的是全国现代戏座谈会，调去的有河南豫剧院三团、湖南花鼓戏剧团、上海沪剧团等。我们万万没想到，这三个戏能一下子在北京打得那么响，观众和专家们评价那么高，我们这些主要演员接受采访一时应接不暇。

当时，中央领导罗瑞卿和中宣部副部长周扬都来看戏了，演出结束后还上台与大家见面并合影。我记得当时坐在他们中间，感觉很拘谨。罗瑞卿旁边是柳兰芳。罗瑞卿指着他夫人说，你们不要忘了，我也是半个河南人啊！这时候我们才知道，他夫人是河南人，心里感觉更亲切了。那次进京让我感觉三团在领导和大家心中都很重，后来，党和政府还把三团树为全国演现代戏的红旗团，作为其中一员，我十分自豪。我特别感谢河南省的历届领导，如果没有他们当初的支持，我也没有机会演豫剧，更走不到今天。

毛主席观看了《朝阳沟》

　　1962年8月，我们去长春电影制片厂拍电影，拍完电影以后又在长春演出，然后到哈尔滨、沈阳、鞍山等地演出，等到了北京给毛主席演出时，已经快到元旦了。因为电影《朝阳沟》在元旦时上映，所以大家就决定在北京过了元旦再回河南。我们是在北京的电影院里跟观众一起看的《朝阳沟》，效果很好，《朝阳沟》在全国放映后也很轰动。

　　从北京回来时，我们想，电影《朝阳沟》出来了，毛主席也接见了，临行时省里的领导都去车站送了，这次回去肯定也会受到隆重的欢迎。结果等我们回到郑州下了火车，发现冷冷清清一个人都没有。一直到第三天，省委宣传部部长来三团了，他说，没有去车站接你们，是我们宣传部做的决定，是因为你们听的掌声太多了，获得的荣誉太多了，怕你们骄傲。现在你们是"红旗团"，但不要抱着"红旗"睡大觉，不要光喜欢听掌声。所以，我们不仅不去接你们，还决定让你们休息一下，马上下乡体验生活。结果，我们一下子到曹村劳动了一个月。当时农村正是春耕送肥时节，我们跟曹村的群众一块儿干，同吃、同住、同劳动。回想起来，感觉省委

《朝阳沟》剧照，高洁饰演拴保娘，陈泓饰演银环

做出这样的决定,确实是出于对三团的爱护、关怀,就像对一个孩子一样,一步步扶着我们走。正是因为有了河南领导的支持,我们才排出了一个个比较好的戏,才有了三团的今天。

三团风格

三团还有一项不可忽视的成绩,就是在音乐改革上。过去的豫剧是男女声同腔同调,定弦要跟着主演的嗓子情况定。比如阎立品老师,她的嗓子好,唱 F 调,那全团的同志无论你嗓子好坏都得唱 F 调;又如我们的院长常香玉老师,她唱降 E 调,全团也都跟着唱降 E 调;再如崔兰田老师唱 D 调,全团都得唱 D 调。

那个时候为啥有个高八度、低八度的说法呢?就是说男女的声带是不一样的,女同志的声带比较窄、比较短、比较薄,所以声音很高;男的声带比较宽、比较长,所以声音相对比较低、比较沉。男女演员同腔同调时,男的没法唱,要么他得唱低八度,要么就是唱高八度,就是反弦,就像唐喜成同志那种唱法。所以,当时

《李双双》剧照,高洁(右)饰演李双双,陈新理饰演孙喜旺

左:《刘胡兰》剧照,高洁(右)饰演母亲,柳兰芳饰演刘胡兰,1958年摄

右:《祝福》剧照,高洁饰演祥林嫂,1959年摄

男角能唱出来的比较少,女演员就比较多。

　　三团是演现代戏的,男的要唱高八度太高了,不够生活,那就只能唱低八度,但低八度又没法发挥出自己的特点。当年有个笑话,就是在演《罗汉钱》的时候,演"小飞蛾"丈夫张木匠的演员说,他一嗓子一句唱,就轰走了仨观众。为啥这样说呢?那时戏已经开演了,有三个观众到卖票口正要递钱买票时,演张木匠的上来唱了,他是低八度唱,那仨观众一听,说跟卖红薯的腔调一样,俺不看了,说完转身走了。这说明,这种男女同腔同调的弊病确实亟待解决,演古装戏时还能将就,在现代戏当中就不能用了。

　　为了解决这个问题,三团的音乐工作者不知道费了多少工夫,终于攻破这个难关,实行了降B、降A这种反调的唱法,就是男女声差五度、差四度演唱,这正好是男声演唱比较合适的音域。降E调也正是女声音域最合适的地方。解决了男女声唱腔的问题,这应该说是豫剧发展过程中里程碑式的改革。

采用变调的唱法演唱，男女演员都能很好地发挥他们的嗓子优势。像我在《好队长》中演队长的爱人"玲玲娘"，她是个贤妻良母，在灯下缝衣、思念爱人的那段戏，采用的是豫剧的原始唱腔五音头。这个五音头多少年没人唱了，是三团的音乐工作者把它发掘出来了，发掘出来后用转调的唱法——降 B 调来演唱，就很好听了。

后来，三团还借鉴了一些兄弟剧种的唱法，像越剧的干板，就是没有旋律，只有一个板鼓在那儿打节奏；还创造了"二六板"，现在已经普及了。三团几十年走过来的道路，充分反映了党的领导、扶持、爱护和三团集体创造的力量。

洁白如玉自芬芳

我退休比较早。受当时的形势影响，领导动员我们都退休，像马琳、魏云、柳兰芳比我退得还早，因为当时我是省政协委员，所以比她们退得稍微晚一点，她们五十多就退了。我退休以后，身体、精神都还好，所以经常参加一些演出活动。因为 1959 年组织上送我到上海声乐研究所去学习，学到了比较好的发声方法，我到七十多岁了，嗓子还能唱，所以但凡有人邀请，只要身体允许，我都乐于参加。大家也都动员我，我自己也感到参加活动有益于老年人身心健康，老朋友、老同事、老熟人见见面、说说话都很好。但是，作为一个老演员、一个共产党员，我觉得还要保持一些原则和自尊，我有"几不演"：红白喜事不演，生孩子不演。那还

1956 年，高洁（左）和尹涛在北京

是好多年前的事了,有一次老朋友给我打电话,说大姐呀,咱们都退休得早,工资也不高,有个演出,人家提出来想请你去,也可增加点收入。我说啥演出啊?他说是一个有钱人家得了个儿子,想请些有名的演员去演出,给他装装面子,唱一段给你封一千块钱的红包,唱两段再给你封一千块钱的红包,你要是能抱着人家孩子照个相,人家再给你封一千块钱的红包。我说,老朋友,我这个人思想比较保守,他给我再多的钱我也不去。我觉得这样是卖唱,党和国家培养了我,我不能去卖唱。

有的演出即使没有钱,我也愿意去。记得有一次,团省委的同志给我打电话,说第二天在开封有个义务演出,想请我参加,我一口答应了。当时我正在洛阳电视台录一个节目,录完以后我让电视台的人把我送到开封。当天下着雪,第二天雪还在下,我们就在开封一条街上的十字路口搭了台子,演员就在大轿子车里头化装,该谁表演了就下车到那个台上演出,那个台子很简易,幸好上面有顶。我唱的时候看到观众在雪地里站着,看得很认真,还热烈地给我鼓掌,我非常感动。我

左:1958 年夏天,高洁在街头宣传演出
右:2007 年 7 月,高洁参加央视"《九州大戏台》走进河南——英协戏曲综艺晚会"演出

们的百姓太需要文化生活了，不怕天寒地冻，站到那露天雪地里看，给他们演出一分钱不收，我心甘情愿。

还有一次是"三下乡"活动，也是冬天。那年我心脏不太好，在人民医院住院，共青团省委又找到我说，高老师，你看看是不是可以去一下商丘。我征求了大夫的意见后，拔了吊针，就跟团省委的人一块儿去了。我连续五年跟着共青团省委进行"三下乡"演出，没要过一分钱。

因为有了一些成绩，所以想跟我学习的年轻人也不少。年轻人爱学习，我特别高兴，所以不管谁来请教，包括外省的演员，甚至有些戏迷，他们来找我学习，我都会教，也从来不收一分钱的学费。我觉得党培养我多年，我学到的这点东西，不想一股脑儿把它带走，他们愿意跟我学习，我也愿意把自己几十年体会到的一些东西说给他们，这不是一件大好的事情吗？前些天还有一个人给我打电话说，高老师，我想去跟你学习。我说你来吧，我大部分时间都在家！他说，高老师，你怎么收费？学费一个小时怎么算呢？我说不要学费，尽管来吧。

虽然我退休在家，但我过得很充实，和老伴儿的晚年生活过得很丰富。我学画画，他练书法，我们俩都在老年书画院学习，我学的是工笔画。我的心脏不好，血压也高，坐时间长了不行，所以我的学习不如老伴儿的好，但是我们都有追求。有时候他写了一幅字，会征求我的意见；有时候我画画也让他看看，孩子们也都鼓励我、支持我。

退休后的我们，心态也非常好。有一次我看书的时候，发现老子有两句话很好，就跟老伴儿说，你把这两句话写出来吧，写好咱挂到墙上。这两句是："乐莫大于无忧，富莫大于知足。"这正是我俩老年生活和心情的写照。

2007 年

月阳录音整理

柳兰芳 ·《小二黑结婚》

朱超伦

请扫码收听朱超伦、
柳兰芳原声音频

朱超伦、柳兰芳夫妇和月阳(中),于 2019 年端午节

柳姿芳音妙
超韵绝伦美

　　豫剧,作为河南这片古老土地最典型的文化符号之一,已经深深地融入了每一个河南人的骨髓。喝着黄河水、听着梆子腔长大的中原儿女,血液里自然流淌着一脉戏曲文化的基因。

　　在河南说到豫剧,我们绝对不能不提享誉全国的河南豫剧现代戏。河南豫剧院三团作为上世纪被文化部命名的"红旗团"和全国编演现代戏的一面旗帜,在豫剧发展史上是功不可没的。今天的主人公就是与我有着二十年忘年之交的豫剧现代戏的开创者之一的朱超伦、柳兰芳夫妇。

　　初识朱超伦老师是通过当年红遍全国的戏曲栏目《梨园春》。二十年前,每个周末和父母家人围坐在一起看《梨园春》似乎是雷打不动的生活习惯,也就在那时,我开始对戏曲产生了浓厚的兴趣,也熟悉了著名作曲家朱超伦老师。再后来,随着我踏入戏曲传媒这一领域,才了解到当年河南豫剧院三团五大主演之一的著名豫剧表演艺术家柳兰芳老师原来和朱老师是一对梨园伉俪,几十年来他们夫唱妇随,堪称模范夫妻。在随后的近二十年中,我和两位艺术家渐渐成了无话不谈的忘年交。工作中每当我遇到关于戏曲专业性的难题,他们就是我求助与讨论的对象，甚至生活中我和爱人因为一些琐事而产生了矛盾，也是通过他们的耐心疏导与化解才打开心结。就连当年我的结婚典礼，他们也在百忙之中亲自到场祝贺，两位艺术家不仅是值得尊重的长辈，更是我工作、生活和个人成长的重要见证人。

朱超伦、柳兰芳同生于 1935 年 6 月，他们的结合正如二人所钟爱的豫剧艺术一样具有戏剧性。1952 年至 1953 年，柳兰芳从潢川专区文工团、朱超伦从平原省艺校先后调入省歌剧团。进团当年，由柳兰芳领衔主演的反映新婚姻法的豫剧现代戏《罗汉钱》一炮打响，当柳兰芳在舞台上声名鹊起、崭露头角之时，朱超伦还只是团里一名默默无闻的伴奏员。但共同的艺术追求和长期的心灵相通，使他们于 1956 年结为伉俪。

为了支持妻子在事业上继续发展，朱超伦默默地做起了铺路石，心甘情愿把自己封闭在狭窄的家庭生活圈内，承揽了所有的家务。等妻子功成名就后，1963 年起朱超伦才开始投身到专业从事戏曲创作的实践中。这时，柳兰芳则义无反顾地转而全力支持丈夫。艺术与生活的角色转换，很大程度得益于夫妻二人对事业的相互理解，对缔造美好生活的坚定信念。

朱超伦出身于教育世家，受家庭环境熏陶，自幼喜爱音乐。1950 年入平原省新乡专区文工团，后调至平原省艺校，并在中央音乐学院进修。1963 年，朱超伦正式投入音乐创作，其间参与豫剧《朝阳沟》《刘胡兰》《焦裕禄》等现代戏的音乐创作和加工修改。"文革"中曾为豫剧移植京剧《红灯记》《沙家浜》《智取威虎山》《海港》等现代戏作曲。在他五十余年的作曲生涯中，先后为近百部传统

朱超伦、柳兰芳夫妇和长子朱军，1960 年 7 月于郑州

戏、现代戏作曲。他在创作中既注意发挥豫剧各种板式结构的特色，继承传统中优美的旋律，又紧跟时代，围绕人物性格创腔，全方位发挥豫剧音乐的功能，并从当代观众审美出发创出新意。他敢于大胆吸收其他剧种音调并化为己用，丰富豫

白燕升、周华斌、阎肃、朱超伦(左起)相聚《梨园春》，2005年2月摄

剧的表现力。他的音乐唱腔旋律优美、舒展、大气，运腔上刚柔相济。

柳兰芳1935年出生于信阳息县城关，自幼酷爱文艺，能歌善舞。十二岁登台演出《小放牛》，获县儿童文艺演出奖。1950年，被招入潢川专区文工团。1952年调入省歌剧团。在1956年全省首届戏曲会演中，她主演《刘胡兰》一剧中的刘胡兰，获演员二等奖。艺术上，她除掌握了民族的、戏曲的演唱方法外，还借鉴了西洋唱法，融会贯通，形成了甜美圆润、清新明亮、婉转清脆的艺术风格。

朱超伦常引以为豪地讲自己是山东人，性格较为外向，说话直来直去；柳兰芳则相对比较内向，平时不爱多说话。在六十多年的生活中，夫妻二人以事业为纽带，生活上互相关心、体贴，关系十分融洽，在文艺界享有"模范夫妻"的美誉。

2021年8月30日，豫剧表演艺术家、"永远的小芹"柳兰芳逝世，永远离开了我们！

朱超伦(右)和柳兰芳,1954 年 12 月于开封

柳兰芳、朱超伦自述

从专区文工团到省歌剧团

柳兰芳:我是柳兰芳,1935 年农历六月初十生于信阳地区息县,今年八十五岁了,从事戏曲也快七十年了。谈起我们的过往,话就长了。我家里是做生意的,但我从小就喜欢唱歌跳舞,小学时候在当地就有了名气,都知道息县有个"小百灵鸟"。我那时候唱歌,唱的是当时的流行歌曲,就是《解放区的天是明朗的天》、妇女解放自由歌之类的。我上初中的时候,潢川专区文工团有一个老师叫王承恩,是乐队的领导,就把我挖到了文工团。那时候我虽然小,却参加过土改,剿匪反霸,还救过灾。所以,那些生活经历对我以后演现代戏帮助很大。

朱超伦:我是朱超伦,1935 年农历六月初二出生,祖籍山东菏泽地区定陶县朱楼村。我的家庭应该说是书香门第,祖父是我们县完小的校长,父亲民国时期担任县教育局局长,喜欢音乐,母亲则是个音乐教师。所以,我对音乐的酷爱以至从事音乐工作,就是深受父母的影响。

我参加工作也挺有意思。1949 年新中国成立后,时局还不太稳定,一些土匪和国民党残余势力还存在,形势依然很严峻。所以,这个时期除了我们的政府工作人员和部队外,文艺单位也要承担起宣传党的政策的任务,于是就成立了很多文工团。当时,我们那里属于平原省,省会在新乡,距离我家定陶很近。1950 年,平原省新乡专区文工团去招生,因为我在学校里爱跳爱唱,所以就把我招去了。

那时候参加工作必须得满十六岁,当时我才十五岁,团长就给我虚报了一岁,现在身份证上的出生年是 1934 年,实际是 1935 年。文工团既是宣传队,也是战斗队、工作队。为什么这么说呢?因为文工团下去要搞宣传,宣传党的土地改革政策,宣传剿匪反霸和新中国成立以后的政策。但那时候还有一些敌特反动势力存在,所以思想不能放松,必须准备着随时和敌人战斗,文工团年长点的,手里面都有武器。我记得,当时团长配的都有手枪,年龄大一点的配卡宾枪,还有三八大盖。我那时候小,没有手枪,给我发了个手榴弹,挂到身上也挺帅气。

柳兰芳:随着文工团的历史使命完成,文工团走上专业化、剧院化之路。那时候,我们都是一专多能,既能唱能跳,也能演戏。1952 年 8 月,河南省歌剧团成立,我就是歌剧团的成员之一了。我是南方人,当时我只知道京剧(信阳称京剧为二黄)、曲剧,不知道豫剧,我也看不懂,所以,开始让学习豫剧的时候我思想特别矛盾。那个时期,我们十几个文工团集中到省会开封,学习了《在延安文艺座谈会上的讲话》,对我的启发教育很大。

朱超伦:1952 年左右,根据中央的政策,当时河南省、平原省都把文工团集中起来搞整训,之后整编,成立专业艺术团体。河南成立了两个文艺团体,一个是河南省歌剧团,一个是河南省话剧团,柳兰芳就留到了河南省歌剧团。平原省撤销以后,我和王善朴、鲁本修,还有好多朋友就从平原省调到了河南省歌剧团。

河南省歌剧团的任务,当时是在地方戏曲的基础上演新歌剧,或者说是在地方艺术形式的基础上演新歌剧。当时河南影响最大的是豫剧,也就是用豫剧的形式来反映现代生活。那个时候叫时装戏,也就是现在的现代戏。所以,我们虽然是歌剧团,实际上是在学戏演戏。当时,我们很多人都有思想障碍,都不愿意学,还愿意唱歌,认为唱歌才是正儿八经为党做宣传。

左：1950 年，朱超伦在平原省新乡专区文工团

右：1953 年 4 月，朱超伦（前排右二）和平原艺校管乐队同事在开封

柳兰芳：当时确实有个思想转变的过程。后来，省歌剧团就和省大众剧团（陈赓将军的娃娃剧团）合并到了一块儿，团址在开封的北道门游梁祠。刚开始，我们就是一对一学习，唱歌的跟唱戏的要结合一块儿，当时我跟着学戏的那个演员会很多，会演泼旦、老旦，也会演青衣，人也特好。我们上街也一块儿，睡觉都是一个大屋。我们文工团的人有点文化，也会点简谱，就教给他们；他们则教我们唱戏，每天学一两句。当时我们排了一个现代戏《新事新办》，我饰演一个小女孩；以后又演了一个现代戏，跟朱凡演父女俩，我演女工，他演老头。就这样，我慢慢从小戏开始，踏踏实实学习，逐渐向豫剧靠拢。那时候，为了宣传《婚姻法》，我们排演了《罗汉钱》。观众感觉现代戏特别新鲜，大冷的天有人披着被子早早就开始排队买票，有的放个小凳子，贴上自己的名字，有的弄几块砖头占位置。当时在开封上演后特别轰动，演出现场掌声不断，对我们是很大的鼓励。原来我们还觉得戏曲太土了，看不起豫剧，看到群众这么喜欢，对我们也是个很好的教育。毛主席的《在延安文艺座谈会上的讲话》教育了我，观众对现代戏的热爱教育了我，从此以后，我的思想就彻底转变过来了，开始下决心老老实实学习豫剧。

恩爱夫妻六十春

朱超伦：再聊一聊我和柳兰芳两个人的恋爱史，很有意思。我们两个现在八十五岁了，已经携手走过了六十多年，说实在的，不容易。前面已经讲了，我们两个认识于河南省歌剧团，柳兰芳老师是河南人，1952 年文工团整编成立后就已经是歌剧团的一员了。平原省撤销以后我和王善朴是 1953 年调来的。那时候，柳兰芳老师已经成名了，在成名作《罗汉钱》中扮演艾艾，是女主角之一。当时，她和高洁已经在河南省会开封唱响了，活跃于报纸、广播中了。

随着时间的推移，我们也到了谈婚论嫁的年龄，不过那时候，我还真是没有想到会跟柳老师谈朋友，因为人家已经有名了，我那时还只是个乐队的伴奏员，拉二胡，感觉自己配不上。能够走到一起，还是缘于一件事情。

1954 年，一个叫李珊的演员请假外出，没有按时归团。这在当年，就是政治错误。等李珊回来以后，团里就开了一个专门的批判会，每个队选出一个代表发言，乐队当时选的是我。我虽然水平不高，但那天讲得头头是道，所以引起了大家的注意。《朝阳沟》中二大娘的扮演者马琳跟柳兰芳是最好的朋友，所以就跟柳兰芳说，你看看这个发言的小伙子怎么样，柳老师说还可以吧。这个回答无形中等于是认可了，所以从那以后，我们两个就建立了朋友关系。

柳兰芳：那时候谈恋爱可不像现在这么开放，我们虽然是一个团的，但是每次约会都是递条子，弄个纸条塞兜里，偷偷交给对方，说今天晚上在哪个地方见面，或去什么地

朱超伦、柳兰芳结婚照，1956 年 7 月摄

河南豫剧院三团女演员高洁、柳兰芳、李素萍、魏云、马琳（右起）一起练功

方看电影，在第几个电线杆或者哪个墙角见面，而且还不能一块儿出门。我们谈了半年恋爱，团长和同志们都没有发现，只有中间人马琳知道。

朱超伦：马琳同志怎么会撮合我们呢？我还要讲个小故事。当时我跟王善朴老师从平原省调到河南省歌剧团，团里要举办一个联欢会，大家都在积极准备节目。文工团团员当时是一专多能，你不但要会演戏，还得会跳舞、打腰鼓、吹拉弹唱。我当时会拉二胡，又会吹小号、拉提琴，还会演戏、跳舞。我记得在歌剧团的联欢会上我跳的是马车舞，这是苏联一个比较有名的舞蹈，我扮演一个老头，拿着马鞭，用拐子步舞蹈，边跳边耍着马鞭，吆喝着往前走；前面三匹马，由三个女演员来扮，其中一匹马就是马琳扮演的。她们不懂马车舞，所以我帮着排演这个节目，而且我扮演了主要人物之一，所以跟马琳就这样认识、熟悉了。

还有一点，当时柳兰芳、马琳、魏云、高洁几个都是主演，也有了名气，很受崇拜，也有很多人给她们写求爱信。我记得传达室里有很多信都是写给她们的，来信的有大学讲师、解放军，还有省直机关干部。省歌剧团的领导发现了以后，就感觉这样不行。一是她们当时年龄小；再者领导认为培养一个主要演员不容易，不能叫外面的人把她们抢走。所以,当时领导就定了一个不成文的规定,就是你们这些主要演员不能够找外面的小伙子谈恋爱,得在内部人员中间消化,这叫"肥水不流外人田"。

那一次,马琳问过柳兰芳后,就跟我说:小朱,我给你介绍个朋友——柳兰芳,我已经跟兰芳说了,她表示同意了。我一听,当然是喜出望外了。那时候想单独约会就写个条子,大家排队盛饭的时候偷偷递给对方。要是平常接触,表现得不正常也不行。第一次,我给柳老师递的条子,写的是在工人电影院看电影,但去的时候还不敢走在一起,我在马路的这边,柳兰芳老师在马路的那边,到电影院里我们才坐在一起,这个时候我们才算正式谈了。现在年轻人听了以后可能觉得很可笑,时代不一样,那时候社会风气、人的思想观念就是这样,不像现在,可以无拘无束地进行接触。这是时代造就了我们谈恋爱的方式。

柳兰芳:另外,我们歌剧团当时的管理有点军事化,因为杨兰春是从部队下来的,对演员要求都特别严,几点集合,谁要迟到,马上批评;晚上几点必须归宿,不能在外边。要求女同志不能吃辣椒,我们就不敢吃。男同志不准抽烟、喝酒,大家也都听从。刚才朱老师讲的那个同志误假两天,全团开会批评,可见那时候管理有多严。

朱超伦:我们两个结婚是 1956 年 7 月,在团里那几对里面应该算是比较隆重的,不过跟现在可不能比。我记得结婚的时候天很热,在河南人民剧院的后楼上,当时把两个乒乓球台子合在一起,上面放点吃的。我们两个站到桌子一头,拿出结婚证给大家亮亮,请领导给大家念下。我记得当时人不少,常香玉、赵义庭,我们的副院长周奇之、杨兰春等都到场了。除了婚礼常见的花生、瓜子、糖之外,还买了三箱冰棍,火车牌

1958 年,柳兰芳(右一)在北京十三陵水库工地慰问演出歌剧《比比看》,饰演纺织女工

的,三分钱一支,大家都抢着吃。虽然婚礼形式很简单,不像现在年轻人这么隆重,但回忆起来还是很有意思的。那时候我们都住大集体宿舍,男的一个房间,女的一个房间,因为结婚了嘛,所以当时就给了一间,就是两个单人床对到一起。

柳兰芳:即便这样,我们结婚住的这个单间也就住七天,七天后再腾出来,各回各的宿舍。那时候条件有限,所以同志们都很理解。我们那会儿在团里吃的是大锅饭,结婚的时候,高洁的妈妈就在人民剧院西边给我们包了顿饺子,我特别感动,因为那时候一般过年才能吃上饺子,所以我特别难忘。我们住了七天以后,这个房子就腾给别人了,到礼拜天才能用,我们是轮流制。

1957 年 12 月我生的孩子。生孩子时朱超伦不在家,还是炊事员张师傅把我送到寺后街,后来他回来休息一天,第二天就又走了。等孩子满月以后没多少天,我就上班了,因为赶上过年,要演《罗汉钱》;后来又给我任务了,领导说:柳兰芳,你给孩子断奶,立马上班,《朝阳沟》的银环你要演,七天时间排出来。

不能不说的《朝阳沟》

朱超伦:大家知道,1964 年《朝阳沟》到北京演出,毛主席在怀仁堂看过后十分赞赏,后来轰动了全国。直到现在,人们一提起豫剧,提起三团,就会想到《朝阳沟》。所以,《朝阳沟》是三团的一个集体荣誉,也是豫剧的一个经典剧目。"文革"时期,江青就提出来一个问题,说《朝阳沟》歌颂的是中间人物——银环,她不是个英雄人物,尽管最后落户到农村了,但她不是一种主动行为,思想上有动摇,需要修改。所以,当时中央就下了任务,让河南对《朝阳沟》进行

1989 年 5 月,朱超伦(右二)和杨兰春(左二)、马进贵(左一)、马琳(右一)在一起研究《二等公民》唱腔

重新修改，改成以英雄人物为主，而且要把英雄人物作为《朝阳沟》的主线。当年这是一个政治任务。但要把银环塑造成一个英雄人物，其中有很多难度比较大的动作，魏云当时完不成，所以就决定让柳兰芳来演了。

两个"少女"

《朝阳沟》剧照，柳兰芳饰演银环

柳兰芳：演员在创作人物方面我体会最深刻的，一个是《小二黑结婚》中的小芹，十七岁；一个是《刘胡兰》中的胡兰子，十六岁。这是两个不同时代的人物。小芹那个时代，她要求婚姻自主，不愿意父母包办、媒妁之言，这是那个时代不允许的，所以小芹行事、看人、说话时都还是很羞涩含蓄的，因而人物的唱腔就像一潭水，清清澈澈的，不是很奔放。而刘胡兰就不一样了，小小年龄就在心中种下了革命的种子，积极要求入党，心里想的就是跟着共产党，要穷人得到解放。她思想成熟，性格泼辣，敢于站出来与坏人做斗争，具有牺牲精神。所以，刘胡兰的内心感情和表演唱腔都要奔放，有力度，最后喊"共产党万岁，毛主席万岁"时，她使出自己全身的力量，想要全世界都听见她的呐喊。

作为一个演员，要想塑造好人物，必须对人物有细致深入的体会和分析，然后运用合适的声腔和形体动作来为人物服务。我演小芹的时候，导演杨兰春就说要戏曲化，把很多传统小花旦的东西糅了进来，看上去美一点，动作柔一点，让观众看着好看，听着好听。但是，又不能完全照搬古装戏的表演，穿着现代服装去演传统戏，那是不行的。最后就是根据人物特性，适合的就拿过来用，不适合的就去掉。

而在刘胡兰的表演上，生活的东西就相对多一些。有一次，我们在洛阳演出，结束后排《刘胡兰》中藏粮食、母女会见的戏，但我们这些演员都没有生活体验，怎么都演不到位。后来，杨兰春找到了一个被遗弃的天主教院落福音堂，有一天，我们到这里排"藏粮食"一场戏，灯光很暗，只听见大家的脚步声和小声说话的声音："轻点、轻点，快点、快点，把粮食交给上面去……"模拟敌人要来围攻村子，解放军带领大家运送藏粮的情景。

演练排完后，大家都坐下来休息。突然，听见杨兰春用剧情中的语调对我喊道："带刘胡兰！"一个扮演狗子军的演员上来，拉着我背后的领子，跟提小鸡一样掂着我就往后面走。记得下地道的时候，走了有好多个台阶的土梯子，还拐个弯儿，再下去才进到一个窑洞内。里面黑乎乎的，就点了一支小蜡烛，蜘蛛网子到处都是，底下的草和树叶落了半尺厚，两个人站在那儿，一个是石井怀，一个是大胡子。当时我就想到了，这是导演让我体验排练"大庙"那一场。看墙上到处都是蜘蛛网，我心里有些紧张，马上就进入了戏里头。这时候，石井怀走过来了："胡兰子，亲不亲，故乡邻；美不美，泉中水……"说着给我端了一杯水。这时候，"啪"的一声，我把水杯打落到地上，又反手打了对方一个大巴掌。这是我心里愤恨时下意识的动作，导演没有设计过的情节。结束后，杨兰春导演说："兰芳，太好了！这个下意识的东西是你发自内心的，以后就用到舞台上。"

1956年全省戏曲会演，《刘胡兰》反响特别大，著名导演崔嵬说这个戏把他感动了，还说要把它搬上银幕。这个戏能成功，能轰动北京，包含杨兰春同志的付出，我自己的付出，还有全体人员的付出。我那一时期看了很多苏联小说，如《钢铁是怎样炼成的》等，从

《小二黑结婚》剧照，柳兰芳（右）饰演小芹，姚灵生饰演小二黑，1978年摄

中吸取了很多营养,才把这个人物演得有声有色。

朱超伦:说实在的,柳老师在《刘胡兰》一剧中付出了很多心血,当然取得的成绩也是有目共睹的。《刘胡兰》原来是准备拍成电影的,当时提出这个想法的崔嵬同志是"文革"前的中央文化部艺术局局长,也是个著名导演,以后又当了北京电影制片厂的厂长,曾经主演过电影《老兵新传》,很多朋友都叫他崔大帅。崔嵬同志看了《刘胡兰》后念念不忘,并跟当时河南省委宣传部的领导商量好了,要把《刘胡兰》拍成彩色宽银幕

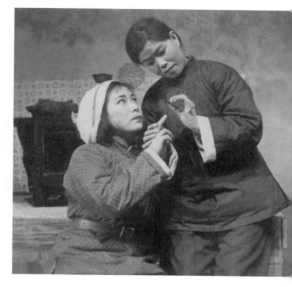

《刘胡兰》剧照,柳兰芳(左)饰演刘胡兰,杨华瑞饰演母亲,1956年摄

电影。一切都准备好了,马上就要开机了,但是"文革"开始了……应该说这是柳老师一生中最大的遗憾,也是三团的一个遗憾。

执子之手,与子偕老

朱超伦:我们俩现在虚岁八十四了,已是耄耋之年,但身体还算可以。我跟柳老师性格不大一样,我是山东人,性格直来直去,说话不绕弯子,心里怎么想就怎么说。但是柳老师有修养,比较内向一点,脾气也好,生活中遇到磕磕碰碰的,她总是让我三分,能够容得下。说实在的,三团的人都知道,我们俩结婚这么多年,没有大声吵过一次架,没有口出不逊,没有骂过脏话,更没有你踢我一脚、我捶你一背。这是因为我性子直,有啥就说出来,说对了柳老师就听,说得不对或者意见不一致的时候,柳老师扭头就走,不跟我发生冲突。所以,我们两个才一起携手走过了几十年。

柳兰芳:我补充几句。自己舌头跟牙齿有时候还碰着咬着呢,两口子不生气

2019 年端午节,朱超伦、柳兰芳夫妇在月阳工作室录制回忆录

是不可能的。但是,我一看他说话像打机枪一样,扭头就走了,我不理他,做冷处理。我在舞台上演的都是英雄人物,不跟你一般见识。我要跟你干架,杨兰春要是知道了,就会说你在舞台上演英雄,台下当泼妇,两面人啊!我又挨批评,名声又不好。每到有矛盾时候,我就离家走了,心想,你说你的,我兜里装的有钱,不跟你一块儿吃饭了,你自己想办法吧。回家以后,我也不开腔,借口说我演出多,需要噤声,我今天对你噤声。他就说了,天不怕地不怕,我就怕你不说话。我三天不理他,他反过来就会赔礼道歉,所以人家是赔礼道歉的"专业户"。

朱超伦:这个我承认。我老是吵,人家柳老师就让着我,一发生矛盾,人家扭头就走了,用现在的话说叫冷战,两三天不理我,我心里就害怕了,就知道自己错了,赶紧赔礼道歉。

总之,几十年过来了,我感觉我们俩应该说是互补吧,有矛盾,有和睦,有忍让,有商讨,现在回想起来生活挺有滋有味的。如果两口子合不来,又不懂得体谅忍让,那生活怎么会有趣,怎么会健康长寿呢?所以我把这一点体悟分享给朋友们,也希望你们可以作一个借鉴。

2019 年

月阳录音整理

任宏恩 · 《倒霉大叔的婚事》

请扫码收听任宏恩原声音频

任宏恩(左)和月阳,于 2019 年夏

缘起宏恩志
世人常有福

上世纪 80 年代,由许昌市豫剧团创排的一部现代戏《倒霉大叔的婚事》风靡一时,剧中常有福的扮演者任宏恩也因出色地塑造了这一角色而被大家所熟知。其实,一直被广大戏迷观众誉为"浑身是戏"及"拍电影专业户"的著名豫剧表演艺术家任宏恩,早在二十年前就已经是一颗耀眼而璀璨的明星。

1964 年春,是任宏恩艺术爬坡"起跳"的重要时节,因为一部戏中的一个人物掀起了激越的浪潮。时年二十二岁的任宏恩,借着许昌专区豫剧二团的《人欢马叫》,他所扮演的"刘自得"在郑州一炮打响。同年 7 月,豫剧《人欢马叫》在全省现代戏会演中脱颖而出。这部切合当时社会实际,反映公社化进程中集体主义观念的作品深得观众青睐,自幼从艺、戏曲基本功扎实的任宏恩似乎看到了在现代戏领域的前进曙光。

要演好现代戏,首先要突破的是如何活学活用古装戏的程式,将之灵活、扩展性地运用到现代戏的舞台上。任宏恩从跟着农民学犁地悟出"刘自得"滑稽生动的台步,从省豫剧三团现代戏唱腔中体会对"二本腔"的钻研。幸运的是,他天生的好嗓子助力他找到了真假嗓结合的"不二法门"。

任宏恩(左)和常香玉在首届香玉杯颁奖现场，1989年于郑州

1965年7月，《人欢马叫》在广州中南区现代戏会演中再次艳惊四座，不但被拍成了戏曲电影，任宏恩还被调进京为国家领导人演出。在北京，他更是赢得了业界专家和观众的无数赞誉。骄人的成绩、缤纷的鲜花、如潮的掌声，没有让任宏恩骄傲，反而使他在现代戏的路途上更加勤奋地耕耘。

如果说《人欢马叫》为他打开了现代戏喜剧的大门，那么河南省首届导演培训班则拓宽了他的艺术目光。时光的齿轮走到了改革开放的大潮前，任宏恩已经积累了一身的本领和满腔的热情，他等待着一个真正起飞的时机。这个时机，就是豫剧现代戏《倒霉大叔的婚事》。这部继豫剧经典现代戏《朝阳沟》之后的又一里程碑式作品，主要讲述的是改革开放背景下人们对生活、婚恋勇敢追求的故事。任宏恩塑造的倒霉大叔常有福，以其乐观幽默、正直热情、百折不挠的形象赢得了无数人的热爱和追捧。

难能可贵的是，任宏恩是一位充满创作激情的表演艺术家，纵观他的艺术人生，从未停止过追求、创作、突破自我的热情。上世纪90年代末，《我爱我爹》这部戏又成为任宏恩跨越时代的一部经典力作，一举囊括华表奖、"五个一工程"奖等众多奖项。任宏恩是一位始终紧跟时代步伐的艺术家，他具有敏锐的艺术触角、饱满的创作激情、旺盛的艺术创造力、极强的艺术表现力，真可谓难能可贵。他以其卓越的艺术才能，开拓了豫剧现代戏喜剧的新天地，为千家万户送去了欢乐，也送去了对时代、对人性的反思。

任宏恩，于 1990 年代

任宏恩自述

　　我 1941 年生于安徽亳州，今年已经七十八岁了。我是十四岁走上艺术道路的。记忆中，我大约两岁时跟随父母到许昌，父母从事布匹生意，我在许昌西大街小学上到五年级，因家里生意困难，只好被迫辍学。1955 年，许昌当地的一个剧团（即许昌市豫剧团前身）面向社会招生，因为我在学校里就特别爱唱、爱跳，是全校知名的文艺积极分子，所以很顺利地考进了剧团。进团第二天，我就跟剧团出发巡演了，一出去就是半年，经过了四个省。我的戏曲学习，就在跟团中正式开始了。我一边练基本功，一边跟着老师当随班学徒，因为勤奋，也知道操心，老师们都很喜欢我。碰到别的兄弟剧团，我也留心去观摩、学习，半年时间虽不长，但我算是真正入了门。

　　我艺术生涯中受益颇深的，就是我年轻时演过的小戏、垫戏多。最初团里给我的定位是武生，所以练功比较刻苦。我十七岁开始演小戏，如《三岔口》《挡马》《断桥》《打花鼓》，有文的、武的，有正面的、反面的，有小生、武生、丑行，这不仅让我取得了丰富的舞台经验，而且里面有很多身段、武工，经过积累，对我以后的艺术成长是一个很好的铺垫。后来，市里成立了二团，我们这批年轻人全部进了团。

十八岁的任宏恩

我那时是团支部书记，又是队长、团委委员，慢慢地就开始演大戏了。

传统戏方面，我感觉老艺人对我影响很深。那时候虽然没有正经拜师，但我们这个青年团都专门有老演员带。表演上我受郑兰波老师影响比较大；唱腔方面，我受王韵生老师影响大，跟随他打下了"夹板音"的基础。我演的第一个大戏是《唐知县审诰命》，我就是按照郑兰波老师的路子走的，这个戏接过来后，老师就不演了，我一直演。记得有一年巡回演出到新乡，遇见长影的明星剧团，他们看了《唐知县审诰命》很欣赏，第二天在新乡组织的座谈会上，他们一直赞扬我们演得好，夸奖我们是"传统戏新演法"。

我和"刘自得"

1963 年，全省要搞现代戏调演，许昌筹备的节目就是《人欢马叫》。带着体验生活的任务，剧组来到河南的盐城黄庄，和那里的老百姓同吃、同住、同劳动。我刚好住在富裕中农潘华家里，这个人给了我很多启发，他简直就是"刘自得"的原型。像剧中刘自得的八字形台步，就是我跟着潘华犁地时观察得来的。在体验生活的四个月中，我深刻地感受到，要演好刘自得，就要从他的神态、语气、动作等方面入手，细致刻画。那时候年轻，表演没有经验，就是观察、体验、模仿，在心里揣摩农民的一言一行。在后来的表演中，我增加了很多活灵活现的东西，这些都是从生活中得来的。

1964 年，许昌豫剧团带着《人欢马叫》参加了省里的会演，演出后反响强烈，省委研究决定这个戏参加中南五省会演。参加会演的那稿是加工过的，演员、乐队阵容都很强大,在许昌豫剧二团班底的基础上,还加入了省一团的常香玉大师、板胡琴师王冠君、鼓师杜文学;省三团的魏云、王善朴也加入了。除了这几位演员,乐队成员大部分来自三团;省二团的人参加了音乐设计,也有演员。那次演出效果很好,会演以后紧接着就去西安拍了电影,拍了四个多月,然后又到北京给中央领导汇报演出,反响很强烈。当时郭沫若先生连看三场,他还写了评论文章,又给剧团写了一封贺信。后来,我们又应邀在全国各地进行巡回演出。

《唐知县审诰命》剧照,任宏恩(左)饰演唐成,1961年摄

结缘"倒霉大叔"

之后的十年,我们一直都是看样板戏、学样板戏、演样板戏,直到80年代,我和我一生中最重要的角色——"倒霉大叔"开始结缘。

说起这部戏,还是从一部电视剧开始的。当时,中央电视台要举办全国电视大赛,河南台准备拍《红军洞》,我演其中的主角叫"能不够",剧作家齐飞也加入了剧组。我们在鸡公山拍这个戏,晚上休息时,几个人一起玩牌,就聊到了这部戏。当时戏曲舞台上已经演了《卷席筒》续集,还有《朝阳沟内传》。我对齐飞说,你喜欢写戏,又热爱戏曲,咱们能不能搞一个《人欢马叫》续集?齐飞说,《人欢马叫》是两个作者合作,我不是作者,怎么能写续集呢?我说,你和李束修关系好,你和他合作不中吗?他说,那怎么不中。接着,我们就开始讨论剧情。因为当时改革开放刚开始,从集体化经济走向市场经济,带头致富的"万元户"非常光荣,于是,我们讨论这个戏就以"刘自得一心一意带领大家致富"为故事主线,这很符合当时

《刘自得上任》剧照，任宏恩（右）饰演刘自得，乔俊明饰演老支书，1983年摄

三中全会的精神，剧名就叫《刘自得上任》。很快，新戏就拿出来了，演出非常轰动。

我记得在许昌演出六七场，观众越来越多，农民开着拖拉机进城观看，当时的电影《少林功夫》都没有这个戏的热度高。基层演出的成功激励了大家，我们就想把这部戏拿到郑州去。首先就是请郑州的专家来许昌看戏。结果谁也没想到，这部戏被十几位专家一下子批"死"了。为什么呢？当时专家提出来很多意见，我觉得这应该是时代背景的原因。当时专家的意见是，像吴广兴这个主要人物，是一个老模范、老英雄、老饲养员、老先进，现在通过改编，给他弄成了个"老奸猾"；刘自得是一个被批判的人物，你现在给他弄成了带领大家的先进人物，这怎么可以？最后，这部戏被下定论为"粗俗不堪"，等于彻底否定了这个戏。会议结束后，李束修的压力很大，坚决退出了创作组，不再参与了。当然，座谈会也有一部分专家是持不同意见的，希望齐飞不要放弃。

但很快赶上了区划调整，豫剧团瘫痪了，也乱了，齐飞趁机重新改编剧本，把原来刘自得上任的故事情节全部修改，又补充了三场戏，名字叫《倒霉大叔的婚事》。因为剧团正在瘫痪当中，人员大调整、大换位，我就和艾立商量，还有王尔月、尚小红，我们四个决定回老家温县排这部戏。于是，我们在温县戏校将近半年，一共排了四个戏，《倒霉大叔的婚事》《借妻》《糊涂盆砸锅》《打焦赞》。《倒霉大叔的婚事》在温县演出来后很受欢迎，声名远播。后来，我们被邀请到新乡演出，在新乡又召开了座谈会，这次专家们纷纷点赞，夸这个戏写得好、改得好、演得好。

《倒霉大叔的婚事》参加了1985年的全省会演，记得当时在郑州东方红剧院演出，因为这个戏写的是新人、新事、新农村、新时代、新观念，舞台艺术表现也非常新颖，所以演出效果非常强烈。

机缘巧合，我们在郑州演出的时候，听说中央文化部的一个领导小组来河南看戏，我们就想趁此机会请文化部领导们来看看这部戏。因为我们这出戏不在领导组看戏的节目单上，于是，我和齐飞就到领导组下榻的中州宾馆亲自去请了，但领导组回应说不能随意改变安排。功夫不负有心人，在我们的坚持下，领导组最终决定分成两组，一组去看其他戏，一组看《倒霉大叔的婚事》。后来，时任省委宣传部部长的于友先看完这个戏，很重视，称赞这个戏好，时任省委副书记韩劲草也说这个戏编得好、导演好、演员好、乐队好，之后《河南日报》对这部戏进行了报道。接着，一家北京演出公司看中这部戏，当即邀请剧团进京演出。这次省里会演，《倒霉大叔的婚事》得了银牌第一名。

到北京演出首先是在莫斯科餐厅，那是个大剧院，大概坐了三千多人。这次演出也属于慰问北京驻苏部队，接连演出了几场，剧场效果非常强烈，一场演出就有六十多次掌声——道白有掌声，唱腔有掌声，情节有掌声。后来，相声名家马季先生在《北京晚报》发表了一篇文章，积极宣传这部戏，还推荐相声界的同行们都来观看。

令人激动的是，我们在北京前门剧场演出那一晚正下着暴雨，时任中央文化部部长王蒙竟来看戏了。他看后很激动，说这个戏演得有声有色，表现了真实细

《倒霉大叔的婚事》剧照，任宏恩饰演常有福，艾立饰演侯圈，1986 年摄

左：任宏恩和著名评剧表演艺术家新凤霞(左)
右：任宏恩和著名剧作家吴祖光(左)

腻的生活情趣，反映出了浓郁的乡土气息，富有时代新意，等等。他把作者约到贵宾室见面、谈话，第二天就请剧团和创作人员到文化部做客。在文化部召开的这个座谈会，来了十七家报纸，王蒙很激动，当场就说奖励剧团一万块钱。当时的一万块钱，可不是个小数。这件事算是我们在北京收获的第三次高潮。

其中有个细节，我至今记得很清楚。当时，中央电视台和北京电视台在同一天晚上转播演出录像，电视机就放在了北京的大街上，一大堆人围在那儿看，那场景真让人激动。时任文化部常务副部长高占祥在吉祥剧院观看这个戏以后，上台激动地说："倒霉大叔不倒霉，吉祥戏院起风雷！"更激动的是，我受到时任中国剧协副主席、著名戏曲理论家张庚的邀请，去他家做客，他给我写了一幅字，说我的表演深入人物心灵，引发观众想象，掀起了剧场的波澜，激起了观众的感情。

著名剧作家吴祖光偕夫人——著名评剧表演艺术家新凤霞也到现场观看了演出，新凤霞老师很高兴，到后台会见演员。舞台偏门比较狭窄，她坐的轮椅不能通过，齐飞就背着她到了后台。之后，吴祖光先生在《戏剧报》上发表了题为《编织出崭新生活》的文章，热切赞扬这个戏"题材新颖、人物鲜活、语言生动，一波三折地描述了人物的命运"。后来，我又受到了吴祖光、新凤霞两位前辈的指导和馈赠——一幅他们伉俪合作的梅花图。

首都文艺评论专家和领导贺敬之、张庚、赵寻、郭汉城、马少波、胡可等都观看了演出，中国剧协、北京市剧协分别为《倒霉大叔的婚事》召开了座谈会。中国剧协还发表了《向首都观众推荐一部好戏》的专题文章，《人民日报》包括海外版都发表了长篇文章，介绍演出盛况。

记得著名作家李準看后，激动得登台高呼"现实主义万岁！"拉着演员的手赞不绝口，回去后连夜写了《戏曲春天的讯息》的文章，发表在《光明日报》上。有一天，我专程去拜访李準先生，对他说，我最遗憾的就是没有演过您的戏。他说，我给你推荐一部戏，于是就把《石头梦》介绍给我了。

戏曲春天的讯息

1987 年中国首届艺术节，许昌市豫剧团以《石头梦》参加演出。我记得当时参加演出的包括戏曲、曲艺、杂技等艺术门类，一共四十四台作品，其中戏曲是五台，《石头梦》是唯一的一台现代戏。那时候还没有评奖，领导说，别管评不评奖，能参加中国首届艺术节，你们就是最高奖了。《石头梦》演出期间，北京的领导专家和观众都非常热情，都说"倒霉大叔"又来了。演出效果也是非常好，或许北京

左：《石头梦》剧照，任宏恩(左)饰演王跑，宋甫玉饰演陈侃，1987 年摄

右：《山村风流汉》剧照，任宏恩饰演能四辈，1988 年摄

《岗九醒酒》剧照，任宏恩（右）饰演岗九，汤玉英饰演大翠，1984 年摄

观众已经对我们这个团有好感了。

1988 年，剧团又排了一个《山村风流汉》，之后一年一个戏，佳作迭出。也是这一年，我们获得了现代戏研究会的表彰和鼓励，赞扬许昌豫剧团是演现代戏"卓有成绩的十五面旗帜之一"，之后许昌豫剧团成为研究会会员。当时全国演现代戏卓有成就的先进院团每年举行一次现代戏研究会，我参加了七届。后来文化部又在扬州举办了全国现代戏会演，要求许昌剧团必须参加。当时还没有来得及搞新节目，就把小戏《糊涂盆砸锅》带去参加了会演，没想到剧场效果会那么好。演员一出场，我一上场，观众都拍手叫好。一个掌声下来，我就放松了。演出结束第二天开座谈会，是张庚先生主持的，他说："任宏恩浑身都是戏，每根汗毛孔里都有戏。"《糊涂盆砸锅》这个小戏反映的是"砸烂铁饭碗"的主题，一共四个人物，每个人物都性格鲜明。我演的这个人物诙谐、幽默，很有喜剧色彩。通过这个戏，我也进一步学习、领会到了演员怎么运用传统，怎么进一步深刻理解戏曲的特点，怎样才能叫浑身是戏，怎样才能把角色塑造得不一样，把角色演活。

我从艺已经六十五年了，确实感觉到艺术要一直不断地总结、不断地提高。我为自己这一生总结了六个字，那就是"技巧、生活、理论"。有了理论指导，才能更好地运用你所有的技巧，更好地指导你塑造人物。戏曲是一门程式化、技巧性很强的表演艺术，演员必须四功五法都要练好，掌握娴熟的技巧，这样才能运用你所掌握的技巧，准确揭示你内心所要表达的东西，塑造好每个人物。演员在舞台上表演，你表演什么，怎么表演？"表"是外层的，就是通过你的表情动作来表现；"演"是内在的，就是让观众理解，把你内心的东西揭示出来。所以，表演艺术确实不是一个简单的事情，只有掌握好、运用好技巧，才能实现它。作为演员，内在的东西是主要的，你的表演充实不充实，潜台词丰富不丰富，人物演得准不准、像不像，此时心情表现得对不对，就是看你内心对人物体验得深不深。你内在东西多了，想象力才丰富，才更懂得表演的分寸，才能"演"得准、"表"得对。

人生好伴侣，舞台好搭档

我取得的一些成绩，离不开家庭和各方面对我的支持。我有一个好伴侣崔玉荣，她也是一个很好的演员，事业心很强，在温县戏校时就演了很多戏，是温县戏校的佼佼者。《倒霉大叔的婚事》开始是在温县排的，就是她演的魏淑兰；后来到许昌以后，又演了《石头梦》，中国首届艺术节她也参加了。她演过《山村风流汉》中的香香、《王家湾的当家人》中的金秀，也演过《糊涂盆砸锅》中的喜凤。她形象不错，嗓子也挺好，舞台实践也多。我的老伴儿很会理解人，只是事业上有点可惜了。

后来，我们自己办了一个团，叫"宏恩豫剧团"，是温县老乡赞助，办了有六七年，演出效果好得很，每到一地都很受欢迎，但也很辛苦。后来因为要拍《我爱我爹》《我爱我孙》，时间和精力不允许，就把团停了下来。接着我们入住了英协花园，从2012年一直到现在。

虽然年龄大了，也常年不在许昌了，但是现在团里只要有什么任务让我爱人参加，她都会非常认真地参与。前段时间团里搞重点剧目

《糊涂盆砸锅》剧照，任宏恩（右）饰演糊涂盆，崔玉荣饰演喜凤，1988年摄

上世纪八、九十年代，是任宏恩的艺术活跃期（路振隆摄）

《灞陵桥》，我们两个都参与了。在团里，我有三四个学生，都跟亲子女一样，都对我特别好，对我也照顾得好。

戏曲滋养了我

我这一辈子和戏曲密不可分，一直在努力演好每一部戏。我的每一点进步，离不开父老乡亲的支持和热爱，也离不开党的栽培。只要父老乡亲欢迎我、喜欢我，我就愿意唱。

我一生中排了不少戏，我从来不会演一个丢一个，像狗熊掰棒子。我演一个戏，起码要把它演成。我在舞台上塑造的形象基本上是跟随时代的，反映上世纪40年代的《石头梦》，60年代的《人欢马叫》，80年代的《倒霉大叔的婚事》，90年代的《我爱我爹》，还有《糊涂盆砸锅》。我觉得《石头梦》是我一生当中演得最好的一个戏，我最满意而且最得心应手。

除了演戏，我还参加过导演班，是省文化厅办的第一期短期导演班，目的就是学习。杨兰春老师开玩笑说："宏恩，你不务正业呀！"我说怎么了？他说："你凑什么热闹，又来学导演。"我说是为了丰富我的表演。

我如今快满七十九岁了，以后登台机会可能更少了，但我还不想完全休息下来，还想认真总结一下自己的一生，准备出一本书。有条件的话，把我的弟子们再组织到一起演出，开一个研讨会，好好总结一下，这都是我的想法。

2019年

月阳录音整理

汤玉英·《倒霉大叔的婚事》

请扫码收听汤玉英原声音频

豫剧第一梅
英华玉自香

汤玉英(左)和月阳,于 2019 年夏

　　艺术家的艺术风格,也是艺术家个人品格的反映。著名豫剧表演艺术家、河南豫剧"第一梅"汤玉英就是一位很有独特个性、又很本色的艺术家,在百花齐放的戏曲园林中,她就像一株开在阡陌的梅花,兀自散发芬芳。

　　汤玉英自幼痴迷戏曲艺术,1960 年参加襄城县豫剧团当随团学员,良好的天资加之好学苦练,使她很快成为剧团的主要演员,先后饰演过《断桥》中的白素贞,《红娘》中的崔莺莺,《见皇姑》中的秦香莲,《白毛女》中的喜儿、黄世仁之母,《卖箩筐》中的老太太,《沙家浜》中的阿庆嫂,《红灯记》中的李铁梅,《朝阳沟》中的银环、二婶、拴保娘,《李双双》中的李双双等角色。通过对各个行当、各色人物的尝试,汤玉英积累了丰富的经验,也造就了她无惧行当限制、不断挑战新角色的艺术品格。

　　梅花香自苦寒来。汤玉英以执着追求艺术的精神,历经许昌市豫剧团、濮阳市豫剧团和河南豫剧院三团,在艺术生涯中扮演了很多性格迥异的舞台形象,在古装戏与现代戏之间游刃有余地转换。1971 年,汤玉英调入许昌市豫剧团,饰演了《龙江颂》中的江水英、《冶炼》中的梁师傅、《白罗衫》中的刘淑英等,由她主演

1987年，汤玉英（右一）荣获第四届中国戏剧梅花奖后，和常香玉（右二）、王南方（左二）、荆桦（左一）在省文联表彰大会上

的《状元与乞丐》，还被拍成了戏曲电视艺术片。尤其在濮阳市豫剧团主演的《江姐》，令观众印象深刻。

提起汤玉英，观众自然就会想到"魏淑兰"，也正是凭借这个角色，使她无意之中摘得了河南第一朵"梅花奖"。但和汤玉英老师聊起这些时，她总给我一种淡然的感觉，不由让我想起她这些年呈现在人们面前的状态：率性、活力、乐观、正能量。不拘什么活动，凡是有汤玉英老师的地方，总是充满爽朗的笑声和温煦的暖意，她似乎从来不在乎年纪，其身上呈现出来的活力，总让人感觉从里到外透着一股子年轻的气息，而且是一种极易让人受到感染的青春的气息。

我和汤玉英老师可谓忘年之交，她几乎见证了我参加工作以来的每一个成长的瞬间。2016年8月12日，月阳工作室成立了，汤玉英老师不仅为我录制了祝福视频，并且亲自到场祝贺。她的个人专场及几次收徒仪式，我也作为主持人亲临现场见证。汤玉英老师做人做事的坦诚与认真，以及她对待普通戏迷观众的一片热情，给我留下了美好的印象。

不须苦争春，桃李自逢时。回顾一生的艺术历程，汤玉英老师给自己这样总结：要做性格演员，不能只做本色演员。的确，她在现代戏旦角的艺术道路上开辟出了独具个人风格的坦途，一路穿花拂柳，笑靥如花。

这样的人生，这般的艺术，怎不令人心向往之？

汤玉英,于 1963 年

汤玉英自述

　　我 1947 年 3 月 18 日出生于河南省襄城县山头店乡上黄村一个贫农家庭,刚解放父亲便过世了。我有三个哥哥,一个姐姐,因为我年龄最小,所以自幼就被家里溺爱着长大。小时候,因为姐姐是当地乡政府的副乡长,经常在农会里领着宣传队搞宣传,排一些文艺小节目,带我去玩了几次,我就耳濡目染学会了几句戏,或许这就是我日后从事戏曲的渊源吧。上学后,因为我嗓子好,又能唱,很快就成为校宣传队的文艺骨干。因为经常代表学校参加各类演出活动,渐渐地竟然小有名气了,连襄城县文化局、宣传部都知道我会唱戏。

　　1960 年,我小学六年级毕业,想考入剧团当演员,但是我母亲不同意,毕竟那时候人们的封建思想太严重了。母亲告诉我,唱戏的八辈子都不能入老坟,你不能唱戏,要好好上学,长大当干部,像姐姐那样有出息。可我多么热爱戏曲呀!母亲自然拗不过我,有一天,趁她在门口做针线活,我偷偷地溜出家门,去剧团考试了。就这样,我顺利地考入了剧团。

拾到篮里都是菜

跟班学戏的生活一天天过去,我谨记老师傅们"拾到篮里都是菜"的教诲,啥都学,啥都演,很快学会并演出了《断桥》中的白素贞、《红娘》中的崔莺莺、《见皇姑》中的秦香莲,这种小折子戏给我打下了古装戏的基础。

大约在 1962 年,团里准备排《白蛇传》全剧,导演让我演一个小和尚,就是许仙被关进金山寺后看管他的一个小和尚。这个小和尚是按丑角扮的,鼻子上画个豆腐块,算是一个小丑。没想到,这个小小的角色竟然得到了导演的称赞,他说我演戏知道从人物出发。

1964 年,开始演出现代戏了。我们排的第一部现代戏是《山乡风云》,我演刘琴。接着是《社长的女儿》,我演"工分迷",也演得可以。后来还排了《朝阳沟》,我开始是银环的 B 角,因为演"二大娘"的老艺人不识谱,导演就让我试试,我就成了"二大娘"的 A 角,这个角色演了之后,我在襄城县剧团也算是崭露头角、小有名气了。后来慢慢又演了《红灯记》中的铁梅,《沙家浜》中的阿庆嫂,《智取威虎山》中的常宝,《白毛女》中的白毛女、黄世仁的母亲黄母,还演过《火烧收租院》中的老太太。我很注意拓宽我的戏路。

1971 年我被调到许昌地区豫剧团,演了《龙江颂》中的江水英。当时团里已经选了三个"江水英"了,最终确定了我。那时我生完孩子刚满月,但是演出任务非常繁重,我只好边带孩子边演出,大概过了将近百天,身体一下子吃不消了,在舞台上还差点晕倒。后来又排了《封神榜》,我在第一部中

汤玉英在《红灯记》中饰演李铁梅的扮相,1971 年摄

演女娲，第二部中演假妲己，这两个角色反差很大。后来又演了武工戏比较多的《五女兴唐》，我演皮秀英。我原本演文戏多、武戏少，为了接这个戏没少下苦功练习。但这些都给我打下了很好的基础，后来排《状元与乞丐》《白罗衫》时，身段功夫就有了很大提高。

十七岁的汤玉英

几年之后，因为一些错综复杂的原因，我一度离开剧团到印刷厂工作四年；回团之后，或许因为阔别舞台已久，我嗓子突然出现了一些情况。我原来嗓子很好，基本是"大本嗓"，都是用"本钱"唱，嗓子出现问题后就唱不好了。最为难的就是排《状元与乞丐》的时候，这部戏用了七天时间赶排出来，之后就到郑州人民剧场演了十几天，演完之后又马不停蹄地拍电视艺术片。录音的时候，我感觉嗓子格外吃力，高音上着困难，低音唱着脱气，一直唱不好。那时我就暗下决心，如果以后再有机会站在录音话筒前唱，绝对不能是现在的水平。

正巧，当时蒋大为老师到许昌演出，我就跑到后台找他，向他请教发声的问题，蒋老师非常和蔼可亲、平易近人，他跟我说了一些理论上的东西。后来，我又在《戏剧报》上看到一篇文章，写的是河北梆子剧团的刘玉玲，她的嗓子曾经跟我的情况差不多，后来经人指点，学习科学发声后，嗓子上下贯通、运用自如。在郑州演出的时候，我还请教过王基笑老师的爱人余丽芳老师，当时她正在河南省戏校任教，教的就是声乐。我一直都在钻研，怎么让科学发声和地方戏唱法相结合，因为地方戏唱腔有很多不讲究的地方，演员基本都是凭着"本钱"唱，嗓子往往不能持久。我那时候就下决心，一定要学一些科学的方法，把声乐的发声技巧和唱戏结合起来。但科学发声运用到戏曲中其实并不容易，不能够直接"拿来"，不能直接按唱歌的方法唱戏，这是要动脑子的，是需要悟的，两者之间一定要结合好。

《岗九醒酒》剧照，汤玉英(右)饰演大翠，任宏恩饰演岗九

经过一段时间的刻苦练习，排《倒霉大叔的婚事》时，我就把这种方法运用到了实际演唱中。记得当时刚排练的时候，团里有人给我提建议，让我第一次上场时就把嗓子完全放出来。可我觉得这样并不合适，不管嗓子怎么好，演员还是要按照剧中人物和规定情景来演唱。我就按我的体会、我的感受去唱，实践证明，观众还是很满意的。

随后又排了《岗九醒酒》，第一稿我演的是王桂香，第二稿演岗九的爱人大翠，跟任宏恩搭档。这里有一个趣事，有一次，我们在长葛演出的时候，有两个戏迷到后台找我，说他们在打赌。问他们打什么赌，他们说打赌我和"岗九"(任宏恩)是一家。我说不是，确实不是一家。他们就问，不是一家，你俩咋演得那么像呢？我和任宏恩一共搭档了五次，有四次都是夫妻，所以舞台上也比较有默契。

我就是"魏淑兰"

豫剧《倒霉大叔的婚事》可以说是我的代表作。在许昌演出的时候，没想到剧场效果那么强烈，记得当时演了三场之后，正好遇上电影《少林寺》放映，为了放电影，剧院就让我们暂时停演，《少林寺》连着播放了几场之后，又让我们接着演戏。当时我们心里很忐忑，担心观众不会再来了。谁知道一挂牌，观众依然踊跃，依然热情，效果依然强烈。

随后，我们带着这部戏参加了河南省首届戏剧大赛，得了银奖第一名。著名相声大师马季先生知道后，把这部戏推荐给了北京演出公司，他们亲自到河南挑选进京演出剧目，一共挑了三台戏:《十五的月亮》《倒霉大叔的婚事》《西湖公主》。演出结束后，北京方面还专门召开了专家座谈会。在座谈会上有专家激动地说:"你们河南这三台戏是一浪高过一浪，一台比一台好，《倒霉大叔的婚事》效果最好！"

有很多人问我，"魏淑兰"这个人物你是怎么体会的？我曾经写过一篇文章登在《中国戏剧报》上。我生在农村、长在农村，十几岁到剧团，进团之后，响应文艺为工农兵服务的号召，整天上山下乡，经常在农村演出，所以农村妇女的形象在我的脑海里是非常深刻的。特别是我的母亲，她四十多岁时我父亲就不在了，开始守寡，她的性格是外柔内刚，非常有主心骨，对孩子、对生活都有自己的主见，是一位内心很有力量的女性。母亲身上传统妇女的优良美德，都被我用在了我的表演中。我母亲朴实正直、勤劳善良，也很勇敢，和我塑造的魏淑兰有很多相近的地方。但遗憾的是，我母亲没看过我演这个戏。

有很多人跟我说，汤老师，你的戏好听不好学。我说，实际上我的唱很好学，因为我的唱腔朴实无华，直抒胸臆，没有那么多华丽的腔弯。我很感谢许昌团音乐设计的一贯作风，音乐设计师很尊重演员，他们在设计前都会跟演员沟通，这段戏应该是什么调式、什么板式，征求我们的意见，只要我们提得有道理，他们都会有所改动，这个传统是很好的。

在唱腔上，我要求以情带声、以声传情，我的每一段唱就像说话一样娓娓道来，真正在和对方交流。现在有很多戏迷问我，唱腔顺不下来怎么办？我说你先把唱词念一遍，像说话一样先说一遍，在说的时候把握好语气，做到有轻有重，掌握住逗号、顿号、句号、问号、感叹号的语气运用，把这些都给表现出来就对了、顺了。后来，我就看到一篇文章中提到蒋大为老师说"唱歌的最高境界就是说"，大概就是这个意思。我要求我的徒弟、戏迷必须把感情唱出来，否则你的唱绝

《状元与乞丐》剧照，汤玉英饰演文凤妈

对是没有味道的。

在《倒霉大叔的婚事》中有一段唱，就是常有福被关起来之后，魏淑兰去看他，她上场之后，唱"看见他难止热泪流，几时不见人消瘦，难诉我心中苦与愁"，如果按照传统的唱法演唱也没问题，音乐设计老师也是这样设计的。但我体会人物的感情，感觉这样还不够，就跟音乐老师商量，能不能加入一些我的理解：因为魏淑兰很有正义感，她是在常有福被抓起来之后去看他，她是给他安慰的，不应该哭得无法自制，这样反而会让常有福更难受，所以她应该控制住感情。到唱腔尾声"苦与愁"时我不唱，我用一捂嘴的动作，让乐队一下子把感情

《倒霉大叔的婚事》剧照，汤玉英饰演魏淑兰

推上去。音乐设计老师觉得我的想法不错，很爽快地采用了。事实证明，这样处理效果很好，特别是我们到郑州人民剧院进行内部观摩演出，观众都是内行，都是各个团的演职员，当我唱到这一句的时候，台下突然给我来了一个满堂彩，当时吓我一跳。常言说"内行看门道"，他们看出来是怎么回事了，观众的反响是对我们在艺术处理上的肯定。

《倒霉大叔的婚事》的核心唱段"紧走慢走四里半"，是袁世安老师设计的，这一段传唱的人最多，可以说家喻户晓。说起来也很有趣，当时他设计这段唱腔有他的想法，而我有我的理解，他设计一稿让我听，我感觉不对；然后他再去设计，第二稿再让我听，我还是感觉不对；大概设计了三四稿，我这边都没有通过。最后他实在没办法了，就说："玉英，你学词的时候，是不是自己已经哼（唱）过了？你自己心里是不是已经有了想法？如果有就跟我哼（唱）一下。"我也不客气了，就给他哼了哼，他听后立刻说："找到感觉了。"然后他再一次重新设计，这一稿一遍成，就是现在观众所熟悉的"紧走慢走四里半"。这样说并不是说我有水平，我的意思是演员一定要正视自己二度创作的责任，你不能是机械的，导演说怎么走你就怎

么走，"化"不到你自己身上，演出来一定不感人。唱腔也是一样的道理，如果你本人不能理解作曲的意图，唱的时候只唱旋律，绝对唱不出感觉；而作曲找不到感觉的时候，他作的曲演员也会感觉不顺、不舒服，这就是作曲和演员相互配合、结合的问题。演员有了二度创作，创作出来的人物才是立体的，这是我自己的体会。

1985年省戏剧大赛之后，我获得了表演一等奖，然后我们又到北京去演出，非常火爆，可以说是一票难求。刚到北京时召开记者招待会，许昌文化局局长介绍说："我们这个戏是河南土特产红薯，我们到北京来演出，不知道北京的观众能不能接受，能不能欣赏？"结果演出将近一个月，几乎场场爆满，反响十分强烈。

从北京回来之后，突然有一个记者给我打电话，告诉我获奖了。我说获什么奖了？他说"梅花奖"。我说不可能，他说真的，明天《人民日报》就登出来了。第二天，我找报纸一看，果然是真的。按说一个演员得了大奖应该高兴，但是我当时并没有感觉欢天喜地，只能说是三分喜悦、七分压力。喜悦是因为得了最高奖，说明是对我艺术的肯定；压力来自各个方面，首先是观众，观众对我的期望值肯定更高了，我心里很有压力，还有方方面面随之而来的事情。总之，三分喜悦转瞬即逝，七分压力越来越大。

有很多人说我适合"魏淑兰"这个角色，是因为我的本色出演，其实不是，我追求的是"性格演员"。我平时比较爱看书，也比较喜欢话剧、影视，从他们的表演中经常吸取一些养分。我愿意当"性格演员"，啥都愿意演，什么角色都乐意演，我常说我是"戏补丁"，就因为我在团里什么角色都愿意演，需要时就能随时救场。我从参加剧团到现在，从来没有背过业务包袱，没有闹过情绪。

我觉得作为演员应该啥都能演，能大能小。不管演什么样的人物，不管古装戏还是现代戏，都得从人物出发。而现代戏比古装戏更难演，因为古装戏主要讲究程

1985年，汤玉英在郑州演出《倒霉大叔的婚事》

式、讲究功夫,你只要功夫到了,有自己的绝招,水袖耍得好,台步跑得好,都会遮丑,观众就会买账。现代戏就不一样了,它既是戏曲的东西,又得塑造现代的人物。现代的人物都是什么人?不外乎工农商学兵,都是观众身边的人,你要是演得不好、演得不对,观众一眼就能看出来。

"三无"演员

我原来没有收过徒弟,因为我总觉得我的水平还需要提高,就一直不收徒,后来很多人劝我,应该把自己的表演和唱腔经验传给年轻人。我想也对,应该把自己总结的有益的东西传给年轻人,所以才开始收了。第一次收的是新密的李桂芳,还有一个王青萍。其实,李桂芳拜我之前,就演《月下相会》和《侯圈提亲》这两场戏了,她的扮相也特别像我。早就有人向我建议收她为徒,我当时没有答应,后来听她的唱腔真的有些像我,听说她为了学我的唱腔,听坏了很多我的录音磁带,她的精神着实让我感动。

第二次收了张春荣、倪素玲、马娟。马娟和王青萍很要好,她俩经常在一块儿演《月下相会》,嗓子都很好。然后又收了党磊、刘二玲。接着又陆续收了刘红丽、张丽、郭青燕、刘永霞、陈君、杜萍。

前不久,我在老年公寓艺术团团长张荣斌的热情帮助下,举办了个人专场演出。我总觉得我是一个"三无"演员:无专辑、无专场、无专著。这场演出主要为了展示我的徒弟们,她们分别

1984 年,在河南辉县拍摄电影《山的女儿》之余,汤玉英(左)和葛优(右)下跳棋

表演了不同的唱段，反响还不错。我感觉这是一个很好的开端，下一步我计划录一些教唱视频，满足想学戏的戏迷朋友的要求。对徒弟和戏迷，我愿意发挥余热，倾囊相授，一句一句、一字一字认真地教。我觉得戏曲传承必须有这"认真"二字，老师认真地教，学生认真地学，只有这样才能够传承下去，才能够发扬光大。

1986 年，在河南辉县拍摄电影《倒霉大叔的婚事》之余，汤玉英不忘学习

我从参加剧团到现在，从来没想过将来当一个什么样的名演员、要得什么奖，只要让我站在舞台上就知足了，哪怕不演主角也行。我对自己的人生也有总结，我觉得我的前半生是风风雨雨、坎坎坷坷、内外交困、四面楚歌，那日子真的是不好过，能熬到现在也不容易，对戏曲正是因为始终如一的喜欢和热爱，才坚持到现在。而我的后半生，随着年龄和阅历的增加，活得更加从容一些。总结下来就是："认认真真演戏，坦坦荡荡做人，真真诚诚处世，轻轻松松生活。"现在，这四句话也成了我对徒弟们的训导和期望。我希望她们的艺术和人生也坦荡、从容，保持初心，快快乐乐。

我的养生"秘诀"

很多人常常问我，汤老师，你咋不显老呢？我就开玩笑地说，我不打算老了。我经常暗示自己一定不能老。人有三种年龄：一种是生理年龄，这是不可抗拒的；一个是社会年龄，就是你在社会交际中体现的外在年龄，人家看着你像多大就是多大；再一个是心理年龄，这个非常重要，有的人三四十岁都觉得自己老了，我现在七十多岁，但从来没有老太太的感觉。人绝对不能自己在心理上认同自己老了，你自己感觉老了，你就老了；你自己感觉没老，你就没老。

前几年我爱上了骑赛车。这是我儿子鼓励我的，郑东新区 CBD 经常有很多

2009 年，汤玉英（左）和儿子姚近（右）、孙女姚欣羽（中）一起参加郑开马拉松

人骑车，还有一个"骑行天下"的骑行队，儿子给我买了一辆自行车，经常陪着我去 CBD 内环骑车。经过一段时间练习，我随"骑行天下"的队伍骑车去了原阳的原武镇；后来又去开封，一口气骑了三个小时；后来又骑到虎牢关、巩义、上街、环翠峪、东陵湖、桃花峪、南裹头、黄河二桥、黄河大桥、中牟的雁鸣湖和白沙，郑州周边我基本都骑过来了，身体锻炼得挺好。

我感觉老了不能给孩子添麻烦，我也真的没有给孩子们添过麻烦，孩子们有时候不舒服上医院我还陪着。我跟女儿一块儿去四川，坐飞机到黄石，我还照顾她。跟儿子、儿媳妇一块儿去西藏，第二天就适应了，结果儿子、儿媳妇高原反应，我还伺候他们。不给孩子添麻烦，还能帮他们干点事，我觉得这也是一种幸福，感觉挺好。

为了自己、为了家人、为了观众，我一定会爱护好自己，把身体保养好，以便能够做更多的事。我的幸福，不但是我自己的幸福，也是家人的幸福、徒弟的幸福、爱我的观众的幸福，为了这份幸福，我会一直保持年轻的心态，一直保持"青春"。

2019 年
月阳录音整理

图书在版编目（CIP）数据

中原正声:河南戏曲老艺术家口述实录/月阳编著. --郑
州:河南文艺出版社,2024.1
ISBN 978-7-5559-1102-9

I.①中⋯ II.①月⋯ III.①戏曲-艺术家-列传-河南-
现代 IV.①K825.78

中国国家版本馆 CIP 数据核字(2023)第 214470 号

出　　品　河南广播电视台戏曲广播·月阳工作室
封面题字　王全书
扉页题字　范　曾
戏曲插图　苗大壮

选题策划　陈　静
责任编辑　陈　静　张恩丽
责任校对　梁　晓
书籍设计　刘婉君

出版发行　河南文艺出版社
社　　址　郑州市郑东新区祥盛街 27 号 C 座 5 楼
承印单位　河南瑞之光印刷股份有限公司
经销单位　新华书店
开　　本　700 毫米 × 1000 毫米　1/16
总 印 张　47.75
总 字 数　630 000
版　　次　2024 年 1 月第 1 版
印　　次　2024 年 1 月第 1 次印刷
定　　价　160.00 元(全二册)

印厂地址　河南省武陟县产业集聚区东区(詹店镇)泰安路
邮政编码　454950　电话　0371-63956290